Parsons/Shils/Lazarsfeld:
Soziologie — autobiographisch

Drei kritische Berichte zur Entwicklung einer Wissenschaft

Geleitwort von Heinz Hartmann

Deutscher
Taschenbuch
Verlag

Ferdinand Enke
Verlag
Stuttgart

Titel der Originalausgaben:

Parsons „On Building Social System Theory: A Personal History"
Shils „Tradition, Ecology, and Institution in the History of Sociology"

Lazarsfeld „An Episode in the History of Social Research: A Memoir"

Autoren:

Prof. Talcott Parsons, D.
Harvard University Cambridge, Mass. USA
Dept. of Sociology

Prof. Edward Shils, D.
The University of Chicago
Chicago, Illinois USA

Paul F. Lazarsfeld
Distinguished Professor
of Sociology, Pittsburgh USA
Übersetzer:

der Beiträge von T. Parsons und E. Shils:
Modeste zur Nedden Pferdekamp

des Beitrags von P. F. Lazarsfeld:
Professor Heinz Hartmann, Ph. D.

1975 Ferdinand Enke Verlag, 7000 Stuttgart 1, POB 1304 – Printed in Germany

Satz und Druck: Druckhaus Dörr, Inhaber Adam Götz, Ludwigsburg

ISBN dtv 3 423 04160 9

ISBN Enke 3 432 02193 3

Geleitwort

Die Soziologie wird kein neues Heroenzeitalter erleben; inzwischen sind diesem Körper zu viele Köpfe entwachsen. In der Vielzahl ihrer aufmerksamkeitsbindenden Figuren ähnelt die Soziologenschaft vielmehr der gut ausgehaltenen Armee eines Zwergstaates. Anders ausgedrückt: viele Häuptlinge, wenig Indianer. Natürlich wird die Veröffentlichung dieser Sammlung autobiographischer Notizen weithin bekannter Soziologen zur Annahme des Gegenteils ermuntern. Beabsichtigt oder ungewollt, wirken Parsons, Shils und Lazarsfeld streckenweise *larger than life,* und man spürt die Frage kommen, wieviel Varianz des soziologischen Fortschritts durch die besonderen Beiträge dieser drei Superstars erklärt werden könnte. Wie stünde es um den weltweiten Einfluß von Max Weber ohne die zähe und phantasievolle Fürsprache von Talcott Parsons? Wo stünden wir in der Quantifizierung empirischer Daten ohne das fast besessen zu nennende Drängen von Paul Lazarsfeld? Auch scheint die allgemeine Situation günstig für die Anerkennung außergewöhnlicher Einzelanstrengungen. Im vergangenen Jahrzehnt hat die Soziologie zwar ihr Bewußtsein dafür geschärft, wie sehr sie von den gesellschaftlichen Verhältnissen beeinflußt wird; diese Bewegung hat das Fach bis an den Verlust seines Selbstbewußtseins geführt. Das im fast selben Zeitraum zunehmends eingeübte dialektische Denken legt nun im Gegenzug nahe, die Bedeutung persönlicher Kreativität und selbständigen Denkens herauszustreichen. Die ersten Autoren sind schon auf dem Plan, die im Alleingang auf Änderung ausgehen; man denke an Schelsky und seine Anti-Soziologie.

Es wäre meines Erachtens falsch weil unnütz, den vorliegenden Band unter diese Alternative zu stellen. Was sollen hier Fragen vom Typ „Was wäre, wenn ...“? Eine systematische Kontrolle dieser Fragestellung ist ausgeschlossen. Ob Parsons schließlich in Deutschland aufgetaucht wäre oder zumindest doch gründliche Bekanntschaft mit dem Werk Max Webers geschlossen hätte, wenn er nicht, wie er es darstellt, ohne sein Zutun nach Heidelberg geschickt worden wäre, wüßte nicht einmal er selbst zu beantworten. Im Literarischen besteht für solche Überlegungen mehr Spielraum. Wenn Simone de Beauvoir in ihrem Alterswerk darüber nachsinnt, was in ihrer Kindheit für welche Weichenstellungen des späteren Lebens verantwortlich ist, welche Personen ihr welche geistigen Leistungen ermöglicht haben, dann folgt der Leser den von der Verfasserin gesetzten Spuren relativ willig, weil die strengen Maßstäbe historischer Ursachenforschung hier allenfalls als zusätzliches Kriterium eingebracht werden könnten. Anders in diesem Stück Wissenschaftsgeschichte. Hier stört von vornherein, daß unter anderem Variablen im Spiel sind, denen ursächliche Kraft beigeschrieben werden kann, deren ursächlicher Beitrag jedoch nicht abgerufen wurde und darum Gegenstand freier Spekulation bleiben muß. Wäre das Werk Max Webers in den Vereinigten Staaten durch Reinhard Bendix verbreitet worden, auch wenn Parsons keine Zeile über Weber geschrieben hätte?

Angesichts dieser Blockade von kontrollierter Betrachtung müssen wir uns darauf beschränken, das Ineinandergreifen der Ergebnisse selbst nachzuvollziehen, die Schilderung der drei Autoren in ihrer Absicht und Differenziertheit zu würdigen, die „Plausibilität" (Lazarsfeld) der gebotenen Schlußfolgerungen abzuwägen und ihnen eigene Folgerungen entgegenzuhalten. Dazu bieten die drei Beiträge durchaus gemeinsame Anhalte.

Wie nicht anders zu erwarten, sehen die drei Autoren selbst ein beherrschendes Thema in der Frage, welches relative Gewicht wohl dem persönlichen Beitrag zur Soziologie beizumessen sei. Shils gibt darauf die grundsätzlichste und ehrgeizigste Antwort, indem er den Begriff der „Institutionalisierung" einer geistigen Tätigkeit definiert als die vergleichsweise enge „Interaktion von Personen", die diese Tätigkeit ausüben. Damit wird die Bedeutung der personalen Komponente für jede Institution, insbesondere der Wert bestimmter Soziologen für die Soziologie aufs deutlichste unterstrichen. Shils ist zu sehr vom Fach, um die soziale Abhängigkeit auch hervorragender Soziologen zu leugnen; in seinem Beitrag finden sich genug Hinweise darauf, daß sich bestimmte Kombinationen individueller Interessen nur in bestimmten historischen Situationen durchsetzen können oder daß persönlicher Erfolg auf den Verbund mit anderen angewiesen ist, die nur an ganz bestimmten Orten präsent sind. Jenseits dieser Anerkennung nimmt Shils sich jedoch die Freiheit, persönliche Wirkung und direkte Interaktion so gründlich wie möglich ins Gedächtnis zu rufen. Seine Stellungnahme deckt sich voll mit der von Lazarsfeld, der seinen Beitrag ebenfalls bis in die Begriffsbildung treibt; Lazarsfeld spricht von Institutionsbildnern *(institution men)*, um die gewichtige Rolle einzelner Soziologen möglichst grundsätzlich zu fassen und in ihrer Anerkennung zu zementieren. Der konkrete Nachweis gerät allerdings weniger definitiv. In dem biographischen Material werden so entscheidende Faktoren wie das sogenannte Wirken bestimmter Personen zwar anschaulicher gemacht, ihre Beschreibung gerät jedoch letzten Endes nicht übersichtlich genug. Wir sind eben doch nur einen Schritt weiter, wenn beispielsweise die Geschichte des Instituts für Sozialforschung als Zeugnis für die

„Geschicklichkeit" Horkheimers ausgegeben wird, „der dank Glück und Förderung das Erbe einer günstigen institutionellen Situation übernehmen konnte". Wie verteilen sich hier die Gewichte auf Geschicklichkeit und Glück, Förderung und institutionelle Situation?

Es gehört zum Reiz und dem Verdienst der vorliegenden Beiträge, daß sie zu den weiter notwendigen Schritten biographischer Forschung anleiten. Eine besonders vielversprechende Hilfe bietet sich in Lazarsfelds Vorstellung von der persönlichen „Strategie". Dieser Begriff ist eine Anspielung auf das individuelle Bestreben, die eigenen Beiträge miteinander zu verschränken und mit wachsendem Einfluß auf ein unverändertes Ziel zur Geltung zu bringen. Dabei liegt ein spezifisch soziologischer Twist darin, daß aus dem institutionellen Entwurf des Gründers Verpflichtungen für seine Person entstehen. Es scheint, als hätten wir es mit einer autonomen Rolle zu tun, die darin selbständig wirkt, daß sie Sozialstruktur begründet, und darin rollenhaft, daß sie sich vom allgemein verbindlichen Ergebnis ihrer Tätigkeit in die Pflicht nehmen läßt. Zur Durchleuchtung autonomer Rollen hat die Soziologie bisher wenig erbracht. Eine Pionierleistung scheint man gar bereit zu vergessen. Vor zwei Jahrzehnten hat Philip Selznick mit seinem meisterlichen Buch über *Leadership in Administration* definitiv in das Wechselspiel von Person und Organisation eindringen können. Seine Beispiele und Überlegungen zeigten, daß dieses Verhältnis in einigen Fällen nicht als ein Problem der Verwaltung angesehen werden darf, mittels deren bestehende Organisationen in Betrieb gehalten werden, sondern als Führungsverhältnis verstanden werden muß, innerhalb dessen einzelne ihre Identität auf die Organisation übertragen. Selznicks Ausarbeitung verwies also schon früh darauf, daß man zu kurz greifen würde, wenn die Strategie des einzelnen lediglich als Frage des Selbstverständnisses, möglicherweise auch nur als Rationalisierung oder Vermeidung kognitiver Dissonanz verstanden würde; seine These ging dahin, daß hier die Ausübung von Einfluß anstehe, und damit die Frage nach Herrschaftsanspruch, Legitimationseinverständnis, Mitteln der Durchsetzung. Genau dies aber sind Erkundigungen, die uns zur genaueren Bestimmung der bisherigen Leerformel vom „persönlichen Beitrag" verhelfen. Fragen wir drum doch ganz dezidiert, welchen persönlichen und organisatorischen Einfluß Parsons, Shils, Lazarsfeld erreichen wollten, wie ihre Ansprüche aufgenommen wurden, mit welchen Mitteln sie sich durchsetzten. Es wird sich zeigen, daß wir uns häufig nicht mit so aussagearmen Umschreibungen wie „Beitrag" und „Interaktion von Personen" zu bescheiden brauchen.

Das alles läßt eine andere Frage offen, die ebenfalls zu den zentralen Fragestellungen der drei Autoren gehört: Wie dauerhaft sind die persönlichen Wirkungen, um deren genauere Bestimmung wir uns bemühen?

Die Frage nach der Dauer hat das Erbe schon im Auge, das die Verfasser hinterlassen werden. Zu unserer aller Freude kann man mit den drei Autoren sich noch zusammensetzen und Gespräche führen. Ihre gegenwärtige Wirkung wird also noch durch persönlichen Einsatz gestützt. Dies zu betonen scheint um so wichtiger, als mit der beabsichtigten Wirkung letzten Endes keine bloße Präsenz, sondern Einfluß, geistige Vorherrschaft, Verbindlichkeit für das Fach angestrebt wird. Wie läßt sich solcher Einfluß auf Dauer stellen? Shils, der die Institutionalisierung der Soziologie in Begriffen von personaler Interaktion zu erklären versucht, verweist bezeichnenderweise auf das Lehrer-Schüler-Verhältnis. Wird damit nicht eine Lektion der Institutionalisierung in anderen Lebensbereichen, wenn nicht auch innerhalb der Soziologie verschenkt? Müssen nicht unpersönliche Bewahrer und Vermittler wie akademische Bürokratien und kommerzielle Massenmedien, Informationssysteme und Ausbildungsfirmen den persönlichen Einsatz ablösen, wenn individueller Einfluß auf Dauer gestellt werden soll? Haben wir es nicht mit einem allgemeinen Fall zu tun, den Weber im Besonderen als Routinisierung von Charisma bezeichnete? Wir dürfen uns von der faszinierenden Aktivität der Verfasser, die je ihre eigene Rolle und die anderer zentraler Figuren in der Soziologie besprechen, nicht den Blick dafür verstellen lassen, daß der persönliche Appell irgendwann durch personunabhängige Einrichtungen übernommen werden muß, wenn dieser Aufruf fortgeführt werden soll.

Im Grunde geht es sogar um mehr als die Verlängerung persönlicher Wirkung. Die Frage ist, ob nicht in solchen Einrichtungen inzwischen Rivalen des persönlichen Einflusses entstanden sind, der in diesen Berichten aus der soziologischen Gründerzeit so überzeugend belegt wird. Wie sehen die Veranlassungen des soziologischen Fortschritts heute aus? Diese Entwicklung wird beispielsweise ganz offensichtlich von der nationalen und internationalen Arbeitsteilung beeinflußt, die dem einzelnen wie auch Forschergruppen Themen zuweist, Arbeitschancen vermittelt, Möglichkeiten der Veröffentlichung von Ergebnissen einräumt. Gewiß ist auch diese Arbeitsteilung irgendwann verabredet worden und womöglich durch bestimmte „Ideenspender" (Bales) geprägt. Haben sich aber erst Zentren spezialisierter Tätigkeit ausgebildet, dann tritt diese Arbeitsteilung als eigener Faktor in das Kausalgeschehen ein. Ähnlich die Folgen, die von der Allokation der Ressourcen ausgehen. Sind die Mittel für ein Schwerpunktprogramm in Forschung und Lehre erst einmal greifbar, so spricht zumindest die Erwartung dafür, daß in weitgehender Unabhängigkeit von Einzelpersonen die Entwicklung des Faches gefördert werden kann. Ein weiterer Einflußfaktor liegt in dem kapazitativen und szientifischen Gewicht einzelner Einrichtungen. Hat ein Institut die wünschenswerte Ausstattung mit Personal, *hardware* und *software,* und bietet zusätzlich Ausstattungsreserven, so kann es Aufträge und Gelder für eigene Vorhaben leichter auf sich ziehen als minder bemittelte Institute oder Einzelpersonen. Die Finanzierung der soziologischen Arbeit verläuft darin nicht wesentlich anders als das Kreditgeschäft der Banken. Natürlich spielt eine Rolle, wie es um die wissenschaftliche Bonität der auftragnehmenden Institution bestellt ist, welche Beiträge sie früher erbringen konnte, wie das wissenschaftliche Publikum auf ihre Leistungen reagierte. Aber solche Einschränkungen reichen in keinem Fall weit genug, um den brillianten Einzelgänger als erfolgreichen Wettbewerber um knappe Mittel erscheinen zu lassen. Vielleicht werden die Biographien erfolgreicher Soziologen in zwei, drei Jahrzehnten ganz anders aussehen als dieser Rückblick soziologischer Prominenz auf vergangene Dekaden. Vielleicht werden solche Reminiszenzen um die Jahrtausendwende auch eben nicht mehr von gepriesenen Individuen, sondern von gefeierten Instituten verfaßt.

H. Hartmann

Inhalt

Talcott Parsons

I. Die Entstehung der Theorie des sozialen Systems: Ein Bericht zur Person

Es soll hier von der Entstehung meines Beitrages zur verallgemeinerten theoretischen Analyse der Phänomene menschlichen Handelns unter besonderer Berücksichtigung der sozialen Aspekte die Rede sein, das heißt von der Entstehung einer Theorie des sozialen Systems. Im Verlauf wurden Elemente der verschiedensten Herkunft miteinander verknüpft — Kombinationen und Techniken, derer sich Wissenschaftler, die mehr der disziplinären Spezialisierung zuneigen, selten bedienen.

Vielleicht war ich durch meinen ganz unorthodoxen Studienweg in dieser Richtung prädisponiert. Als Student des *Amherst College,* unter dem Einfluß eines älteren Bruders, der Medizin studierte, wollte ich Biologie studieren mit der Absicht, entweder in diesem oder in einem medizinischen Fach zu promovieren. Aber im Jahr 1923, in meinem dritten Studienjahr, wurde ich insbesondere unter dem Einfluß von *Walton Hamilton,* einem unorthodoxen Anhänger der „institutionalisierten Nationalökonomie" zur Sozialwissenschaft bekehrt. Dann wurden aber alle meine Studienpläne durch die Entlassung des Collegepräsidenten Alexander Meikeljohn am Ende meines ersten Studienjahres über den Haufen geworfen. Keine der Lehrkräfte, deren Vorlesungen ich belegt hatte, waren im Herbst noch da. Ich versuchte dies wettzumachen, indem ich mehr Vorlesungen in Biologie, einige in Philosophie, darunter eine über Kants *Kritik der reinen Vernunft,* sowie einige über englische Literatur belegte.

Von Beginn an hatte ich die Absicht zu promovieren. Die Soziologie im weiteren Sinne zog mich an; von den regulären Studienprogrammen freilich ließ sich dies nicht behaupten, obwohl ich nicht viel über sie wußte. Als ein Onkel mir anbot, ein Studienjahr im Ausland zu finanzieren, entschied ich mich für die London School of Economics. Die Namen der dort tätigen Lehrer L. T. Hobhouse, R. H. Tawney und zumal Harold Laski lockten mich an. Erst nach meiner Ankunft entdeckte ich dort den Mann, der sich als der für mich intellektuell wichtigste erwies — den Sozialanthropologen Bronislaw Malinowski.

In London war ich kein Doktorand, und meine Pläne hatten noch nicht Gestalt angenommen; daher war ich geneigt, von dem Angebot eines Austausch-Studienjahres in Deutschland Gebrauch zu machen, für das mich Otto Manthey-Zorn vorschlug, dessen Seminar in deutscher Philosophie ich am *Amherst College* besucht hatte und der ein Jahr später bei meiner Einstellung als Dozent der Ökonomie am gleichen College die Hand im Spiel haben sollte. Ich wurde nach Heidelberg geschickt, ohne daß ich dabei ein Wort mitzureden gehabt hätte. Doch damit gelangte ich an den Ort, wo der Einfluß des bereits vor fünf Jahren verstorbenen Max Weber am stärksten war. Bezeichnend ist, daß ich mich nicht erinnern konnte, in Amherst oder London je auch nur seinen Namen gehört zu haben.

Das Werk Max Webers, insbesondere *Die protestantische Ethik und der Geist des Kapitalismus* (das ich ein paar Jahre später ins Englische übersetzte[1]), machte sofort starken Eindruck auf mich. Als ich nach Heidelberg ging, hatte ich nicht die Absicht gehabt, zu promovieren, doch erfuhr ich bald, daß ich dies mit nur drei nachgewiesenen Semestern, mündlichen Prüfungen und einer Dissertation schaffen konnte. So beschloß ich, meine Doktorarbeit unter Edgar Salin (später an der Universität Basel) über den Begriff des Kapitalismus in den Theorien M. Webers und W. Sombarts (The Concept of Capitalism in Recent German Literatur) zu machen. Ich begann mit Karl Marx, ging dann auf einige weniger zentrale Gestalten wie Lujo Brentano ein und setzte mich dann mit Werner Sombart (Verfasser des gewaltigen Werkes *Der moderne Kapitalismus*[2]) und Max Weber auseinander. In dieser meiner Arbeit kristallisierten sich zwei primäre Brennpunkte meiner künftigen geistigen Interessen heraus: erstens, das Wesen des Kapitalismus als sozioökonomisches System, und zweitens das Werk des Gesellschaftstheoretikers Max Weber.

Während meiner einjährigen Lehrtätigkeit in Amherst, die mir reichlich Zeit für die Arbeit an meiner Dissertation ließ, wurde ich mir allmählich darüber klar, daß ich mich eingehender mit den Zusammenhängen zwischen Wirtschaftswissenschaft und soziologischer Theorie befassen wollte. Besonders verpflichtet bin ich den Gesprächen mit Richard Meriam, der als Leiter des *Department of Economics* erst nach meiner Promotion ans *Amherst College* berufen worden war. Meriam überzeugte mich, daß meine Kenntnisse, obwohl Wirtschaftswissenschaft in Heidelberg eines meiner Prüfungsfächer gewesen war, nicht ausreichten. So beschloß ich, mir als nächstes dieses fehlende Wissen anzueignen. Obwohl ein deutscher Dr. phil. kein Äquivalent für einen mit „Gut" bestandenen amerikanischen Ph. D. ist, entschied ich mich gegen eine Kandidatur für den letzteren. Meriam empfahl mir, nach Harvard zu gehen und sorgte dafür, daß ich im Herbst 1927 dort eine Tutorenstelle bekam.

Allyn Young, vielleicht der wichtigste für meine Interessen, war gerade nach England gegangen. Dafür hatte ich das Glück, mit den Wirtschaftswissenschaftlern F. W. Taussig, T. N. Carver, W. Z. Ripley und Joseph A. Schumpeter (der zunächst dort eine Gastprofessur hatte, später aber dauernd in Harvard lehrte) in Kontakt zu gelangen. Der Wirtschaftshistoriker Edwin F. Gay, der sehr genau mit meinem intellektuellen Background, meiner deutschen Ausbildung in Heidelberg vertraut war, betrachtete meine Interessen mit Wohlwollen.

Meriam hatte nur zu recht gehabt: das wirtschaftstheoretische Wissen, das ich in Harvard erwerben konnte, war dem, was ich mir in Heidelberg zugelegt hatte, weit überlegen. Nach und nach ging mir auf, daß die Wirtschaftswissenschaft in dem gleichen theoretischen Nährboden wurzelte, in dem auch die soziologische Theorie beheimatet war. Ich versuchte mich an einigen Artikeln in diesem Sinn, die Taussig freundlicherweise im *Quarterly Journal of Economics*[3] veröffentlichte, als dessen Herausgeber er damals fungierte. Am wichtigsten war indes mein Beschluß, dieses Thema im Werk Alfred Marshalls, dessen Einfluß damals in der „orthodoxen" oder „neoklassischen" Wirtschaftswissenschaft dominierte, im Blick auf die Artikulierung seiner „Soziologie" und im Rahmen seiner ökonomischen Theorie zu verfolgen. In den 1931/32 veröffentlichten Ergebnissen[4] kristallisierte sich das Anfangsstadium einer theoretischen Orientierung, die mir über das hinauszugehen schien, zu dem meine Lehrer bei der Artikulierung der theoretischen Strukturen der beiden Disziplinen gekommen waren.

Die Verbindung zu Schumpeter war besonders von Nutzen für die Grundlagen dieser Entwicklung, denn was die Reichweite der ökonomischen Theorie betraf, war er ein entschiedener Konstruktionist, im Gegensatz zu Marshall, der eine genaue Abgrenzung ablehnte.

Die Beschäftigung mit Vilfredo Pareto, sowohl aus eigenen Stükken als auf Anregung von L. J. Henderson, war ebenfalls sehr wichtig für mich, denn Pareto — ein eminenter Wirtschaftstheoretiker weitgehend in der gleichen Tradition wie Schumpeter —, hatte sich um die Formulierung eines umfassenderen Systems soziologischer Theorie bemüht, die aus seiner Sicht eine ziemlich genau definierte Wirtschaftstheorie miteinbegriff[5]. So dienten beide, Schumpeter wie Pareto, als kritische Bezugspunkte für den Versuch, wirtschaftliche wie auch soziologische Komponenten in Marshalls Gedankengebäude nachzuweisen.

Von diesem Ansatz her entwickelte ich den Plan zu einer umfassenden Studie „neuzeitlicher europäischer Autoren", in die ich über Marshall und Pareto hinaus – über Pareto hatte ich ebenfalls im Anschluß an meine Marshall-Studie eine analytische Arbeit monographischen Umfangs verfaßt[6] – auch Weber und Durkheim einbeziehen wollte. Webers allgemeine Ideen über das Wesen des modernen Kapitalismus, die im Mittelpunkt meiner Dissertation gestanden hatten, spezieller noch, seine Konzeption der Rolle der Ethik des asketischen Protestantismus, ermutigten mich zu der Hoffnung, daß es mir gelingen würde, eine Marshall-Pareto-„Konvergenz" auszuarbeiten.

Zunehmend schien es mir wünschenswert, Durkheim ins Spiel zu bringen, doch war dies mit größeren Schwierigkeiten verbunden, da Durkheim von den Vieren bei weitem am wenigsten mit Wirtschaftswissenschaft im disziplinären Sinne zu tun hatte. Darüber hinaus war mir kein Lehrer zuteil geworden, der mich in Durkheims Ideen in einer Weise eingeführt hätte, wie meine Heidelberger Lehrer es im Fall Weber getan hatten. Taussig und Schumpeter setzten sich in erster Linie mit Marshall, Schumpeter und Henderson mehr mit Pareto auseinander. Zudem war die Art und Weise, wie vor allem Ginsberg und Malinowski in London mir Durkheim nahegebracht hatten, nicht nur wenig hilfreich, sondern geradezu irreführend gewesen; viel Umdenken war im Fall Durkheim erforderlich. Der Schlüssel stand mir jedoch zur Verfügung: Er lag in Durkheims erstem großen Werk *De la division du travail social* (1893)[7], das interessanterweise in der englischen Sekundärliteratur jener Epoche selten Erwähnung findet. Bei sorgfältigem Studium dieses Werkes stellte sich heraus, daß die in ihm enthaltene Analyse unmittelbar mit Webers Analyse des Kapitalismus und diese wiederum mit Marshalls Konzeption von der freien Marktwirtschaft in Einklang gebracht werden konnten. Die Theorie als solche deckte sich dann eher mit den soziologischen als mit den ökonomischen Komponenten im Werk Paretos und Webers und mehr indirekt auch mit denen bei Marshall. Den maßgeblichen Begriffskomplex lieferte das institutionelle Rahmenwerk von Besitz und Vertrag zum Unterschied von der „Dynamik" wirtschaftlicher Aktivität als solcher, – ein Feld, das sich theoretisch gesehen eher der soziologischen als der ökonomischen Untersuchung anbot.

1. Eine erste große Synthese

Das Ergebnis dieser komplexen Studien war die erst 1937 erschienene Arbeit *The Structure of Social Action*, die schon fast zwei Jahre zuvor im ersten Entwurf vorgelegen hatte[8]. In diesem Buch wollte ich die Ideen der vier Autoren (Durkheim, Pareto,

Weber, Marshall) in bezug auf die moderne sozioökonomische Ordnung, den Kapitalismus und die freie Marktwirtschaft und so fort untersuchen, wie auch das theoretische Rahmenwerk, das zur Formulierung ihrer Ideen und Interpretationen gedient hatte. In dieser Hinsicht bot sich sofort die interpretative These an, daß alle vier — sie waren nicht die einzigen — insofern konvergierten, als ihre Ergebnisse sich essentiell in ein und demselben Begriffsschemata kodifizieren ließen. Im intellektuellen Milieu jener Zeit war dieser Schluß alles andere als selbstverständlich, aber auch ich sah mich, als sich dieses Resultat nach und nach herausschälte, einigermaßen überrascht[9].

Um zu diesem Schluß zu gelangen, waren insbesondere drei Dinge notwendig gewesen: erstens die Lektüre einer Unzahl relevanter Texte sowie von Sekundärliteratur, obwohl das meiste davon mehr als wertlos war; zweitens die Entwicklung eines theoretischen, für die Interpretation dieses Materials brauchbaren Schemas; und drittens schließlich etwas, was den Hintergrund für alles bildete und eine Art Philosophie der wissenschaftlichen Orientierung einschloß, zu der ein paar Worte gesagt werden müssen.

Jeder, der auf ein gewisses differenzierteres geistiges Niveau Anspruch erhebt, mußte sich — schon lange vor 1920, als mir dieses Problem bewußt wurde — eine Vorstellung von Wesen und Bedingungen empirischer Erkenntnis, insbesondere von Wesen und Rolle der Theorie solcher Wissenschaft zu eigen machen. Mit diesem Problem sah ich mich teilweise schon als Student bei den Vorlesungen in empirischen Wissenschaften, insbesondere der Biologie konfrontiert, zum Teil auch bei Vorlesungen in Philosophie, unter anderem den sehr intensiven über Kants *Kritik der reinen Vernunft*[10]. Diese Heidelberger Erfahrung brachte mich wesentlich voran, vor allem im Studium der sich aus Webers *Wissenschaftslehre* ergebenden Fragen. Erwähnenswert waren zunächst die sich um die historischen deutschen Traditionen zentrierenden Probleme und demzufolge die Frage nach dem Status der generalisierten theoretischen Begriffsbildung in den sozialwissenschaftlichen und kulturellen Disziplinen, sowie zweitens, nach dem Status der Interpretation von subjektiven Bedeutungen und Motiven bei der Analyse des menschlichen Handelns, das, was die Deutschen das Problem des *Verstehens* nannten.

Als ich wieder nach Amerika zurückkehrte, fand ich, daß der Behaviorismus mittlerweile so überhand genommen hatte, daß jemand, der an die wissenschaftliche Gültigkeit der Interpretation subjektiver Bewußtseinszustände glaubte, meist für verheerend naiv gehalten wurde. Gleicherweise überhand genommen hatte auch, was ich „Empirismus" nenne, nämlich die Idee, daß Wissenschaft einzig und allein in der Reflexion der „Realität dort draußen" bestehe; nicht einmal Selektion wollte man gelten lassen.

Weber war fest von der Unvermeidbarkeit und kognitiven Validität einer Selektion aus faktisch verfügbaren Informationen überzeugt. Auch Henderson hob die Bedeutung der analytischen Abstraktion hervor, was er mit folgender Formel zum Ausdruck brachte: „Eine Tatsache ist die Aussage über eine Erfahrung mittels eines begrifflichen Schemas"[11]. Die Kulmination dieser Auffassung stellte für mich A. N. Whitehead's Werk dar, vor allem sein *Science and the Modern World,* das die aufschlußreiche Erörterung über die „Fehlbarkeit unangebrachter Konkretisierung" enthält[12]. Auf solchen Wegen gelangte ich zu einer Konzeption, die ich „analytischer Realismus" nannte, womit ich die Art von Theorie, um die es mir ging, als ihrem Wesen nach abstrakt, aber keineswegs als so „fiktiv" bezeichnete, wie Hans Vaihinger es für richtig gehalten hätte[13]. Dies schien mir vor allem zu Schumpeters und Paretos Behandlung der Stellung der ökonomischen Theorie zu passen. Auch verschiedene Schriften von James B. Conant über das Wesen der Wissenschaft, zumal über die Rolle der Theorie, waren mir sehr von Nutzen.

In engem Zusammenhang hiermit stand nun meine Konzeption des „Systems". Schumpeter und Whitehead waren wichtig für die Entwicklung des Hintergrunds dieser Konzeption, doch meine ich, sie kristallisierte sich vor allem unter dem Einfluß von Pareto und Henderson. Wie Henderson zu betonen nicht müde wurde, folgte Paretos analytisches System in dieser Hinsicht dem Systemmodell, wie es in der Theorie der Mechanik verwandt wird. Er versuchte jedoch, es sowohl auf die Ökonomie als auf die Soziologie anzuwenden. Daher Hendersons Meinung, daß Paretos bedeutendster Beitrag zur Soziologie in seiner Konzeption des „sozialen System" bestehe, — ein Diktum, das ich ernst genug nahm, um diese Wendung einige Jahre darauf in den Titel meines Buches aufzunehmen.

Hendersons primäres Modell hingegen, das er ziemlich ausführlich in seinem Werk *Pareto's General Sociology* erläuterte, war das System im physikalisch-chemischen Sinn[14]. Dies setzte er jedoch in Bezug zu biologischen Systemen. Er war ein Bewunderer von Claude Bernard und schrieb auch das Vorwort zur englischen Übersetzung seines Werkes über das Studium der experimentellen Medizin[15]. Hier stand das Konzept der „inneren Umwelt" und deren Stabilität im Zentrum. Sie wiederum steht in enger Verbindung zum Konzept der homöostatischen Stabilisierung physiologischer Prozesse bei W. B. Cannon sowie auch zu den Residuen meiner eigenen Beschäftigung mit der Biologie[16].

So entstand schon in diesen frühen Jahren eine gewisse Grundlage für die Übertragung des mechanischen und des physikalisch-chemischen System-Begriffes im Sinne Hendersons auf das „lebende System". Dies wiederum war sehr wesentlich für eine spätere Phase meines Denkens, das gewöhnlich als „strukturell-funktionale" Theorie bezeichnet wird und seinen Höhepunkt in meinem Buch *The Social System* erreichte[17]. Weitere Etappen standen stark unter dem Einfluß einer ständigen Konferenz über Systemtheorie (von etwa 1952—57), die in Chikago unter dem Vorsitz von Dr. Roy Grinker stattfand. Unter den verschiedenen Teilnehmern, deren Gedanken für mich von großem Nutzen waren, ist vor allem der Biologe und Insektensoziologe Alfred Emerson zu nennen. Sein Beitrag zur Diskussion und ebenso einige seiner Schriften, bestärkten mich in meiner Vorliebe für die homöostatische Sicht bei Cannon. Allerdings wollte er mich, und wie ich glaube, auch andere, für die damals gerade erst auftauchenden Konzeptionen der kybernetischen Steuerung nicht nur lebender Systeme, sondern auch vieler anderer Systemarten gewinnen. Das wurde später in meinem Denken ein vorrangiges Thema.

Schließlich entwickelte Emerson eine Konzeption, die sich als besonders fruchtbar für mich erweisen sollte; sie trug wesentlich zur Festigung meiner Überzeugung bei, daß zwischen den lebenden Systemen der organischen Welt und denen der menschlichen soziokulturellen Welt eine fundamentale Kontinuität der Gesetzmäßigkeit besteht[18]. Es war die Konzeption der funktionalen Äquivalenz von Gen und „Symbol", wie er es ausdrückte. Wir können dies vielleicht mit der genetischen Konstitution der Arten und Organismen und dem kulturellen Erbe des sozialen Systems gleichsetzen. In den letzten Jahren hat diese Perspektive fundamentale theoretische Bedeutung für mich erlangt.

2. Persönliche und berufliche Schwierigkeiten

The Structure of Social Action markierte einen wichtigen Wendepunkt meiner beruflichen Laufbahn. Außer dem Nachweis der Konvergenz in den Theorien der vier Autoren, der mir hier gelungen war, konnte ich mein eigenes Denken im Blick auf die von diesen Autoren abgehandelte Seinsproblematik der westlichen Gesellschaften klären und entwickeln. Die westliche Welt, die man sowohl als kapitalistisch als auch als marktwirtschaftlich frei — und politisch gesehen als demokratisch — bezeichnen kann, befand sich offensichtlich im Zustand einer Krise. Die russische Revolution und das Entstehen des ersten sozialistischen Staates unter Kontrolle der kommunistischen Partei hatte schon seit meiner Studienzeit eine entscheidende Rolle in meinem Denken gespielt. Die faschistischen Bewegungen beeinträchtigten meine deutschen Freundschaften. Nicht ganz zwei Jahre nach Erscheinen dieses Buches brach der 2. Weltkrieg aus, und schließlich tat auch die Weltwirtschaftskrise ihre Wirkung.

Meine persönlichen Sorgen galten einer wachsenden Familie[19] – zwischen 1930 und 1936 wurden uns drei Kinder geboren – und Statusproblemen auf beruflicher Ebene. Obwohl die Situation sich genau genommen wahrscheinlich mit der heutigen nicht vergleichen ließe, war es schon damals anormal, daß ich neun Jahre lang auf der Dozentenstelle hängenblieb, die ersten vier Jahre im *Department of Economics*, weitere fünf im neu errichteten *Department of Sociology*. Ich hatte das Mißgeschick, desinteressierte Abteilungsleiter zu haben, – in Wirtschaftswissenschaft den verstorbenen H. H. Burbank, in Soziologie P. A. Sorokin. Erst 1936 rückte ich zum Assistant Professor auf, nicht auf Initiative von Sorokin, sondern dank der von E. F. Gay, E. B. Wilson und Henderson, die alle als „Außenseiter" zum Department of Sociology gehörten. Damals existierte *The Structure of Social Action* bereits im ersten Entwurf und war all meinen Vorgesetzten bekannt.

Doch selbst im Besitz dieser Professur war ich mir keineswegs sicher, ob ich in Harvard bleiben wollte. Im (für mich) entscheidenden Jahr 1937 erhielt ich von außerhalb ein günstiges Angebot. Da Gay sich im vergangenen Jahr emeritiert hatte und nach Kalifornien gegangen war, wandte ich mich an Henderson, – nicht an Sorokin. In jenen Tagen vor dem System der ad hoc Komitees konnte Henderson die Sache unmittelbar an den Universitätspräsidenten Conant herantragen, der, mit Sorokins Zustimmung versteht sich, mir unverzüglich die damals existierende „second term" Assistant Professur anbot mit dem ausdrücklichen Versprechen, mir in zwei Jahren eine ständige Professur als Associate Professor zu geben. Unter diesen Bedingungen beschloß ich, in Harvard zu bleiben.

Auf intellektueller Ebene verfügte ich über sehr gute Beziehungen zu Taussig, Schumpeter und Gay. Die eben geschilderte Krise ereignete sich kurz nach einer Reihe von außergewöhnlichen Zusammenkünften mit Henderson. Ich kannte Henderson bereits vom Pareto-Seminar und von anderen Anlässen her, schon ehe ihm mein Buch zur kritischen Beurteilung in Verbindung mit meiner Ernennung zugeleitet wurde. Statt wie sonst üblich gelassen zu reagieren, nahm er sofort Kontakt mit mir auf (vor allem glaube ich aufgrund meiner Diskussion über Pareto), und damit begann eine lange Reihe von Besuchen in seinem Haus, etwa zweimal wöchentlich zwei Stunden, und das beinahe drei Monate lang. In diesen Stunden ging er mein Manuskript Absatz für Absatz mit mir durch, hauptsächlich die Abschnitte über Pareto und Durkheim; die über Marshall behandelte er relativ flüchtig und auf meine Abhandlung von Weber ging er überhaupt nicht ein.

Diese Stunden waren für mich ein Erlebnis besonderer Art, sowohl persönlich wie intellektuell. Wer Henderson kannte, wird sich seiner formidablen Persönlichkeit erinnern; in politischen Fragen — er war betont konservativ[20] — wie auch in denkerischer Hinsicht konnte er dogmatisch sein, was in seiner Ungerechtigkeit (meiner Ansicht nach) anderen Soziologen gegenüber, ein oder zwei ausgenommen, zum Ausdruck kam. Jedoch verfügte er über ein immenses Wissen, insbesondere auf dem Gebiet der Philosophie der Wissenschaft und über das Wesen der Theorie, und wenn man ihm gegenüber seinen Standpunkt vertrat und sich nicht von ihm überfahren ließ, war er ein über die Maßen scharfsichtiger Kritiker und speziell für *meine* intellektuellen Probleme von größtem Wert. Ich profitierte enorm aus diesem Kontakt und brauchte ein ganzes Jahr, um die Revisionen vorzunehmen, von deren Notwendigkeit er mich überzeugt hatte[21].

In dieser frühen Harvarder Zeit hatte ich auch Begegnungen mit Altersgenossen und im Lauf der Zeit mit Studenten. Zur Gruppe jüngerer Fakultätsmitglieder, die ziemlich regelmäßig zusammenkamen, gehörten Edward S. Mason, Seymour Harris, Edward Chamberlin und eine Zeitlang noch Karl Bigelow (Wirtschaft), Carl J. Friedrich (Verwaltung) und Crane Brinton (Geschichte). Als ich mich der Soziologie zuwandte, befaßte ich mich eingehender mit Psychologie und Anthropologie und lernte dabei Gordon Allport, der gerade von Dartmouth nach Harvard zurückgekehrt war, und Henry Murray kennen. In der anthropologischen Abteilung gab es zwei besonders bedeutende Zeitgenossen: W. Lloyd Warner, den hauptsächlich Elton Mayo nach Harvard geholt hatte, und Mayo selbst, der unter Henderson die *Western Electric Study* leitete, aus der später die bekannte „Yankee City Series" hervorgingen. Als Warner Harvard verließ, um nach Chikago zu gehen, trat Clyde Kluckhohn, ein junger Sozialanthropologe an seine Stelle, der nicht zur Henderson-Gruppe gehörte, ihr aber verbunden war. Er wurde ein enger Freund Murrays, und so war mit Allport, Murray und Kluckhohn der Kern der späteren Initiatoren der Social Relations-Experimente beisammen.

Ebenfalls Mitte der 30er Jahre knüpften sie bedeutsame Beziehungen zu Doktoranden an, von denen einige später Lehrämter erhielten. Die wichtigsten waren für mich die zu Robert Merton, der zum ersten Kontingent graduierter Soziologiestudenten gehörte; nach ihm kamen noch Kingsley Davis, John Riley und – nicht als Studentin – Mathilda Riley, Robin Williams, Edward C. Devereux, Logan Wilson, Wilbert Moore, Florence Kluckhohn und Bernard Barber. Weitgehend diese jungen Leute bildeten eine informelle Gruppe, die über Probleme der soziologischen Theorie diskutierten und sich abends in meinem Arbeitsraum in Adams House trafen, als ich noch Dozent war.

3. Theoretische Interessen nach „The Structure of Social Action"

Die Vollendung von *The Structure of Social Action* verschaffte mir ein Gefühl tiefer Befriedigung, obwohl ich damals noch nicht ahnte, welche Reputation diese Arbeit mir einbringen würde[22]. Der theoretische Bezugsrahmen, der mir den klaren Beweis der Konvergenz-These ermöglichte, barg die Möglichkeit weiterer Verwendung und Entwicklung in sich, aber es gab mehrere Alternativen, was als nächstes mit seiner Hilfe in Angriff genommen werden sollte.

Auf der Bellagio Tagung, wo die Arbeit in Essayform erstmals präsentiert worden war, hatte es beträchtliche Diskussionen darüber gegeben, warum ich mich nicht mit der wirtschaftswissenschaftlichen Disziplin identifizierte. Als aber die Arbeit an *The Structure* . . . sich ihrem Ende näherte, wurde mir eine diesbezügliche Entscheidung auf einer Ebene bereits abgenommen: durch meinen Wechsel von den Wirtschaftswissenschaften zur soziologischen Abteilung. Obwohl Taussig, Gay und Schumpeter mir gewogen waren, bin ich ganz sicher, daß ich in Harvard in den Wirtschaftswissenschaften keine Zukunft gehabt hätte. Aber im Grunde wollte ich dies auch nicht, und wenn ich zurückblicke, lag dies zutiefst darin begründet, daß ich von Webers und Durkheims Denken durchdrungen war. Die Entdeckung von Freud stand noch aus. Obwohl ich die Verbindung zur Wirtschaftstheorie aufrechterhalten wollte und dies in der Tat auf die verschiedenste Weise getan habe, sah ich doch deutlich, daß ich nicht primär an den Wirtschaftswissenschaften interessiert war, – nicht mehr jedenfalls, als Weber.

Eine aufschlußreiche Episode gibt es noch, die mich relativ spät noch zumindest der Wirtschaftswissenschaft hätte näher bringen können. Nachdem ich bereits formell zur Soziologie übergewechselt war, stellte Schumpeter eine Diskussionsgruppe aus überwiegend jungen Leuten zusammen, die das Problem des Wesens der Rationalität erörtern sollten. Nach einigen Zusammenkünften schlug Schumpeter mir vor, in der Diskussion dieser Fragen auf die Erstellung eines Bandes abzuzielen, bei dem wir beide gemeinsam als Herausgeber, wenn nicht gar als Ko-Autoren fungieren sollten. Obwohl ich seinen Vorschlag nicht direkt ablehnte, zumindest nicht gleich, hielt ich mich doch zurück und ließ die Sache dann auf sich beruhen. Über meine diesbezüglichen Motive bin ich mir nicht völlig klar, aber ich glaube, sie hatten etwas mit dem Gefühl zu tun, daß mir ein relativ radikaler Bruch mit der Wirtschaftswissenschaft not tat[23].

4. Die akademischen Berufe und die beiden Aspekte des Rationalitätsproblems

Tatsächlich entschied ich mir dafür, eine Untersuchung in Angriff zu nehmen, die gewisse Aspekte der akademischen Berufe als gesellschaftliches Phänomen beleuchten sollten. Diese Wahl ergab sich logisch aus meinem doppelten Interesse; am Wesen der modernen Industriegesellschaft wie auch an dem begrifflichen Bezugsrahmen, den ich mir zu ihrer Analyse geschaffen hatte. Empirisch gesehen mußte es beinahe auffallen, daß die „akademischen Berufe", die in der modernen Gesellschaft eine so einmalige Bedeutung erlangt hatten, in der ideologischen Auseinandersetzung um die Alternative Kapitalismus versus Sozialismus vollkommen übergangen wurden. In der Tat, was heute üblicherweise als „privater, nicht gewinnorientierter" Sektor der Organisation und Tätigkeit bezeichnet wird, die im Unterschied zu familialen Beziehungen beruflich organisiert sind, wurde ideologisch überhaupt nicht gesehen. Rückblickend könnte man sagen, jede der beiden ideologischen Positionen hatte ihre eigene Version von „rationaler Verfolgung des Eigeninteresses": nach der in utilitaristischem Gedankengut wurzelnden kapitalistischen Version bestand es im Interesse des Individuums an der Befriedigung seiner Bedürfnisse, – nach der sozialistischen Version, die sich von Hobbes und Austin herleitete, in der maximalen Befriedigung des öffentlichen Interesses.

Innerhalb dieses Feldes wollte ich mich insbesondere gewissen Aspekten des Arztberufes zuwenden. Diese Wahl hatte, glaube ich, gute technische Gründe, war aber auch persönlich motiviert. Gewiß sprach dabei mein früherer Verzicht auf die biologisch-medizinischen Interessen mit: die Rolle des Soziologen bei Untersuchungen auf dem Gebiet der Medizin waren eine gute Gelegenheit beide Neigungen zu befriedigen. Aber auch die Henderson-Mayo-Gruppe hatte wesentlichen Einfluß auf meinen Beschluß. Henderson war selbst Mediziner, wenn er auch nie praktiziert hatte; an die Harvard-Universität hatte man ihn für die *Medical School* berufen. Dieser Verbindung von medizinischen und soziologischen Interessen war seine berühmte Schrift „*Physician and Patient as a Social System*"[24] zu verdanken, deren Auffassung mir sehr zusagte. Insofern war es nur natürlich, daß ich Henderson und Mayo, aber auch W. B. Cannon wegen meines Planes konsultierte. Alle drei bestärkten mich in meiner Meinung, daß solch eine Studie fruchtbar sein konnte. Ich hatte die Absicht, von einer eingehenden Sichtung der Literatur abgesehen, nach den Methoden der teilnehmenden Beobachtung und der Befragung vorzugehen. Der halböffentliche Charakter der medizinischen Praxis im modernen Krankenhaus ließ ein solches Vorgehen durchaus zu. Zum Beispiel konnte ich — ausgestattet mit einem weißen Kittel und einem legitimen (wenn auch nicht medizinischen) Doktortitel — meine Runden durch die Krankenstationen machen, bei Operationen zugegen sein, mich am Hausbesuch-Service des Tufts Medical Center beteiligen und ähnliches mehr. (Vielleicht würde heute, angesichts des Gewichts, das man auf die ethischen Aspekte der Forschung legt, diese Täuschung der Patienten Anstoß erregen.) Die andere Datenquelle bestand aus einer Serie von Interviews mit einer ziemlich großen Anzahl von Ärzten, die nach den verschiedenen Typen von Praxen repräsentativ ausgewählt waren.

Als besonders bedeutsam erwies sich später ein weiterer, aus dieser Wahl sich ergebender Aspekt. Zu jener Zeit begannen die Ideen über die psychosomatischen Zusammenhänge unter der geistigen Elite der Mediziner Fuß zu fassen, verkörpert vielleicht durch die Internisten des *Massachusetts General Hospital*, wo ich einen guten Teil meiner Zeit verbrachte. Im Hintergrund stand die Psychoanalyse und die Tatsache, daß Stanley Cobb, Professor der Psychiatrie am *Massachusetts General Hospital*, einer der Hauptbegründer des kurz zuvor ins Leben gerufenen *Psychoanalytic Institute* in Boston war. Die Henderson-Mayo-Gruppe interessierte sich hierfür und für verwandte Denkrichtungen besonders, — sie waren Anhänger von Pierre Janet, aber auch von Jean Piaget.

Entscheidend wirkte sich ein Gespräch mit Elton Mayo über meine Interessen am Arztberuf aus. Er fragte mich nämlich, wie es mit meinem Wissen in bezug auf Freud bestellt sei. Mir blieb nichts anderes übrig als zu gestehen: „äußerst fragmentarisch". Darauf riet er mir nachdrücklich, mich intensiv mit Freud zu befassen. Dank des Umstands, daß einem Assistant Professor ein freies Semester zusteht, hatte ich gerade Zeit, und so folgte ich seinem Rat. Zwar war es zu spät, die Implikationen der Freudschen Ideen in *The Structure of Social Action* einzubauen, doch wurde die Begegnung mit Freud eine entscheidende geistige Erfahrung meines Lebens. Sie war der erste Schritt eines Weges, der ein Jahrzehnt später in einer regulären psychoanalytischen Ausbildung — im möglichen Rahmen — mündete.

Als Hauptbezugspunkt diente mir das ökonomische Paradigma der „rationalen Verfolgung des Eigeninteresses", freilich in negativem Sinn, denn ich wollte *Differenzen* aufzeigen, die zwischen dem ökonomischen Modell der Marktorientierung und dem Fallbeispiel des Berufes, mit dem ich mich befaßte, bestehen. Sie lagen zum Greifen nahe. Beim einzelnen Arzt bestanden sie zum einen in der Anpassung seiner Honorarforderungen an die Verhältnisse des Patienten — in der sog. „gleitenden Skala", d. h. bei wohlhabenden Patienten berechnete er höhere Honorare, bei weniger wohlhabenden oder armen geringere bzw. keine, — zum anderen in der Abneigung gegen das „Herumprobieren" von Patienten, die von Arzt zu Arzt laufen, um den Wert der angebotenen ärztlichen Leistungen in finanzieller und anderer Hinsicht auszuprobieren. In späteren Jahren sollte ich diesen engen Vergleich — mitsamt allen Differenzen — zwischen paradigmatischer Marktorientierung und professioneller Orientierung noch erheblich modifizieren.

Die wichtigsten theoretischen Schlußfolgerungen ergaben sich jedoch aus der Frage nach dem Wesen der Rationalität, — genau jenes Problem, das mich nicht nur in meiner eigenen Arbeit, sondern auch schon während meiner Arbeit mit Schumpeter gefesselt hatte. Hier zeigten sich nicht nur eine Unterscheidung zwischen ökonomischen und nicht-ökonomischen Aspekten der Rationalität, sondern auch innerhalb letzterer Kategorie zwei verschiedene Arten oder Richtungen der Betrachtung des Rationalitätsproblems. Die erste galt einem selbst für mich sehr alten Problem, nämlich der Beziehung von rationaler (vornehmlich wissenschaftlicher) Erkenntnis und Handeln im Sinne der „Anwendung" von Erkenntnis. Die Medizin war, besonders zu der Zeit als ich sie studierte, eine Art Prototyp von Möglichkeiten zur Hervorbringung potentiell nützlichen Wissens und seiner Anwendung auf die Lösung entscheidender menschlicher Probleme. Die sogenannte „wissenschaftliche Medizin" erlebte damals so etwas wie einen Höhepunkt, und ihre Bedeutung war mir von meinem älteren, in Johns Hopkins ausgebildeten Bruder nachdrücklich vor Augen gehalten worden. Naturgemäß bestanden daher erkennbare Verbindungen zwischen diesem Aspekt der Medizin und der allgemeineren Erfassung des Rationalitätsproblems in *The Structure of Social Action*, vor allem auch zu Paretos Konzept der „logischen Handlung".

Das oben erwähnte Interesse an psychosomatischen Problemen, und letztlich auch an solchen der Geisteskrankheiten, warf einen weiteren Fragenkomplex auf. Die Fragen betrafen die Bedeutung wissenschaftlicher Methoden der rationalen Forschung und Analyse für das Verständnis und zu gewissem Grad, für die Kontrolle nicht- und irrationaler Faktoren des menschlichen Handelns, das in erster Linie individuell, aber auch sozial von Bedeutung ist. Dies Problem hatte alle meine Autoren beschäftigt, Marshall ausgenommen. Doch erst die intensive Auseinandersetzung mit Freud rundete mein Modell ab und gab ihm neue Dimensionen, zumal im Blick auf die Relevanz nicht-rationaler Faktoren und Mechanismen für die intimeren, mikrosoziologischen Prozesse der Interaktion. Ich glaube mich zu erinnern, daß das Interesse an diesen Fragenkomplexen eine Menge damit zu tun hatte, warum Schumpeters Herantreten an mich, so schmeichelhaft es für einen jungen, noch nicht gesicherten Schüler sein mochte, mich nicht beeindruckte.

Mit diesen speziellen Interessen stand ich offensichtlich unter dem Einfluß meiner enger werdenden Verbindung zu Kollegen wie Clyde Kluckhohn und Henry Murray; Gordon Allport hingegen war ein Psychologe betont rationalistischer Prägung. Jedenfalls traf es sich, daß beide Aspekte des „Rationalitätskomplexes" in meiner Studie des Arztberufes gemeinsam behandelt wurden und daß beide meiner früheren Konzentration auf ökonomisch-politische Aspekte der Rationalisierung entgegengesetzt waren. Hinzu kam noch das hintergründige Interesse an der Stellung der Religion im Rahmen jeglicher allgemeinen Analyse des sozialen Handelns, — ein Anliegen, das mir aufgrund meiner familialen Herkunft ehrlich am Herzen lag und durch Webers Protestantische Ethik ... und seine allgemeineren vergleichenden religionssoziologischen Studien noch besonders für mich in den Brennpunkt gerückt worden waren.

Wie ich es heute sehe, spielten diese drei, inklusive Religion vier Kristallisationspunkte des „Rationalitätsproblems" für die Strukturierung meiner theoretischen Interessen — seit dieser Entscheidungssituation von Ende der 30er Jahre — eine dominierende Rolle. Diese erste große Wende führte mich vom wirtschaftlich-politischen Komplex zum sozio-psychologischen hin, das heißt: das Problem der Nicht-Rationalität wurde von mir mehr aus der Freudschen und weniger aus der Perspektive Webers oder Paretos betrachtet, so verschieden diese auch waren. Bei dieser Wendung war ich mir der Bedeutung der „kognitiven Rationalität", insbesondere als Basis der naturwissenschaftlichen Komponente der Medizin, vollauf bewußt. Indes sollte die intensive Beschäftigung mit ihr erst mit meinem erwachenden Interesse an der Verankerung der Berufe im System der höheren Bildung beginnen, — Interessen, die in den letzten Jahren zentrale Bedeutung erhielten.

In gewissem Sinn könnte man hier von einem „Wiederauftauchen des Verdrängten" sprechen.

Im Zusammenhang mit dem sozial-emotionalen Aspekt des Arztberufs begann ich einige Phänomene, die damals allgemein der „ärztlichen Kunst" (als Gegensatz zur „medizinischen Wissenschaft") zugeschrieben wurden, im Sinn der Freudschen Konzeption der Beziehung von Analytiker zum Analysanden zu untersuchen, und unter besonderer Berücksichtigung der Übertragung, die ich für eine der größten Entdeckungen Freuds halte. Sicherlich hat Freud das Arzt-Patient-Verhältnis nicht erfunden; in der westlichen Tradition ist es bis auf Hippokrates (laut Henderson) zurückzuführen. Doch Freud hat es zum primären sozialen Bezugsrahmen psychoanalytischer Praxis gemacht und seinen Sinngehalt beträchtlich vertieft. Es wurde mir klar, daß diese psychoanalytische Beziehung ein extremes und insofern in begrenztem Sinn paradigmatisches Beispiel der Arzt-Patient-Beziehung war, und daß sie die ganze Breite der psychosomatischen Beziehungen mit einschloß. Natürlich bestand eine fundamentale Verbindung zwischen den beiden primären, hier interessierenden Aspekten des Rationalitätsproblems, nämlich den Anspruch der Psychoanalyse auf wissenschaftliche Anerkennung, der meiner Meinung nach allen Kontroversen zum Trotz zu Recht besteht und im Zuge der Anwendung am besten den therapeutischen Prozeß symbolisiert, den Freud in die wenigen Worte faßte: Wo Es war, soll Ich sein.

Hauptsächlich auf diesem Wege gelangte ich dazu, Krankheit in gewissem Sinn als eine Form „abweichenden Verhaltens" und ihre Therapie in einer der breit gefächerten Typen von „sozialer Kontrolle" zu sehen, — eine Ansicht, für die ich teuer bezahlen mußte: ich wurde beschuldigt, ein Fürsprecher der Interessen des Establishment an der Erhaltung des Status quo zu sein. Nichtsdestoweniger enthält diese Position ein Körnchen Wahrheit, — eine Wahrheit, die meiner Meinung nach nichts mit der speziellen Form der sozialen Ordnung zu tun hat. Worauf es in der Theorie ankommt, ist: die Anwendung der medizinischen Wissenschaft nicht nur als eine biophysische Technologie zu sehen, sondern ebenso auch als ein Feld der sozialen Interaktion. Technischer ausgedrückt (die Formulierungen kristallisierten sich erst später), die traditionelle Auffassung von ärztlicher Praxis verstand diese als eine Beziehung zwischen kulturellen Systemen (wissenschaftlicher Erkenntnis) und Organismen, wobei die sozial Handelnden lediglich den naheliegenden Implikationen der Erkenntnis folgten, während die Interaktion sich aus der anderen Perspektive zumindest teilweise als Sache eines subtilen Wechselspiels zwischen unbewußten Motiven auf der Persönlichkeitsebene und strukturellen Besonderheiten des sozialen Systems zu erkennen gibt. Es bestehen noch weitere soziologische Korrelate dieser Unterschiede, darunter die der Dualität der Ebenen, – im Fall der medizinischen Beziehung, die zwischen dem Arzt als sachverständigem Träger der sozialen Kontrolle und dem Patienten als Empfänger dieses wichtigen Dienstes, – auf die hier nicht im Detail eingegangen werden kann. Diese ist jedoch, wie sich zeigt, der Haupt-Kristallisationspunkt einer sozialen Struktur, der weder im überwiegend ökonomischen noch im politischen Modell (Kapitalismus – Sozialismus) Platz hat.

5. Von der medizinischen Praxis zur Theorie der Sozialisation

Es war vielleicht nur natürlich, daß in einer so stark unter dem Einfluß Freuds stehenden Periode meiner Laufbahn mein Interesse sich von der Analyse der sozialen Situation der Psychoanalyse, allgemeiner gesagt, von der medizinischen Praxis auf die Analyse der Ursprünge der Probleme verlagerte, denen Analytiker und Patient sich gegenüber sehen. Offensichtlich waren das in erster Linie Probleme, die in der Persönlichkeit des Analysanden zu suchen waren, auf die Gründe für die „Gegenübertragung" komme ich später noch zu sprechen –, und führten den Soziologen hin zu der Frage nach den Bedingungen, die für die kindliche Entwicklung innerhalb der Familie als soziales System bestimmend waren. Freud selbst hat der Bedeutung der „Objekt-Beziehungen" zunehmend Gewicht beigemessen, jedoch läßt sich nicht gerade behaupten, daß er eine adäquate Familiensoziologie entwickelt hätte. In diesem Zusammenhang begann eine der grundlegenden Annahmen, über die ein eindrucksvolles Einvernehmen herrschte, für mich eine zentrale Rolle zu spielen. Bei der Lektüre von Freud wurde mir allmählich die Bedeutung dessen klar, was ich und auch andere als Phänomene der „Internalisierung" bezeichneten (Freuds Ausdruck hierfür war „Introjektion"), der Internalisierung sowohl der sozio-kulturellen Normen als auch der Persönlichkeiten der anderen, mit denen das Individuum in Interaktion tritt, vor allem der des „Sozialisationsagenten" (bei Internalisierung im letzteren Fall wird bisweilen von „Identifikation" gesprochen).

Diese Idee nimmt zuerst in Freuds Konzeption des Über-Ich Gestalt an, obwohl man sagen könnte, sie war schon in einem früheren Stadium vorhanden, insbesondere schon in der Konzeption der Übertragung (z. B. bei der Übertragung der Gefühle für den Vater durch den Analysanden auf den Analytiker). Freud gelangte zu der Auffassung, daß die moralischen Normen, insbesondere die durch den Vater in gewissen Phasen des Lernprozesses an das Kind herangetragenen, integrale Bestandteile der kindlichen Persönlichkeit bildeten. Allmählich erweiterte Freud diesen Aspekt seiner Theorie der „Objektbeziehungen", so daß sie nun neben dem Über-Ich auch das Ich und sogar das Es umfaßten[25]. Etwa zur gleichen Zeit wurde mir klar, daß ein sehr ähnliches, von einem ganz anderen Ansatz her entwickeltes Konzept auch bei Durkheim eine wesentliche Rolle spielte, vor allem in seinem Konzept der sozialen Kontrolle durch moralische Autorität. Ebenso lag diese Idee zumindest implizite Webers Auffassung von der Rolle der religiösen Werte bei der Verhaltensentscheidung zugrunde, und ebenso zeichnete sie sich sehr klar im Werk einer Gruppe von amerikanischen Sozialpsychologen ab, vor allem bei G. H. Mead und W. I. Thomas. Das Konzept der sukzessiven Internalisierung kultureller Normensysteme und konkreter sozialer Objekte wurde die Leitlinie der gesamten Sozialisationstheorie, die sogar in meinen neuesten Abhandlungen über die Probleme der höheren Bildung in neuer Gestalt wieder auftauchen.

Internalisierung ist ein Strukturmerkmal des Persönlichkeitssystems. Ihre Parallelerscheinung im sozialen System habe ich als Institutionalisierung bezeichnet. Darunter ist speziell die Gestaltung der sozialen Beziehungen durch Komponenten der normativen Kultur zu verstehen, die ihrerseits unmittelbar strukturelle Teile des jeweiligen sozialen Systems bilden. Den hervorragendsten theoretischen Beitrag zu dieser analytischen Richtung lieferte wohl Max Weber, insbesondere mit seiner vergleichenden Religionssoziologie; aber auch Durkheim leistete gleicherweise bedeutende Beiträge. Darüber hinaus erhalten beide Konzepte nur dann einen Sinn, wenn man sich die primären Subsysteme eines allgemeinen Handlungssystems sowohl als sich gegenseitig durchdringend als auch als interdependent vorstellt. Damit sind bestimmte Komponenten des kulturellen Systems gleichzeitig Komponenten gewisser Sozial- und Persönlichkeitssysteme. Diese ganze zentrale Konzeption wiederum beruht weitgehend auf der Konzeption des abstrakten Charakters der betreffenden Teil- oder Subsysteme. Daher ist ein soziales System — zum Beispiel eine „Gesellschaft" — keine Einheit, sondern ein Mittel, um bestimmte Beziehungen zwischen „Aktions"komponenten herzustellen, die sich entsprechend der Mannigfaltigkeit der konkreten Wirklichkeit voneinander unterscheiden.

Das Interesse an diesen Problemen des Nicht-Rationalen wurde sicherlich durch die Zeitumstände verstärkt. Die Diskussionen über das Problem des deutschen Volkscharakters, in denen Erik Erikson für mich eine Hauptperson wurde, hatten damals große Bedeutung[26]. Zu dieser Zeit wurde ich auch von persönlichen Angelegenheiten in Anspruch genommen. Vor allem erschütterten mich der zu frühe Tod meines älteren Bruders (1940) und das Altern und schließlich das Sterben meiner Eltern (1943 und 1944).

In diesem Komplex von Umständen sehe ich in erster Linie die Erklärung für ein großes berufliches Versäumnis: daß ich mein Vorhaben, eine große monographische Studie des Arztberufs zu veröffentlichen, nicht verwirklichte. Zwar hatte ich meines Erachtens enormen Gewinn aus dieser Arbeit gezogen, mich jedoch ablenken lassen von den subtileren Aspekten der sozialen Kontrolle und der Genesis der Probleme des Sozialisationsprozesses, die außerhalb meines Themas lagen[27]. Jedenfalls verschob ich den Abschluß dieser Arbeit und begab mich daran, neben einer Reihe von Diskussionen über Aspekte dieses Problems in verschiedenen Arbeiten, ein umfangreiches Kapitel über „The Case of Modern Medical Practice“ zu *The Social System* zu verfassen.

Etwa Ende der 40er Jahre ging ich wieder von psychologischen und mikrosoziologischen zu makrosoziologischen Problemen, einschließlich der wirtschaftlichen Probleme, über und dies bei erneuter Mitwirkung auf der europäischen Szene, die durch einen Lehrauftrag am Salzburger Seminar im Sommer 1948 eingeleitet wurde. In gewissem Sinn gipfelte dieser Prozeß in einer Neuformulierung der Probleme der Beziehung von ökonomischer zu soziologischer Theorie, die während meiner einjährigen Gastprofessur in Cambridge, England (1953–1954) begann.

1946 jedoch legte ich mir eine offizielle Ausbildung als „Class C“-Kandidat am Psychoanalytic Institute Boston zu. Die allgemeinen intellektuellen Beweggründe für diesen Schritt lassen sich vielleicht dem zuvor Geschilderten entnehmen; doch waren es auch persönliche Gründe, die mich veranlaßten, psychotherapeutische Hilfe in Anspruch zu nehmen. Ich schätze mich glücklich, daß ich bei Dr. Grete Bibring meine Lehranalyse machen konnte. Sie hatte noch dem originalen Kreis um Freud in Wien angehört bis sie infolge der Machtübernahme der Nazis in Österreich gezwungen war, ins Exil zu gehen. Natürlich konnte ich ohne medizinischen Grad nicht selbst Psychoanalyse praktizieren und durfte gemäß den damaligen Bestimmungen auch keine Kontrollfälle übernehmen. Tatsächlich wurde ich nur mit Sondererlaubnis zu den klinischen Seminaren zugelassen. Doch habe ich auch nie die geringste Absicht gehabt, zu praktizieren.

Nicht nur vertiefte diese Erfahrung mein Verständnis der psychoanalytischen Theorie und der Phänomene, mit denen sie sich befaßte; sie hatte auch die Wirkung, mich von meinem übermäßigen Interesse an der Abhandlung menschlicher Probleme auf psychoanalytischer Ebene zu „entwöhnen“ und war insofern eine Art Korrektiv meiner ersten Freud-Lektüre und der früheren Phasen meiner Untersuchung des Arztberufes. Stattdessen regte sich erneut ein relativ starkes Interesse an abstrakteren und analytischeren und empirischen Problemen – zum Beispiel wieder an ökonomischen und politischen Fragen und später auch an Bildungsaspekten.

Ich gehörte nicht zu den vielen Fakultätsmitgliedern, die in Cambridge zum Kriegsdienst einberufen wurden. Ich unterrichtete jedoch während des Krieges an der Schule für Auslandsverwaltung, wo die Programme für *Area and Language* sowie die für die Offiziere der Zivilverwaltung ausgearbeitet wurden und deren Leitung mein Freund Carl Friedrich inne hatte. Auch unterrichtete ich über Themen europäischer und ostasiatischer Gesellschaften. Gegen Kriegsende diente ich als Berater der Feind Abteilung der *Foreign Economic Administration,* die sich mit der Behandlung Deutschlands in der Nachkriegszeit zu befassen hatte. Ferner schrieb ich mehrere Memoranden gegen den sogenannten Morgenthau-Plan.

1944 wurde ich – teilweise in Reaktion auf ein sehr günstiges Angebot von außerhalb – in Harvard zum Vorsitzenden des *Department of Sociology* ernannt, im Einvernehmen darüber, daß bald eine wichtige Reorganisation des Department stattfinden sollte. Allport, Kluckhohn, Murray und ich hatten die Möglichkeit einer Reorganisation bereits lebhaft diskutiert. 1945 standen zwei Stellen in der soziologischen Abteilung offen: Die eine erhielt George C. Homans, der im Department tätig gewesen war, ehe er zur Marine einberufen wurde. Die andere übernahm Samuel A. Stouffer, der gerade von seinem Kriegseinsatz als Forschungsleiter des *Information and Education Branch* im Kriegsministerium entlassen worden war. Diese Vorgänge ermöglichten Ende 1945 eine Initiative der Fakultät zur Errichtung des *Department of Social Relations,* das dann im Herbst 1946 eröffnet werden konnte. Stouffer erhielt die Leitung der angegliederten Forschungsorganisation, und ich wurde zum Vorsitzenden der Abteilung bestellt, die außer Soziologie noch Sozialanthropologie, Sozialpsychologie und klinische Psychologie umfaßte. Ich blieb zehn Jahre in diesem Amt, bis 1956. Von hervorragender Bedeutung für die Errichtung und Entwicklung des *Department of Social Relations* war die Tätigkeit von Paul H. Buck, Dekan der *Fakulty of Arts and Sciences* und deren Leiter.

Während dieser Zeit war ich auch außerhalb Harvards beruflich tätig. 1942 war ich Präsident der *Eastern Sociological Society* gewesen; in jenem Kriegsjahr aber hatte der Posten nicht viel Arbeit mit sich gebracht. 1949 wurde ich auf ein Jahr zum Präsidenten der *American Sociological Association* gewählt und dies erwies sich natürlich als ein viel umfangreicherer Job. Die Gesellschaft durchlief gerade eine beträchtliche organisatorische Krise, hauptsächlich infolge der Zunahme an Mitgliedern und damit an Aktivitäten. Während meiner Amtszeit wurde ein neues Büro eingerichtet, der erste bezahlte Geschäftsführer eingestellt und die Satzung der Gesellschaft erheblich revidiert. Nach einem Intervall von mehreren Jahren wurde ich erneut für die Gesellschaft tätig, zunächst als Vorsitzender des Berufsausschusses, dann fünf Jahre lang als ihr Sekretär und schließlich noch zwei Jahre als erster Herausgeber der Zeitschrift *The American Sociologist*, dem Organ der Gesellschaft, das sich indes mehr beruflichen Angelegenheiten als „wissenschaftlichen Beiträgen" widmete. In den 50er Jahren wurde ich auch in der *American Association of University Professors* aktiv, und zwar im Sonderausschuß, und war jeweils eine Amtszeit lang Mitglied des *Council* wie auch des *Committee on Academic Freedom and Tenure*.

6. Theoretische Weiterentwicklung von 1937 bis 1951*

Für meine Aufgabe als Lehrer, insbesondere von Doktoranden, waren die ersten Jahre am *Department of Social Relations* wahrhaftig ein goldenes Zeitalter. Ein Jahr nach Kriegsende eröffnet, zog die Abteilung – zum Teil infolge des G.I.-Erlasses – eine ganze Schar außergewöhnlich begabter junger Leute an, deren Studium durch den Krieg unterbrochen worden war. Bernard Barber, Albert Cohen, Marion Levy, Henry Riecken und Francis Sutton waren bereits vorher in Harvard gewesen, Robert Bales hatte den Krieg über in Harvard bleiben können. Zu den Neuen gehörten David Schneider, Harold Garfinkel, David Aberle und Gardner Lindsey. Etwas später kamen noch James Olds, Morris Zelditch, Joseph Berger, Renée Fox, Clifford Geertz, Francois Bourricaud (der in Frankreich ein Rockefeller Stipendium erhalten hatte), Robert Bellah, Neil Smelser, Jackson Toby, Kaspar Naegele, Theodore Mills, Joseph Elder, Ezra Vogel, William Mitchell (vom Department of Government), Odd Ramsoy (aus Norwegen) und Bengt Rundblatt (aus Schweden) hinzu.

Ende der 50er Jahre und Anfang der 60er kam ein dritter Schub besonders begabter Studenten, darunter Winston White, Leon Mayhew, Jan Loubser, Edward Laumann, Charles Ackerman, Enno Schwanenberg, Victor Lidz, Andrew Effrat, Rainer Baum, Mark

* Der deutschen Fassung der Parsonschen Termini sind z. T. die von Dr. U. Schlottmann in *Primäre und sekundäre Individualität*, Stuttgart 1968, erarbeiteten Formulierungen zugrundegelegt. D. Ü.

Gould, John Akula, und, nach Abschluß seines offiziellen Studiums als Mitarbeiter in einer Sonderstellung, Gerald Platt. Die enge Beziehung zu fortgeschritteneren Studenten dieses Formats war einer der lohnendsten Aspekte meiner akademischen Laufbahn. Es kann meines Erachtens nicht ausbleiben, daß brillante junge Köpfe außerordentlich anregend auf ihre Lehrer wirken. Meine eigene Erfahrung in dieser Hinsicht hat mich in meiner Auffassung erheblich bestärkt, wie wichtig es ist, Lehre und Forschung in ein und denselben Organisationen und Rollen miteinander zu verbinden.

Einige dieser engen Beziehungen in der Zusammenarbeit mit solchen Leuten wie Robert Bales, James Olds, Neils Smelser, Winston White, Victor Lidz und Gerald Platt, resultierten in gemeinsamen Publikationen. Andere wichtige Beziehungen bestanden zu David Schneider, Clifford Geertz, Leon Mayhew sowie zu meiner Tochter (die zwar nicht offiziell meine Studentin war), der verstorbenen Anne Parsons.

Trotz der oben erwähnten Interessenverlagerungen erscheint mir die Zeit zwischen dem Abschluß von *The Structure of Social Action* und der Veröffentlichung zweier Hauptwerke im Jahr 1951, des in Zusammenarbeit mit Edward Shils[28] entstandenen *Toward a General Theory of Action* und meiner eigenen *The Social System* durch eine gewisse Einheitlichkeit der geistigen Interessen und der theoretischen Entwicklungen gekennzeichnet. Der rote Faden scheint mir in dem gegeben, was ich als Schema von Orientierungsalternativen ("pattern-variables") bezeichnete.

Dieses Schema ergab sich bei der Bemühung um einen theoretischen Ansatz zur Deutung beruflichen Verhaltens. Es war klar, daß die Kapitalismus-Sozialismus-Dichotomie dabei unergiebig sein würde. Daher griff ich auf die berühmte, von Tönnies für die deutsche Soziologie entwickelte und auch von Weber angewandte Unterscheidung von *Gemeinschaft* und *Gesellschaft* als Typen sozialer Organisation zurück[29]. Ausgangspunkt war hier das Problem des Eigeninteresses insofern, als es eine weitere, sich vom öffentlichen Interesse sozialistischer Prägung erheblich unterscheidende Orientierungsalternative darstellte. Die Orientierung der akademischen Berufe war, wie ich es zuerst ausdrückte, uneigennützig ("disinterested"), später ersetzt durch "collectivity-oriented", d. h. kollektivbezogen, in dem Sinne, wie der Arzt versichert, daß er vor allem am Wohl des Patienten interessiert sei. Aufgrund dieses Kriteriums gehörten die akademischen Berufe zur Kategorie *Gemeinschaft*.

Die wissenschaftliche Komponente des Arztberufes, der universalistische Charakter des auf die Probleme der Krankheit angewandten Wissens paßte dagegen in den ausgedehnten Komplex der Kennzeichen moderner Gesellschaft, die Tönnies und seine zahlreichen Anhänger unter *Gesellschaft* klassifiziert haben würden. Hieraus ergab sich offensichtlich, daß Tönnies' Dichotomie nicht nur als Variation im Sinne einer einzelnen Alternative behandelt werden mußte, sondern auch als Resultante einer Vielzahl unabhängiger Alternativen. Waren sie tatsächlich unabhängig, so mußte es nicht nur jene zwei Grundtypen der sozialen Beziehung, sondern eine ganze, wesentlich größere Familie solcher Typen geben. Dabei kam mir der Gedanke, daß der professionelle Typus zwar in diese Familie gehörte, jedoch weder unter *Gemeinschaft* noch unter *Gesellschaft* zu klassifizieren sei. So wichtig die Frage des Eigeninteresses sein mochte, scheint es mir heute wichtiger zu sein, wie der Universalismus, der für die kognitive Rationalität besonders charakteristisch ist, und das Problem der Stellung der nicht-rationalen Emotionen oder Affekte in ein und dasselbe analytische Schema gebracht werden können. Schon bald gelangte ich zur Formulierung einer dichotomen Alternative, die ich „affectivity-affective neutrality" nannte und dem gleichen Schema eingliederte, das auch die Orientierungsalternativen „universalism-particularism" umfaßte.

Dieses Schema der „pattern-variables" machte im Lauf der Zeit komplexe Veränderungen durch, auf die ich hier im einzelnen nicht einzugehen brauche. Das Programm, aus dem der Band *Toward a General Theory of Action* hervorging, führte erstmals zu einer echten Synthese. Anfänglich sollte das Projekt einer Art theoretischer Bestandsaufnahme der Fundamente des „social-relations"-Experimentes dienen, und so kamen zu diesem Zweck Edward Shils und der Psychologe E. C. Tolman als Gäste nach Harvard. Mit der Zeit wurde unsere Zusammenarbeit immer enger, — eine Kooperation, aus der unsere gemeinsame Monographie *Values, Motives and Systems of Action* hervorging, die in gewisser Hinsicht den theoretischen Kern von *Toward a General Theory of Action* bildet. Darin bauten wir das Schema der „pattern-variables" dahingehend aus, daß es nicht nur ein Rahmenwerk für die theoretische Analyse sozialer Systeme darstellte, wie ich ursprünglich gemeint hatte, sondern auf die Analyse des allgemeinen Handlungssystems wie auch auf die Analyse der Persönlichkeits- und der kulturellen Systeme anwendbar war, die uns damals besonders beschäftigten. Als solches stellte das Schema nun nicht mehr einen Katalog dichotomer Unterscheidungen dar, vielmehr hatte es sich unverkennbar zum „System" entwickelt, — das indes den Keim für weit größere Verflechtungen enthielt, als wir damals erkannten.

Mit dieser Verallgemeinerung und Systematisierung schien uns ein wirklicher Durchbruch gelungen zu sein. Das ermutigte mich, auf eigene Faust eine allgemeine Darstellung des Wesens des sozialen Systems unter besonderer Berücksichtigung der makrosoziologischen Aspekte zu versuchen. Das Resultat, mein Buch *The Social System,* basierte von der Kodifizierung empfangener soziologischer Erkenntnis abgesehen, auf zwei Bestandteilen, die als meine originale Leistung betrachtet werden dürfen: erstens auf der Klärung der Beziehungen zwischen sozialen Systemen einerseits und psychologischen oder Persönlichkeits- und kulturellen Systemen andererseits, zweitens dem bewußt systematischen Gebrauch des Schemas der „pattern-variables" als wichtigstem theoretischem Bezugssystem für die Analyse des sozialen Systems.

7. Wirtschaftswissenschaft und Soziologie aus neuer Sicht

Die beiden Bücher von 1951 stellten gewissermaßen einen Höhepunkt dar, — wichtiger noch, sie bildeten die Ausgangsbasis für eine neue Entwicklung. Der gemeinsam von Shils und mir verfaßte Beitrag war auf dem Schema der „pattern-variables" aufgebaut, das wir in gemeinsamer Arbeit von der Ebene des sozialen Systems auf die Ebene des Handelns im allgemeinen übertrugen. Mittlerweile diskutierte ich auch mit Robert Bales[30] über die Beziehungen zwischen meinem Schema und seinem für die Analyse der Interaktion in Kleingruppen verwendeten Schema. Diese Gespräche schienen mir zunehmend an Gewicht zu gewinnen; so baten wir Shils, über den Sommer 1952 mit uns zusammenzuarbeiten. Auf diese Weise entstanden die *Working Papers in the Theory of Action* (1953)[31].

Das — im Licht späterer Entwicklungen — entscheidende Ergebnis bestand in dem von uns heute so bezeichneten *„four-function paradigm"*. Es kam aufgrund einer Kombination vom Schema der vier „pattern variables" und dem von Bales in *Interaction Process Analysis*[32] zusammengestellten Kategoriensystem zustande. Wir gelangten zu dem Schluß, daß das Handlungssystem generell an Hand der gleichen Prozesse und Strukturen erschöpfend analysiert werden kann, die auch — gleichzeitig oder in logischer Folge — in der Lösung der vier funktionalen Probleme enthalten sind, die wir bezeichneten als *„adaptation"* (Anpassung an den laufenden strukturellen Wandel im System und im Verhältnis zu anderen Systemen), als *„system (not unit) goal-attainment"* (Erreichen der Systemziele), als *„integration"* (Integration der systembildenden Einheiten) und *„pattern-maintenance and latent tension management"* (Aufrechterhalten der Systemstruktur bei Überwindung stets auftretender Spannungen). Mochte unseren damaligen Definitionen auch viele Mängel anhaften, dieses Grundmodell habe ich mehr als fünfzehn Jahre lang, seit seinem Entstehen, beibehalten, — als einen primären Bezugspunkt für meine gesamte theoretische Arbeit[33].

Eine weitere, in engem Bezug zu Bales' Arbeit über Kleingruppen stehende Konsequenz bestand darin, daß ich die Analyse auch auf den Sozialisationsprozeß ausdehnte, wobei ich auf meine Studie über die medizinische Praxis zurückgriff. Dies resultierte in dem Buch *Family, Socialisation and Interaction Process*[34], das ich gemeinsam mit Bales, James Olds und anderen verfaßte. Hauptthema war, daß die für die modernen Industriegesellschaften charakteristische Kern- oder Kleinfamilie genau wie die Kleingruppe mittels dem *four-function* Paradigma erfaßt und hinsichtlich der Generationen- und Geschlechterbeziehungen weitgehend analog dem von Bales und seinen Mitarbeitern experimentell an kleinen Gruppen erarbeiteten Differenzierungsmuster definiert werden konnte. Zu dieser Zeit war es wohl auch, daß ich mich intensiv für das Phänomen der Differenzierung lebender Systeme im allgemeinen zu interessieren begann. Dies rührte von meinem früheren Interesse an der Biologie her und erhöhte die Bedeutung, die die „binary fission" (Aufspaltung von sozialer Rolle und individuellen Bedürfnissen innerhalb des Persönlichkeitssystems) für mich hatte[35].

Diese theoretisierende Linie — die Fortsetzung unserer Auseinandersetzung mit den Problemen des Nicht-Rationalen — wurde bald in den Schatten gestellt von einer anderen, die mich zu den alten Fragen nach der Beziehung von ökonomischer und soziologischer Theorie zurückführte. Für das Jahr 1953—54 wurde ich von der Universität Cambridge (England) auf Anregung des *Cambridge Department of Economics* und im Gedenken an Alfred Marshall eingeladen, eine Reihe von Gastvorlesungen zu halten. Daher mußten meine Vorlesungen sich mit Marshall und speziell mit der Frage nach dem Verhältnis von ökonomischer und soziologischer Theorie befassen.

Jahrelang hatte ich mich nicht mehr eingehend mit den Problemen der Stellung der ökonomischen Theorie befaßt. Und als ich diesen Ruf annahm, war ich mir nicht sicher, ob ich das in *The Structure of Social Action* erreichte Niveau überschreiten könnte. Doch wie sich herausstellen sollte, hatte die unterdes erfolgte theoretische Entwicklung vor allem des *„four-function"* Paradigmas die Basis für eine ganz neue analytische Phase geschaffen.

Um mich vorzubereiten, studierte ich zum ersten Mal gründlich Keynes' *General Theory of Employment, Interest and Money;* auch las ich noch einmal große Teile aus Marshalls *Principles of*

Economics[36]. Dabei kam mir plötzlich der Gedanke, daß die grundlegende Klassifikation der Produktionsfaktoren und der Einkommensverteilung aus Boden, Arbeit und Kapital mit der Marshallschen Ergänzung durch den vierten Faktor, den er als „Organisation" bezeichnete, sowohl als Klassifikation des Inputs bzw. Outputs in der Wirtschaft als auch als soziales System angesehen werden könnte, das mit Hilfe des „four-function" Paradigmas analysiert werden kann.

Dieser Einfall erwies sich als Ausgangspunkt für eine fundamentale Neubetrachtung des Problems, die ich jedoch zu der Zeit, als ich im November 1953 meine drei Vorlesungen hielt, nur teilweise durchführen konnte. Es war eine glückliche Fügung, daß Neil Smelser, den ich als Studenten von Harvard her kannte, gerade in Oxford — im zweiten Jahr seines Rhodes-Stipendiums — Wirtschaftswissenschaft studierte. Ich sandte ihm mein Vorlesungsmanuskript zu, auf das er mit sehr detaillierten und einschlägigen Kommentaren einging. So trafen wir uns noch im Laufe des akademischen Jahres in England zu einer Reihe von Besprechungen. Im Herbst darauf, als wir beide wieder in Harvard waren, setzten wir unsere Zusammenarbeit fort, aus der dann das Buch *Economy and Society* hervorging[37].

Es gelang uns, meine ich, eine neue, verallgemeinertere Analyse der Beziehungen zwischen ökonomischer und soziologischer Theorie auszuarbeiten. Diese Analyse ließ sich auf die Beziehung von Wirtschaft als gesellschaftliches Subsystem wie auf die Gesellschaft als Ganzes ausdehnen. Darüber hinaus erwies sich dieser theoretische Umbau als brauchbar für eine Neubetrachtung der anderen primären, funktionalen Teilsysteme der Gesellschaft. Es eröffnete sich eine völlig neue Sicht der Struktur und Funktion aller sozialen Systeme, von denen eine Gesellschaft nur einen besonders wichtigen Typus darstellt.

Die entscheidende Verknüpfung bestand darin, daß das, was die Wirtschaftstheoretiker mit Wirtschaft bezeichnen, als eines von vier primären funktionalen Teilsystemen der Gesellschaft aufgefaßt wird, dem hauptsächlich adaptive Funktion zukommt, d. h. seine Anpassungsaufgabe besteht in der Hervorbringung allgemein zugänglicher Mittel. Drei der Produktionsfaktoren und Einkommensanteile können jeweils als inputs in die jeweils anderen drei primären Subsysteme bzw. als outputs aus ihnen gesehen werden. Das vierte Paar — Boden und Rente — sollte — wie in der theoretischen Tradition der Wirtschaftswissenschaft üblich — als Sonderfall behandelt werden. Den Schlüssel hierzu gibt die berühmte Doktrin, wonach das Angebot an Boden, im Gegensatz zu anderen Faktoren, nicht eine Funktion seines Preises ist. Diese

Eigenschaft erfüllte die logischen Anforderungen der strukturerhaltenden Funktion, die wir als stabilisierende Basis des Handlungssystems behandelt hatten. Im Verlauf der Arbeit nahmen wir eine beträchtliche Revision des traditionellen ökonomischen Begriffes Boden vor, und zwar dahingehend, daß der Begriff nicht nur die natürlichen Hilfsquellen, sondern auch alle ökonomisch relevanten Ressourcen miteinschloß, die unabdingbar mit der Funktion der Produktion im ökonomischen Sinn zusammenhingen, die ihrerseits die Bindung an die Produktionswerte mit einschloß. So gesehen war die ökonomische Rationalität eine Wertkategorie — nicht eine Kategorie der psychologischen Motivation.

Geht man davon aus, daß unsere Zuordnung der Quellen des Inputs und der Bestimmungsort des Outputs bei den anderen drei Teilsystemen, richtig war, und daß wir vergleichbare richtige Klassifizierungen und Kategorisierungen der Inputs und Outputs der anderen drei primären Teilsysteme auszuarbeiten vermochten, so hat es sich letzten Endes als möglich erwiesen, ein vollständiges Austausch-Modell für das soziale System als Ganzes zu entwikkeln[38]. Diese Arbeit hat mehrere Jahre in Anspruch genommen und erforderte eine lange Reihe von Besprechungen zwischen Smelser und mir wie auch mit anderen.

Diese Denkrichtung brachte neue Komplikationen mit sich, eröffnete aber zugleich eine Reihe von neuen Möglichkeiten. Unser primäres Bezugsmodell war der bei Keynes im Brennpunkt stehende Austausch zwischen Haushalten und Unternehmungen. Erstere ordneten wir dem strukturerhaltenden System zu, was uns soziologisch sinnvoll erschien, letztere kategorisierten wir unter Wirtschaft. Somit waren nur zwei, nicht vier Kategorien im Spiel: einmal das was Wirtschaftswissenschaftler mit „reale" Inputs und Outputs („realer" Austausch) bezeichneten und zum anderen die monetäre Kategorie Arbeitslohn und Konsumausgaben. Dies warf naturgemäß Fragen in bezug auf die Stellung des Geldes als Tauschmittel wie auch nach seinen anderen Funktionen auf, — zum Beispiel als Maß ökonomischen Wertes und Mittel zu seiner Hortung.

Die Theorie des Geldes spielt natürlich in der wirtschaftswissenschaftlichen Disziplin eine zunehmend zentrale Rolle, doch neigten diese Wissenschaftler und andere dazu, das Geld als einzigartiges Phänomen zu betrachten. Sollte jedoch die Idee eines verallgemeinerten Austausch-Paradigmas für das soziale System als Ganzes einen Sinn haben, so wäre zu folgern, daß Geld nur eines unter anderen vergleichbaren allgemein verfügbaren Mitteln sein kann; in der Tat müßte es für das soziale System vier solcher Mittel geben.

Es war nicht allzu schwierig, einige der für eine solche Verwendung notwendigen Aspekte einer Soziologie des Geldes auszuarbeiten; mehr Schwierigkeiten bereiteten in dieser Hinsicht die anderen Mittel. Ein erster Erfolg ergab sich bei dem Versuch, Macht im politischen Sinn als solch ein anderes, mit Geld vergleichbares Mittel zu benutzen[39]. Dies erforderte bei den politischen Theoretikern eine weit tiefgreifendere Neuordnung der Begriffsbildungen als bei den mit monetären Problemen befaßten Wirtschaftswissenschaftlern. Sie ließ die Einführung des Begriffes „polity" (Gemeinwesen) gegeben erscheinen, abstrakt analytisch aufgefaßt als Parallele zu Wirtschaft — nicht im Sinn von Regierungsgewalt —, deren primäre gesellschaftliche Funktion in kollektiver Zielverwirklichung auf Kosten der Integration bestand. Vor allem fehlte im politischen Denken fast ganz die Vorstellung von Macht als symbolisches Mittel — eine Parallele zur Eigenschaft des Geldes, das man als Tauschwert aber nicht als Gebrauchswert ansieht —; hier hatte die Wirkung des Hobbesschen Tradition überragende Bedeutung als Bezugspunkt. Nichtsdestoweniger meine ich, daß sich ein kohärentes Paradigma der Macht als solches Mittel ergeben hat (siehe Anmerkung 38). Nach Vollzug dieses Schrittes war es nicht mehr so schwer, die Analyse um zwei weitere Mittel, Einfluß („influence") und Wertverpflichtungen („value-commitments") zu erweitern, wobei diese Begriffe in spezifisch fachgemäßem Sinn angewandt wurden[40].

8. Austausch und sozialer Prozeß

Auf diesem Wege einer Wiederbelebung eröffneten die Vorlesungen Marshalls schließlich einen Zugang nicht nur zur strukturellen, sondern auch zur prozessualen Analyse sozialer Systeme, der die Behandlung ihrer nicht-ökonomischen Aspekte in einer theoretischen, vergleichbaren Verfeinerung der für die Wirtschaft erreichten versprach und die dynamischen Wechselbeziehungen zwischen der Wirtschaft und den anderen Teilsystemen mit einschloß. Zum Beispiel scheinen die Begriffe Inflation und Deflation, wie sie von Wirtschaftswissenschaftlern benutzt wurden, nun auch für die anderen drei allgemein verfügbaren gesellschaftlichen Mittel und ihre Wechselbeziehungen nicht nur zum Geld, sondern auch untereinander zu gelten. Als Beispiel für die vielen, sich bei der Arbeit ergebenden Schwierigkeiten sei hier angeführt: die erwähnte Dynamik des Geldes läßt sich zweifelsohne nicht mit der Vorstellung von Geld als „Nullsummen"-Phänomen verbinden. Natürlich spielen Krediterweiterung und -restriktion bei der monetären Inflation und Deflation eine zentrale Rolle. Die politischen Theoretiker indes waren überwiegend der Meinung, daß Macht nach Art einer „Nullsumme" zu behandeln sei. Um nun Geld und Macht in dieser wichtigen Hinsicht vergleichbar zu machen, war es notwendig, die Grundlage dieser Behauptung zu untersuchen und nachzuweisen, daß sie für meine Zwecke nicht aufrechtzuhalten sei.

Die Konzeption der Handlungssysteme mit ihrem Bezug zu den Subsystemen, aus dem sich das *„four-function"*- und das Austausch-Paradigma differenziert hatten, forderte zu einer Erweiterung der Systemanalyse geradezu heraus. Nach einer Richtung war diese in einigem Detail verwirklicht worden, nämlich auf der Ebene des „allgemeinen Handelns", wie wir es nannten. In diesem ihrem ersten Stadium nahm sie in den beiden Büchern von 1951 eine zentrale Stellung ein und kann als Weiterentwicklung der beiden Aspekte des Rationalitätsproblemes betrachtet werden, die sich bei meiner Studie des Arztberufes herauskristallisiert hatten. In diesem Stadium war das soziale System als eingerahmt vom psychologischen oder Persönlichkeitssystem und vom kulturellen System aufgefaßt worden, wobei es, in Interdependenz mit ihnen, zugleich beide durchdrang. Durch die Logik des *„four-function"*-Paradigmas wurde mir nach und nach klar, wie der *„behavioral organism"* — der gesamte konkrete Organismus — eingepaßt werden konnte und mußte. Diese Erweiterung wurde mir durch die Wiederbelebung und Expansion meiner biologischen Interessen erleichtert, speziell dank des Kontaktes mit Alfred Emerson und der engen Gemeinschaft mit James Olds, der von der Sozialpsychologie zur Gehirnforschung übergewechselt war. Die funktionelle Zuordnung der vier Teilsysteme des Handlungssystems war klar und stabil, nämlich: dem Organismus kam die adaptive Funktion zu, der Persönlichkeit die Zielverwirklichung, dem sozialen System die integrierende Funktion und dem kulturellen System die erhaltende Funktion.

Diese Perspektive war nun für einige Jahre ausschlaggebend, und so versuchten wir, auch andere Systeme als das soziale System zu analysieren (vgl. meinen Aufsatz über psychologische Theorie für das Koch-Symposion und die Einführung zu Teil 4 von *Theories of Society*[41]). Erst vor kurzem, und bislang nur tastend, hat es sich als möglich erwiesen, ein generelles Austausch-Paradigma auf der Ebene des allgemeinen Handelns auszuarbeiten[42]. Hierbei ergab sich eine interessante Übereinstimmung: die Kategorien der allgemein verfügbaren Mittel, auf die wir uns versuchsweise einigten, lassen sich mit dem identifizieren, was der Sozialpsychologe W. I. Thomas vor mehr als einer Generation als „vier Wünsche und die Definition der Situation" postulierte. Diese Kategorien sind jeweils: das adaptive Mittel auf der Ebene des sozialen Systems als Parallele zu Geld; Intelligenz, die in ihrer positiven Ausprägung dem Thomas'schen „Wunsch nach neuer Erfahrung" entspricht, in ihrem negativen Aspekt dem „Wunsch nach Sicherheit"; das Mittel der Zielverwirklichung, die Leistungsfähigkeit, die bei Thomas durch „Anerkennung" belohnt wird; das integrierende Mittel, Affekt, etwa im psychoanalytischen Sinn, der bei Thomas mit „Reaktion" belohnt wird; und schließlich das strukturerhaltende Mittel, die „Definition der Situation", die wie in den anderen strukturerhaltenden Phänomenen als Sonderfall behandelt werden sollte und von Thomas auch so behandelt wird[43].

9. Die „strukturell-funktionale Theorie"?

Schon sehr früh hat der Begriff System — im Handlungsfeld wie in anderen Feldern — im Mittelpunkt meines Denkens gestanden. Aus ihm ergibt sich ein ausgedehnter Komplex empirisch-theoretischer Probleme, die sich bei den kritischen Diskussionen dieses theoretischen Typus' in den Vordergrund drängten. Es ging um Konzeptionen wie: das Gleichgewicht in seiner Beziehung zu Bedingungen der Stabilität und zu Möglichkeiten und Prozessen des Wandels; die Stellung des Begriffes Funktion als solcher; das für soziale Systeme charakteristische Problem „Konsensus versus Konflikt"; die Beziehung zwischen dem, was als „strukturbewahrende Prozesse" beziehungsweise als Prozesse strukturellen Wandels in Systemen bezeichnet werden kann, — Erörterungen, die auch die Konzeption der Evolution beziehungsweise ihres Gegenteils umfaßten.

Wenn ich mich hier vielleicht ein wenig wiederholen darf: Dem Problem des Gleichgewichts begegnete ich zuerst in Gestalt der Pareto-Henderson-Version; diese wurde durch Schumpeter, der sie auf die Wirtschaft anwandte, für mich noch bekräftigt. Hier wurde der Begriff System im Sinn der Mechanik und nach dem Modell des physikalisch-chemischen Systems benutzt. Henderson hatte stets betont, daß Paretos Konzept von Gleichgewicht nicht notwendigerweise ein statisches sei. Sehr bald jedoch geriet ich unter den Einfluß des mehr physiologischen Konzepts des Gleichgewichts, insbesondere dem, wie es von Cannon in Verbindung mit dem Begriff der Homöostase verwandt wurde.

Diese physiologische Konzeption entsprach der funktionalen Perspektive, die damals im Denken der Anthropologen, insbesondere von A. R. Radcliffe-Brown und Anhängern, vorherrschte. Malinowski, obwohl er als Funktionalist bekannt war, verfolgte eine andere theoretische Spur[44]. Radcliffe-Brown stand stark unter dem

Einfluß Durkheims und war über ihn auf meine Bahn geraten. Beträchtliche Zeit galten Merton und ich als Führer der strukturell-funktionalen Schule der amerikanischen Soziologie.

Die nach dem Entstehen des *„four-function"*-Paradigmas und der Analyse der allgemein verfügbaren Mittel sich ergebenden Entwicklungen ließen die Bezeichnung „strukturell-funktional" immer weniger angemessen erscheinen. Zunächst wurde uns nach und nach klar, daß Struktur und Funktion nicht als korrelative Konzepte auf gleicher Ebene dienen konnten wie beispielsweise Universalismus und Partikularismus im Schema der „pattern variables". Es war evident, daß Funktion eine allgemeinere Definition bestimmter Systembedürfnisse zur Erhaltung seiner Unabhängigkeit in der Umwelt darstellte, während Struktur, als allgemeiner Aspekt solch eines Systems, begrifflich zum Prozeß gehört. Angesichts der Frage der Systemabgrenzung und anderer Aspekte des Funktionsablaufs im Handlungssystem richtete meine Aufmerksamkeit sich zunehmend auf Probleme der Steuerung. So konnte Geld als Mechanismus aufgefaßt werden, durch dessen Umlauf die wirtschaftliche Aktivität reguliert wird, analog den Hormonen im Blutkreislauf, die der Regulierung gewisser physischer Prozesse dienen. Solche Ideen gründeten im biologischen Denken, wonach lebende Systeme ausdrücklich offene Systeme sind, die mit ihrer Umwelt in beständigem Austausch stehen.

Die Klärung der Frage der Steuerung wurde durch eine neue Entwicklung auf dem Gebiet der Wissenschaft enorm vorangetrieben, die für mich zu einem strategisch wichtigen Zeitpunkt eintrat: die Entwicklung der Kybernetik in ihrer engen Verbindung zur Informationstheorie. Nun war ich in der Lage, plausibel darzulegen, daß die grundlegende Form der Steuerung im Handlungssystem kybernetischer Art ist und nicht, wie allgemein angenommen wurde, primär aufgrund von Prozessen analog den Aspekten der Nötigung und des Zwanges erfolgt, wie sie Prozessen der politischen Machtausübung eigen sein können. Darüber hinaus ließ sich argumentieren, daß Funktionen in Handlungssystemen nicht notwendigerweise alle „frei und gleich auf die Welt gekommen" sind, sondern gleich den Strukturen und Prozessen zur Erfüllung von Systembedürfnissen, hierarchisch unterschiedliche Rollen bei der Regulierung übernehmen.

Hier boten sich Entwicklungen der kybernetischen Aspekte der biologischen Theorie, vor allem die „neue Genetik", für eine Theorie des Handelns geradezu an. Besonders wichtig war mir Emersons Idee, daß das System des Sinnzusammenhangs („system of symbolic cultural meaning") eine Rolle analog der der Gene für die biologische Vererbung übernahm (im eigentlichen biologischen

Sinn einer „Analogie". Es ergab sich eine bemerkenswerte theoretische Übereinstimmung dieser Konzeption mit der Rolle, die wir in der Theorie des Handelns der systemerhaltenden Funktion und den an ihr beteiligten Strukturen und Prozessen im allgemeinen und den kulturellen Systemen im besonderen zugewiesen hatten.

Diese Perspektive eröffnete einen Ausweg aus dem endlosen Für und Wider hinsichtlich der für die Bestimmung sozialer Prozesse und Entwicklungen jeweils überwiegenden Faktorenklassen. Zum Beispiel: War an Marx' ökonomischem Determinismus letzten Endes mehr Wahres als am geistig-kulturellen Determinismus? Ganz allgemein ist solch eine Frage sinnlos, da sie zur gleichen Kategorie gehört wie der alte biologische Streit über Vererbung versus Umwelteinflüsse. Die Alternative lautet natürlich: Der Handlungsprozeß beruht auf einer Kombination von Faktoren, die für das System, in dem sie auftreten, unterschiedliche Funktionen erfüllen, und ein Hauptaspekt dieser Funktionen ist Steuerung im kybernetischen Sinn.

Die kybernetische Perspektive eröffnete mir auch neue Möglichkeiten der Auseinandersetzung mit den ärgerlichen Problemen der Stabilität oder Veränderung in Handlungssystemen. Von diesem Zusammenhang her konnte ich auch neue Perspektiven auf meinem früheren Interessensgebiet, der Sozialisation der Persönlichkeit und ähnlicher Themen entwickeln. Die nachdrücklich geforderte radikale theoretische Unterscheidung zwischen Prozessen, die der Aufrechterhaltung eines Systemmusters dienen — inbegriffen bei Gesellschaften die Sozialisation neuer Mitglieder —, und solchen, aufgrund derer die Hauptstruktur selbst sich ändert, schien nun nur zu gerechtfertigt. Denn in etwa ist sie vergleichbar mit der fundamentalen biologischen Unterscheidung zwischen physiologischen Prozessen, die die Konstitution des individuellen Organismus verändern bzw. erhalten und evolutionären Prozessen, die Veränderungen in der genetischen Konstitution der Spezies bewirken.

10. Sozialer Wandel und Evolution

Der dargelegte Problemzusammenhang führte zu einer starken Neubelebung meines Interesses an der Theorie der sozialen und kulturellen Entwicklung und deren Verbindung zur organischen Evolution. Dieses Interesse wurde noch speziell angeregt durch ein 1963 gemeinsam mit S. N. Eisenstadt und Robert Bellah abgehaltenes Seminar über Probleme der sozialen Evolution. Daraus resultierten mehrere Schriften[45]. Diese Interessenrichtung stellte natürlich eine Fortsetzung meiner Beschäftigung mit Webers vergleichender historischer Perspektive dar, zumal was seine Interpretation des Wesens und der Probleme der modernen Gesellschaft betraf. Zudem besteht hier eine Verbindung zu den detaillierten Problemen, die mich jüngst in einer Reihe von Studien über die höhere Bildung beschäftigten.

Für die theoretische Analyse von Prozessen des strukturellen Wandels in sozialen Systemen spielt neuerlich ein Paradigma eine beträchtliche Rolle, das als weiteres Derivat aus dem allgemeinen „four-function" Paradigma abgeleitet wurde. Ich bezeichnete es als Paradigma eines Stadiums fortschreitenden kulturellen Wandels in einem Handlungssystem, insbesondere in einem sozialen System[46]. Ausgangspunkt hierfür ist das Konzept der Differenzierung, ein Prozeß, der aus gutem Grund auf einen binären hinauszulaufen scheint, d. h. auf die Spaltung einer zuvor strukturellen Einheit in zwei funktionale und daher qualitativ verschiedene Einheiten. Im sozialen System ist das paradigmatisch beispielsweise der Fall, wenn ein bäuerlicher Haushalt sich in einen Wohnsitz einerseits, eine Produktionsstätte andererseits, aufspaltet und letztere den ersteren unterhalten kann.

Schon seit langem — beispielsweise bereits bei Spencer — gibt es die Auffassung, daß die Differenzierung, aus funktionalen Gründen, durch die Bildung neuer integrativer Strukturen oder Mechanismen ergänzt wird. Teilweise aus diesem Grund ist das neu sich differenzierende System auch vor neue Anpassungsprobleme gestellt, ganz ähnlich dem allgemeinen biologischen Anpassungsbegriff Darwinscher Tradition, wobei jedoch neuerlich schärfer zwischen aktiver und passiver Anpassung unterschieden wird. Schließlich gibt es in einem solchen System auch Komponenten, die von den sichtbaren Prozessen strukturellen Wandels nicht berührt werden. Diese Komponenten gehören organisch zur genetischen Kategorie, im Handlungssystem zur Kategorie der Strukturerhaltung. Infolgedessen ist auch für diese Ebene ein Vierer-Paradigma gültig. Wir haben von Differenzierung als auf die Funktion der Zielverwirklichung ausgerichtet, in diesem Fall Integration, gesprochen, doch mit besonderer Berücksichtigung dessen, was wir als Zugehörigkeit („inclusion") bezeichneten, sowie Steigerung der Anpassungsfähigkeit als zentrale adaptive Kategorie, und Wertgeneralisierung („valuegeneralization") als Wandlungsmodus, der für den Abschluß einer Entwicklungsphase des Systems erforderlich ist, wenn das System Aussicht auf Lebensfähigkeit haben soll.

Dieses Begriffsschema hat eine hervorragende Rolle für den Niederschlag meines Interesses an der oben erwähnten gesellschaftlichen Entwicklung gespielt. Die Arbeit über die soziale Entwicklung findet sich in verschiedenen Artikeln und in zwei kleinen Bänden dokumentiert, die ich für die Prentice-Hall Foundations of Sociology Series (ed. Alex Inkeles) verfaßte: *Societies: Evolutionary and Comparative Perspectives* (1968) und *The System of Modern Societies*[47]. Dieses Interesse geht auf meine Dissertation über das Wesen des Kapitalismus als soziales System zurück, das nun präziser als Interesse am Wesen und Haupttendenzen der modernen Gesellschaft definiert werden konnte. Diesmal jedoch ging ich die Sache aus einer breiteren evolutionären Perspektive an und stark im Geist von Max Weber, wobei sich aber bestimmte wichtige Abweichungen von seinen Ansichten ergaben.

Eine vergleichende Perspektive lag mir natürlich schon lange im Sinn, aber gleichzeitig ging es mir offen gestanden um die Bedingungen und Prozesse, die die moderne westliche Entwicklung bestimmten. Mit diesem Vorhaben, und vor dem Hintergrund eines Überblicks über primitivere und entwickeltere Gesellschaften, habe ich mich besonders mit der Frage befaßt, auf welche Weise das Christentum (im Kontext mit Judentum und Kultur und Gesellschaft der klassischen Antike) die moderne Entwicklung der Szene vorbereitete. In diesem Zusammenhang schienen mir zweierlei Erwägungen von besonderer Bedeutung: Einmal die Idee, daß in zwei Sonderfällen kleine Gesellschaften, nämlich das Israel und das Griechenland der Antike, zu besonderen kulturellen Beiträgen deshalb befähigt waren, weil sie sich aus ihrer Umwelt als *totale Gesellschaften* heraus differenzierten, auf einer Basis indes, die ihnen keinen langen Fortbestand als unabhängige Gebilde erlaubte. Ihre Kultur vermochte sich jedoch von ihrer Gesellschaft zu differenzieren und einen profunden Einfluß auf spätere Zivilisation auszuüben. Ich habe sie „Saatbeet-Gesellschaften" genannt. In allgemeinem Sinn ist nur zu bekannt, welche Beiträge Israel und Griechenland zur Evolution der modernen Gesellschaft leisteten, — vor allem, wenn auch nicht ausschließlich, über das Christentum —, aber die soziologische Perspektive dieses Prozesses dürfte weniger bekannt sein.

Die zweite Leitidee war die Konzeption der christlichen Kirche als partiell getrenntes Subsystem der Gesamtgesellschaft der mediterranen Spätantike, die, politisch unter Rom geeint, durch ihre strategisch kybernetische Position einen entscheidenden Einfluß auf den Gesamtprozeß der modernen Entwicklung nehmen konnte. Man kann es so sehen, daß die „Saatbeet-Gesellschaft" und die differenzierte religiöse Gesamtheit bis in ferne Zukunft den gleichen Funktionen dienten, — Funktionen, die gewissermaßen eine Parallele darstellen zu den Funktionen der Investition im ökonomischen Entwicklungsprozeß. Diese Betrachtungsweise des Christentums versuchte ich in zwei Artikeln über seine allgemeine Entwicklung und Bedeutung darzulegen[48]. Natürlich ist diese analytische Linie in gewisser Hinsicht eine Erweiterung und Revision der berühmten Weberschen Interpretation der bedeutenden Wirkung der Ethik des asketischen Protestantismus.

In diesem Zusammenhang vertrete ich, wie so viele andere, die Auffassung, daß Israel und Griechenland den Hauptbeitrag zu dem leisteten, was man als „konstitutive" Grundkomponenten der modernen Zivilisation bezeichnen kann. Diese Komponenten wurden in essentieller Hinsicht im Christentum verschmolzen und umgewandelt. Über diese ziemlich alltägliche Position hinaus ging es mir um die Erhellung der sozialen Prozesse, die im Lauf der Zeit zu dieser Verbindung führten, wie auch um die Verknüpfung dieser Interpretationen mit sich abzeichnenden neuen Interpretationen der wesentlichen Elemente des modernen Gesellschaftssystems.

11. Das Wesen moderner Gesellschaften

Webers Auffassung vom Kapitalismus beruhte offensichtlich darauf, daß er wie Marx einen engen Zusammenhang zwischen Kapitalismus und industrieller Revolution sah. Diese Sicht stimmte im großen und ganzen mit der Annahme überein, daß die hierdurch – und im engen Zusammenhang mit der Technologie natürlich – bewirkte grundlegende Veränderung der ökonomischen Organisation das entscheidende Merkmal der neuen Gesellschaft sei. In diesem Punkt waren Marx und Weber einig, obwohl sie in bezug auf die Faktoren, die an dieser Genesis beteiligt waren, sowie in ihrer Analyse der inneren Dynamik der industriellen Struktur erheblich divergierten.

Beide waren, ein jeder auf seine Weise, leidenschaftlich an den politischen Entwicklungen interessiert, die zunächst in der Französischen Revolution ihren Höhepunkt erreichten und später unermeßliche und komplexe Nachwirkungen verursacht hatten. Aber sowohl Marx, der sich auf den Aspekt des Klassenkampfes fixierte, als auch Weber, der im Prozeß der Bürokratisierung den entscheidenden Aspekt sah, neigten dazu, die demokratische Revolution gegenüber der industriellen Revolution auf den zweiten Platz zu verweisen. Mir aber wollte zunehmend scheinen, daß beiden gleiche Bedeutung zukommt. Allgemein und aus der Sicht meines Modells gesehen, ließ sich die eine – mochten beide auch hochgradig interdependent sein – als primär ökonomisch bedeutungsvoll, die andere als politisch bedeutungsvoll im analytischen Sinn interpretieren. In dieser Hinsicht können sie als in der Zielrichtung verschieden, doch auf einer gemeinsamen Basis beruhend betrachtet werden[49].

Mein Interesse an den Berufsständen verhalf mir nach und nach zu der Einsicht, daß gewisse Entwicklungen, die hier mit dem Wort Bildungsrevolution bezeichnet werden sollen, für die moderne Gesellschaft mindestens ebenso bedeutungsvoll waren, wie die beiden anderen Revolutionen, die demokratische und die industrielle. Die Bildungsrevolution setzte natürlich erst wesentlich später, gegen Mitte des 19. Jahrhunderts ein. Doch in der letzten Generation erreichte sie mit der Bildungszunahme der Massen eine Art Kulminationspunkt. Die Folge besteht in einer grundlegenden Änderung der Beschäftigungsstruktur, und zwar in erster Linie der akademischen Berufe, was besonders im System der höheren Bildung zum Ausdruck kommt, und weniger in der „Linien"-Bürokratie.

Das Konzept der drei Revolutionen — industrielle, demokratische und Bildungsrevolution — paßte zum Paradigma des fortschreitenden Wandels, da alle drei aus gewaltigen Differenzierungsprozessen — im Verhältnis zum früheren Stand der modernen Gesellschaft — hervorgingen. Darüber hinaus wirkten alle drei standardhebend infolge des enormen Anwachsens allgemein zugänglicher und beweglicher Austauschmittel. Ebenso haben alle drei die Gesellschaften, in denen sie sich abspielten, vor große Integrationsprobleme gestellt und machten erhebliche Änderungen dessen notwendig, was wir als Wertgeneralisierung bezeichnen.

Die Logik des *„four-function"*-Paradigmas ließ es mir sinnvoll erscheinen, nach einer breiteren konstitutiven Basis in der vor Einsetzen dieser drei hauptsächlichen Umwandlungsprozesse liegenden Zeit zu suchen, — in einem Sinn, der durchaus zeitliche Dimensionen miteinbeziehen konnte. Von diesem Gesichtspunkt aus hielt ich es zunehmend für möglich, den Beginn der modernen Phase der gesellschaftlichen Entwicklung *vor* den drei Revolutionen anzusetzen — in einem kulturellen und gesellschaftlichen Milieu, das als gemeinsame Basis für alle drei betrachtet werden konnte. Nachdem ich es einmal für möglich hielt, entgegen der allgemeinen Tendenz, den Beginn der Moderne entweder von der industriellen oder der demokratischen Revolution an zu datieren (oder von beiden), schien es mir völlig klar, daß diese Entwicklung sich primär im Nordwesten des europäischen Systems des siebzehnten Jahrhunderts abgespielt hatte: in England, Frankreich und Holland. In einer wichtigen Hinsicht waren natürlich England und Holland einander verwandt, da beide überwiegend protestantisch und stark ökonomisch, zu jener Zeit überwiegend kommerziell, ausgerichtet waren. Es sollte jedoch nicht vergessen werden, daß Frankreich nur knapp einem Sieg der Protestanten entgangen war und daß dort der Kalvinismus nachhaltige Wirkung hinterlassen hat.

Nicht nur der asketische Protestantismus wirkte sich in diesem ganzen Gebiet besonders stark aus, sondern nicht minder die Nachwehen der Renaissance. Beide verschmolzen in gewissen Sinn in jenem mächtigen Aufschwung der Wissenschaft, der im siebzehnten Jahrhundert in England und Holland vor sich ging. Im gleichen Jahrhundert erlebte England seinen ersten Höhepunkt in der Entwicklung des *Common Law* und der Errichtung der ersten parlamentarischen Regierung. Das Frankreich Ludwigs XIV dagegen entwickelte den bisher mächtigsten zentralisierten Staat, — ein extremer Gegensatz zur demokratischen Revolution. Diese stellte übrigens nicht die Konzeption des Staates als solchen in Frage — bei Rousseau ist dies am deutlichsten zu erkennen — vielmehr die Herrschaftsstruktur, die den Staat kontrollierte. Was also die kulturelle (vor allem die religiöse und wissenschaftliche) Basis der Rechtsordnung und der politischen Organisation betrifft, entwickelten diese drei Länder im siebzehnten Jahrhundert mehrere Hauptkomponenten der Moderne. Doch darf nicht vergessen werden, daß diese Länder hinsichtlich der Institutionalisierung des Nationalitätsgedankens, der die Basis für einige der Konflikte zwischen ihnen legte, zu jener Zeit an der Spitze standen. Die Befreiung Hollands von der spanischen Herrschaft stellte natürlich einen Hauptbezugspunkt dar.

In einer bedeutsamen Hinsicht setzten alle drei Revolutionen diese ihnen gemeinsame Basis voraus. Die erste Revolution bestand in einer Art Ausweitung der ökonomischen Differenzierung und in der Anhebung vom gewerblichen auf das industrielle Niveau, d. h. in der Mobilisierung der zugrunde liegenden Produktionsfaktoren zur Hebung des wirtschaftlichen Standards. Die zweite Revolution, die eng mit dem Nationalismus verbunden war, bestand in der Mobilisierung tiefer liegender Faktoren der politischen Effektivität, vor allem der aktiven Unterstützung der Bürger, die nicht mehr Untertanen eines Monarchen waren. Die dritte Revolution bestand in der Mobilisierung kultureller Mittel im Interesse der Gesellschaft durch den außerordentlich komplexen Prozeß der Internalisierung der Verpflichtung auf die hauptsächlichen kulturellen Muster und in der Verwirklichung der daraus resultierenden Verpflichtung.

In diesem Zusammenhang stellte sich hinsichtlich der Interpretation der Tendenz des modernen Systems ein wichtiges Problem. Das Problem könnte vielleicht im Gegensatz zu der Ansicht dargestellt werden, von der man behauptet, daß sie Marx und Weber, trotz all ihrer Divergenzen, gemeinsam war. Sie stimmten in gewissem Sinn überein, daß das Kernproblem des modernen Gesellschaftssystems in den Machtverhältnissen lag. Marx sah den Kern dieser Verhältnisse in der dichotomen Struktur der industriellen Betriebe, Unternehmer versus Arbeiter, die er dann verallgemeinernd auf die Klassenstruktur der Gesamtgesellschaft übertrug. Weber, der im Hinblick auf die Entwicklungen realistischer war, sah das Kernproblem in der Konzeption eines weit differenzierteren Unternehmens als ein bürokratisches System, das nicht auf einer zweigeteilten Machtbasis beruhte, sondern in einem diffusen und allgemeinen Sinn die Handlungen seiner Teilnehmen kontrollierte.

Mein Hauptbezugspunkt für die Entwicklung einer hiervon abweichenden Betrachtungsweise war das Werk Durkheims, insbesondere sein Konzept der „organischen Solidarität". Die einfachste Weise diesen Unterschied zu formulieren, liegt erstens im Gegensatz zwischen einem überwiegend verbindenden Muster und einem hierarchisch-bürokratischen Muster der sozialen Struktur, und zweitens in der Konfrontation eines monolithischeren mit einem pluralistischeren Strukturtypus. Die Beziehung zwischen der verbindenden Struktur und dem Problem der Konzentration versus Dezentralisation der Macht ist relativ evident und hat natürlich bei der demokratischen Revolution eine wichtige Rolle gespielt. Bei der Diskussion dieses Kontextes war ich geneigt, mich auf die Organisation der Regierung als solche zu konzentrieren, vor allem auf die der zentralen Regierung. Doch war es in vielen modernen Gesellschaften, zumal in den Vereinigten Staaten, zu einer Wucherung von freiwilligen Vereinigungen verschiedenster Art gekommen. Für meine Zwecke waren die akademischen Berufe ein besonders wichtiges Beispiel für solche Vereinigungen, speziell aufgrund ihrer wachsenden strategischen Bedeutung für die Beschäftigungsstruktur. Sie stehen im Zentrum der Meinungsverschiedenheiten zwischen Kapitalisten und Sozialisten und ebenso der Differenzen unter Theoretikern, die sich mit den gewaltigen Auswirkungen der industriellen Revolution auseinandersetzen. Offensichtlich tendieren die akademischen Berufe nicht zu einer bürokratischen Organisationsform; doch wenn sie an der kollektiven Entscheidungsbildung teilnehmen, verlangen sie beträchtliche Autonomie gegenüber den Dienststellen, deren Vertreter nicht dem betreffenden Beruf angehören und agieren hauptsächlich als einheitliche Gruppen. Da die berufliche Rolle durch Ganztagsbeschäftigung charakterisiert ist, habe ich — Weber und anderen folgend — dieses Muster „kollegial" genannt. Nicht das unwichtigste Beispiel hierfür sind die akademischen Berufe; über mehrere Jahrhunderte bewahrten sie ein überwiegend kollegiales Organisationsmuster, und dies trotz ihrer Verschränkung mit bürokratischen Mustern, insbesondere auf dem Gebiet der akademischen Verwaltung.

Das Problem des Pluralismus ist etwas subtiler. In weitem Bereich hatte die Differenzierung der sozialen Struktur nicht zur Folge, daß die betreffenden Personen aus der früheren Struktur entweder in die eine oder die andere sich ergebende neue Struktur übernommen wurden: Als sich der ältere Typus des Bauernhofes differenzierte, blieben die männlichen Erwachsenen weiterhin Mitglieder des bäuerlichen Haushaltes, wurden aber gleichzeitig *auch* Mitglieder der Beschäftigungsstruktur, das heißt, sie arbeiteten in Fabriken und Büros. Das Gleiche trifft vielfach auf Gemeinschaften zu, die als Einheit ausgedehnteren sozialen Systemen angehören: So sind verschiedene Vereinigungen auf dem Gebiet der Erziehung zugleich korporative Mitglieder von Verbänden wie z. B. dem *American Council of Learned Societies.* In der Tat setzt sich eine Universitätsfakultät zugleich aus Einzelpersonen und aus Abteilungen zusammen.

Da ich dem Differenzierungsprozeß der gesellschaftlichen Entwicklung im allgemeinen und in ihrer modernen Phase im besonderen so viel Wichtigkeit beimaß, erhält auch das Phänomen der Pluralisierung mit seinen besonderen Zügen, Bedingungen und Konsequenzen substantielle Bedeutung. Durkheim machte mit dem Konzept der „organischen Solidarität" einen Anfang von eminenter Wichtigkeit für die begriffliche Analyse dieses Phänomenbereiches, – ein Anfang, auf dem aufzubauen ich mich zunehmend bemühte[50]. Es hat sich immer klarer gezeigt, daß die Phänomene dieses Bereiches für die moderne Gesellschaft von entscheidender Bedeutung sind, nicht nur auf wirtschaftlichem Gebiet, sondern auch für die Gliederung der Beschäftigung nach familialen, ethnischen und religiösen Strukturen sowie für verschiedene Aspekte der Kategorie der Gemeinschaft. Gleichzeitig blieb ich, aus einer Reihe von ideologischen und geistesgeschichtlichen Gründen, mit der Ausrichtung meiner Aufmerksamkeit und mit der Entwicklung eines diesem Gebiet angemessenen begrifflichen Instrumentariums bedenklich zurück. Meine Tendenz, lediglich die beiden großen Gestalten Marx und Weber zu sehen und entweder die Klassenanalyse oder die bürokratische Analyse anzuwenden, war bezeichnend für diese intellektuelle Situation.

Meiner eigenen intellektuellen Erfahrung nach ließ sich in dieser Richtung ein besonders wichtiger Bezugspunkt auswerten: In seinem Ansatz zu einer Analyse der modernen Wirtschaft in *De la division du travail social* hebt Durkheim hervor, daß ihre *institutionelle* Regelung in relativ informellem Sinne erfolgt, auf formaler Ebene des Rechts jedoch mehr Gewicht hat als die staatliche Verwaltung. Sein Blick richtete sich primär auf die Institution des Vertrages, an zweiter Stelle erst auf das Eigentum. Meiner später entwickelten Theorie entsprechend ausgedrückt, war die Wirtschaft als adaptives soziales Subsystem unmittelbar in das integrative System eingespannt, das ich neuerdings „gesellschaftliche Gemeinschaft" (*„societal community"*) genannt habe. Diese Verknüpfung mit Durkheim und ihre vielfältigen späteren Verzweigungen lief auf die Hervorhebung von Differenziertheit und Pluralismus der Struktur hinaus; sie stand in direktem Gegensatz zu der Marx und Weber gemeinsamen Hervorhebung der hierarchischen Struktur der Machtverhältnisse.

Entwicklungsmäßig betrachtet wurde nun klar, daß die grundlegenden strukturellen Beiträge der Gesellschaft des 17. Jahrhunderts — ausgenommen die Organisation des französischen Staates — assoziational-pluralistischer Natur waren, insbesondere der asketische Protestantismus, das *Common Law*, der Parlamentarismus, die Wissenschaft und die schnelle Entwicklung der Marktwirtschaft. In ihrer kapitalistischen Form trug die industrielle Revolution, ebenso wie die demokratische, sicherlich die Gesellschaft in dieser Richtung weiter voran. Aus dieser Perspektive gesehen, vielleicht unter dem besonderen Einfluß von Tocqueville, wurde mir klar, daß die in Nordamerika entstehende Gesellschaft im gesamten modernen System des 20. Jahrhunderts eine Rolle zu übernehmen begann, die in gewisser Weise eine Parallele bildete zu der, die Nordwesteuropa im 17. Jahrhundert gespielt hatte. Diese amerikanische Gesellschaft verdankte ihre sie primär charakterisierenden Züge der Betonung assoziational-pluralistischer Elemente, und nicht der starren und rigorosen Trennung nach Klassen noch dem besonders hohen Maß an Bürokratisierung. Beispiele solcher Elemente waren, neben der dezentralisierten demokratischen Regierung, ihr Föderalismus und die Gewaltentrennung, die verfassungsmäßige Trennung von Kirche und Staat, der konfessionelle Pluralismus, die Fähigkeit im Sinne von Integration durch Einbeziehung große religiös und ethnisch unterschiedliche Einwanderergruppen zu absorbieren, obwohl die Eingliederung noch alles andere ist als vollkommen.

Die Darlegung der Verzweigungen dieser strukturellen Tendenzen — geht man davon aus, daß sie bestehen — war eine komplexe empirisch-theoretische Aufgabe; doch richtete sich mein Interesse in den letzten Jahren hauptsächlich auf sie. Der einzelne Gelehrte, selbst wenn er Mitarbeiter hat und auf die von vielen anderen geleistete Arbeit zurückgreifen kann, vermag sich bestenfalls partiell und fragmentarisch durch solche komplexen Probleme hindurchzuarbeiten.

Zum wesentlichen Teil führe ich die leidenschaftliche Auseinandersetzung mit der Kategorie Hierarchie–Macht, an der sich so viele Denker des letzten Jahrhunderts bis heute beteiligten, auf ideologische Faktoren zurück. So besteht – ein klassischer Fall – die sozialistische Reaktion auf die kapitalistische Konzeption einer von der rationalen Verfolgung der einzelnen Eigeninteressen beherrschten Wirtschaft darin, daß sie diese durch eine zentralisierte Regierungskontrolle im öffentlichen Interesse ersetzen wollen. Das Dilemma, das sich in diesen Alternativen äußert, nahm die Aufmerksamkeit derart in Anspruch, daß man übersah, in welchem Maße die neue industrielle Wirtschaft *weder* rein rational-individualistisch im Sinne der utilitaristischen Ökonomie *noch* kollektivistisch im sozialistischen Sinne war. Wie Durkheim zeigte, wurde sie zu beträchtlichem Teil auch von anderen Faktoren bestimmt, zu denen eine normative Struktur gehört, die ihre Legitimation aus kulturellen, vornehmlich im religiösen gründenden Wertvorstellungen bezog, und, in anderer Richtung, aus dem affektiven Fundament der Solidarität im Durkheimschen Sinn: aus der motivationalen Bindung der Individuen an bestimmte Rollen, an die Gemeinschaft, zu der sie gehören, sowie an ihre Mitmenschen.

12. Solidarität und gesellschaftliche Gemeinschaft

Neben die Auffassung von der starren kapitalistisch-sozialistischen Dichotomie zwischen Eigeninteresse und öffentlichem Interesse tritt in neuerer Zeit die von der Dichotomie zwischen der Entfremdung des Einzelnen und verschiedenen Subkollektiven von kollektiver Solidarität einerseits und dem erwarteten oder geforderten totalen Aufgehen des Einzelnen oder der betreffenden Subgemeinschaft in einer Art makroskopisch vorgestellter Gemeinschaft andererseits. Hier dürfte noch eine dritte Alternative, nicht nur als Zwischenstadium fast mit Sicherheit von größerer Bedeutung sein, als die neuerlich gängigen ideologischen Behauptungen uns glauben machen wollen. Solche Alternativen lassen sich vermutlich im weiten assoziational-pluralistischen Bereich finden.

Die entsprechenden theoretischen Hilfsmittel zur Definition dieser Alternativen, zur Diagnose und weiteren Analyse der Erscheinungen, wo sie gegeben sind, und der Grundzüge vieler existenter Strukturen, die sie blockieren, werden vermutlich – relativ gesehen – für diese Zwecke weniger geeignet sein, als es die theoretischen Hilfsmittel zur Analyse pluralistisch normativer Komponenten zu Durkheims Zeit waren. Vor allem aber ist es notwendig, entsprechende theoretische Verbindungen zwischen der

Psychologie des Individuums, dem Funktionieren sozialer Systeme in ihrer Mannigfaltigkeit und den im kulturellen System verankerten normativen Faktoren zu schaffen. Hierbei stellt sich das Problem, wie man simple Dichotomien nach Art von *Gemeinschaft-Gesellschaft* vermeidet, die eine so auffallende Parallele zu der Dichotomie Sozialismus-Kapitalismus bildet. Unter den heutigen Intellektuellen herrscht die betrübliche Tendenz, davon auszugehen, daß die Rückkehr zur *Gemeinschaft* auf einer relativ primitiven Stufe[51], das einzige Hilfsmittel dagegen darstellt, was weitverbreitet als Krankheit und moralisches Übel der heutigen Gesellschaft angesehen wird.

Der mir entsprechende Zugang zu diesem komplexen Problemgebiet schien in der Weiterführung der Analyse des Sozialisationsprozesses des Individuums gegeben, wobei die Wechselbeziehungen zwischen der motivationalen Dynamik und dem strukturellen Rahmen des Prozesses, sowohl was den Bezug zum sozialen System wie auch zum kulturellen System betraf, besondere Berücksichtigung finden sollten. Die strikt auf die Persönlichkeitsebene sich beschränkende psychoanalytische Psychologie lieferte zwar eine solide theoretische Basis für Neuerwerbungen in diesem Problembereich, jedoch tendierte sie aus verständlichen Gründen dazu, ihre Aufmerksamkeit auf eine frühe Phase des Sozialisationsprozesses, auf die ödipale Phase in ihrer klassischen Form zu beschränken. Selbst hier bedurfte es beträchtlicher Korrekturen und Modifizierungen im Licht der soziologischen Analyse familialer Beziehungen und Verwandtschaftssysteme.

Die psychoanalytische Theorie hat jedoch, von ein paar Ausnahmen abgesehen (Erikson über Adoleszenz zum Beispiel)[52] die späteren Stadien des Sozialisationsprozesses im Verlauf der formellen Bildung auffallend vernachlässigt. Sie hat sich zumeist auf die Therapie beschränkt und mit dem zweifelhaften Diktum zufrieden gegeben, daß die Charakterstruktur bis Ablauf des ersten — oder häufiger des sechsten — Lebensjahres festgelegt sei, und alles was nachher käme, getrost der Pathologie bzw. deren Fehlen zugeschrieben werden könne.

In früheren Phasen meines Denkens hat es Ansätze zu einer erfolgreichen Analyse der psychoanalytischen Theorie gegeben (in meiner frühen Arbeit über „Age and Sex“ als Kategorien sozialer Struktur[53], später in *Family, Socialization and Interaction Process* und vielleicht einschließlich der sozialen Paradigmen der Bedingungen der Psychotherapie, die ich in *The Social System* und anderswo weiterverfolgte). Es erwies sich indes als unmöglich, hier eine Ebene analytischer Allgemeingültigkeit zu erreichen, die sich mit der bei politischen, ökonomischen, rechtlichen und sogar religiösen Strukturen der Gesellschaft vergleichen ließ.

Wichtige Fortschritte in dieser Richtung kamen dadurch zustande, daß ich mich nach einigen Jahren wieder mit Problemen familialer Verbindung und dem Inzesttabu beschäftigte, unter besonderer Berücksichtigung der Bedeutung tabuierter Beziehungen zwischen Geschwistern für ein soziales System, die eher nach dem Typ von „Gesellschaft“ als von „Gemeinschaft“ organisiert war.

Diese Überlegungen führten dazu, daß ich mich mit der Bedeutung „symbolischer“ Verwandtschaftsbeziehungen in der Geschichte der westlichen Institutionen, insbesondere der als „Schwestern- oder Bruderschaften“ bezeichneten religiösen Orden befaßte. In der Tat konnte das religiöse Zölibat durchaus als Fall einer Art von Beteiligungs-„investment“-Modell, ähnlich den „Saatbeet-Gesellschaften“ beziehungsweise dem frühen Christentum, aufgefaßt werden[54]. Zur Klärung meiner Ansichten auf diesem Gebiet hat ein Werk meines früheren Studenten und Freundes David Schneider über amerikanische Verwandtschaftsbeziehungen wesentlich beigetragen[55].

Ebenso hatte ich mich schon früher mit einer Untersuchung der Beziehung von höherer Schulbildung nach sozialer Mobilität befaßt, und zwar in Zusammenarbeit mit Florence Kluckhohn und dem verstorbenen Samuel Stouffer. Eine Erweiterung der Gedankengänge dieser Studie in rückwärtiger Richtung, auf die Grundschulbildung, erbrachte die wichtige Klärung einiger struktureller Bezugspunkte[56]. Meine empirischen Interessen hatten sich auch, wie erwähnt, kontinuierlich weiterentwickelt in Richtung auf Studien der sozialen Struktur und Dynamik der höheren Bildung, insbesondere auf ihre enge Verbindung mit den akademischen Berufen.

Wesentliche weitere Fortschritte ergab die Entwicklung eines anderen verallgemeinerten analytischen Paradigmas: die Klassifizierung allgemein zugänglicher Austauschmittel und die Bestimmung von Austauschkategorien zwischen den vier wesentlichen funktionalen Subsystemen auf der Ebene des allgemeinen Handlungssystems, das das kulturelle, das soziale, das psychologische System und das Verhaltenssystem umfaßt. Wie oben bereits dargestellt, stimmten diese Kategorien mit dem Schema W. I. Thomas' überein.

Es war schon lange evident gewesen, daß der „Affekt“ – etwa im psychoanalytischen Sinn, der deutlich von erotischer Lust zu trennen ist –, als generalisiertes, auf der Ebene des allgemeinen Handelns wirkendes Medium behandelt werden mußte. Das Problem war nur, wo es eingeordnet werden sollte; eine überwiegend psychologische Zuordnung ließ seine Verankerung im Persönlichkeitssystem besonders plausibel erscheinen. Der Durchbruch gelang mir mit der Erforschung der Möglichkeiten und der schließlichen Entscheidung, ihn primär dem sozialen System und natürlich dem Austausch des letzteren mit anderen primären Systemen zuzuordnen[57]. Aufgrund dieser Entscheidung wird Affekt auf der Ebene des allgemeinen Handelns, als direkte Parallele zu Einfluß im sozialen System behandelt, nämlich als primär integratives Medium. Darüber hinaus läßt seine Stellung als allgemein verfügbares Mittel eine Reihe von Differenzierungsschritten zu, analog der schrittweisen historischen Entwicklung beim monetären Austausch vom Tauschhandel über fortschrittliche Kreditsysteme – mit der Entwicklung zur Marktfähigkeit der fundamentalen Produktionsfaktoren (vor allem der Arbeitskraft) als entscheidendes Stadium (im wesentlichen das der industriellen Revolution).

Die Solidarität eines sozialen Systems kann man dann als Zustand der Zahlungsfähigkeit seiner „affektiven Ökonomie" begreifen, abhängig sowohl vom Fluß instrumental bedeutsamer Beiträge seiner Mitlgieder als auch vom Maß motivationaler Befriedigung, die als positiver Aspekt dessen betrachtet werden kann, was negativ als Entfremdung bezeichnet wird. In einfachen sozialen Systemen können diese Faktoren als zugeschrieben aufgefaßt werden; dies trifft sowohl für primitive Gesellschaften wie für die Wirkungen der Sozialisation zu, denen das Kind in differenzierteren Gesellschaften schon im frühesten Stadium ausgesetzt wird.

Welcher Grad an Differenzierung des Persönlichkeitssystems erreicht werden muß, um auf dem Wege der vollen Teilnahme zu einem hohen Maß an Gratifikation zu gelangen, hängt natürlich von der Struktur des sozialen und kulturellen Milieus ab, in dem das Individuum agiert. Was wir Pluralisierung der Gesellschaftsstruktur nannten, ist also ein Hauptaspekt der viel diskutierten Komplexität des modernen Lebens. In diesem Kontext betrachtet, kann man sagen, daß die Zunahme der Bildung der Massen – ein so augenfälliges und in gewisser Hinsicht beunruhigendes Phänomen, – als eine Reaktion auf den Bedarf der Gesellschaften an einer ausreichenden Zahl von Persönlichkeiten aufzufassen ist, die im Stande sind, diese Komplexität, sowohl was die Vielfalt der instrumentellen Fähigkeiten wie die Integration der Persönlichkeit auf affektiver Ebene betrifft, zu bewältigen. Die neuen Formen der Einbeziehung von Einzelpersonen und Subgruppen in soziale Interessengemeinschaften bilden den Brennpunkt dieses Sets von Problemen der Stabilität und anderer Aspekte der Integration in die moderne Gesellschaft.

Man ist versucht, die auf die schnelle Entwicklung sowohl der industriellen wie der demokratischen Revolution folgenden Unruhezustände, die Arbeiterunruhen und die Konjunkturschwankungen zueinander in Parallele zu setzen. Smelser wies überzeugend nach, daß eine neue Art von Unruhen gerade in jenen arbeitenden Klassen um sich griff, die nicht, wie z. B. die Weber, vom Übergang zur Industrialisierung betroffen wurden. Diese führten zur Bildung von Gewerkschaften und von sozialistischen Bewegungen[58]. Andererseits stellten die Wirtschaftsdepressionen die Stabilität des neuen Systems auf allen Ebenen in Frage. Bemerkenswert ist auch, daß die Bemühungen mit den beiden Kategorien dieser primär wirtschaftlichen Unruhen fertig zu werden, sich hauptsächlich in der Artikulierung von Eigeninteressen äußerten: bessere Löhne und Arbeitsbedingungen und auf seiten der Betriebe Profiterwartungen. Zugleich bestand eine Tendenz, die besonders im sozialistischen Aspekt und in der marxistischen Theorie zutage trat, diese wirtschaftlichen Erwägungen mit solchen der politischen Macht zu verquicken.

Als Äquivalent der demokratischen Revolution könnte man einerseits die in bestimmten politischen Einheiten vor sich gehenden inneren Kämpfe um Macht und Herrschaft (zum Beispiel die Welle der politischen Revolutionen in Europa im Jahr 1789 und ihre Nachwirkungen bis 1830, 1848 und sogar noch bis 1917 bis 1918) bezeichnen, andererseits die Unruhewellen im europäischen System, die mit dem Ungleichgewicht in den Beziehungen der nationalen Einheiten untereinander zusammenhingen. Als Äquivalent für Wirtschaftsdrepression können hier sicherlich der Krieg, oder zumindest aufs äußerste gespannte Beziehungen gesehen werden, wobei eine Tendenz zur zunehmenden Ausbreitung dieser Unruhen besteht. An die Stelle der individuellen Eigeninteressen von Arbeitern und Unternehmern kann das Kollektivinteresse der Mächte in ihren jeweiligen Machtpositionen treten. Gleichzeitig wurde die Konzentration auf den Machtfaktor modifiziert durch eine höchst bedeutsame integrative Beziehung, die sich am auffallendsten im Nationalismus manifestiert hat. So wie Machtkämpfe um ökonomische Interessen oft ins wirtschaftlich Irrationale ausarteten, wurden Kämpfe um nationales Prestige politisch irrational. So war es möglich, daß ein Realpolitiker wie Bismarck rationaler handelte als ein nationalistischer politischer Romantiker wie Napoleon III.

Ich möchte behaupten: was ich Bildungsrevolution nannte, kann als augenfälligste Manifestation einer neuen Entwicklungsphase der modernen Gesellschaft gedeutet werden, in der integrative Probleme an erster Stelle stehen vor ökonomischen oder — analytisch gesehen — politischen. Die Studentenunruhen würden dann die Parallele zu Arbeiterunruhen und Machtkämpfen sein; denn die Studenten sind die Personenkategorie, die sich dem schwierigsten Anpassungsproblem an strukturell veränderte Bedingungen ausgesetzt sehen. Ihre Interessen zentrieren sich nicht auf Macht im eigentlichen Sinn, es geht vielmehr um den Modus der Eingliederung in den Ablauf des Bildungsprozesses — als einer weiteren Phase der Sozialisation — wie auch, nach Abschluß der formellen Ausbildung, um den Modus der Einbeziehung in die gesellschaftliche Welt im allgemeinen.

Die Radikalen der Neuen Linken bilden, auf die gleiche Weise betrachtet, wieder eine Parallele zum Sozialismus der Arbeiterbewegung und zum Jakobinertum der radikalen Demokraten. Die Unruhe im System beruht somit auf Wellen der Entfremdung und ähnlichen Formen von Unbehagen, die sich besonders bei den sensitiveren Komponenten moderner Bevölkerungen, den Intellektuellen, ausbreiten. Das betrifft in erster Linie die beständige Erfüllung von Erwartungen in bezug auf verbesserte soziale Solidarität; daher werden die Anzeichen des Mangels an solcher Solidarität — Armut, Rassendiskriminierung, Verbrechen und Krieg — von ihnen als besonders schmerzlich empfunden. Wiewohl man hier argumentieren könnte, die jüngsten Manifestationen zentrierten sich um das integrative Problem, erinnern diese Unruhen insofern an die zuvor erwähnten, als man sich vornehmlich auf die nächsthöhere Ebene der Interessen oder Kontrolle beruft, in diesem Fall auf Werte. Das läßt sich daraus ersehen, daß moralische Anliegen, zumal in radikalen Kreisen, im Vordergrund stehen[59].

So konzentrierte sich, im Lauf von mehr als dreißig Jahren, mein empirisches Interesse am Problem des Kapitalismus speziell auf Wesen und Bedeutung der akademischen Berufe. Ein ständiges Interesse bildete sich an der umfassenden Kategorisierung des Wesens der modernen Gesellschaft im weitesten Sinn heraus, doch wurde sie nicht mehr im Zusammenhang mit dem Kapitalismus als solchen oder dem kapitalistisch-sozialistischen Dilemma gesehen und entsprechend formuliert. Eigentlich neige ich dazu, von nach-industrieller Gesellschaft zu sprechen, frage mich aber, ob man sie nicht auch in gewissem Sinn als „nach-demokratische" Gesellschaft bezeichnen könnte, — ein Vorschlag, der vermutlich beträchtlichen Widerspruch hervorrufen würde. (Damit soll nicht gesagt sein, daß Demokratie überlebt ist, ebensowenig meine ich mit „nach-industriell", die Industrie sei veraltet.) Aus dem gleichen Grunde sollte dem System der höheren Bildung besondere Aufmerksamkeit gezollt werden, — und innerhalb seiner dem akademischen Beruf als dem strukturellen Kern dieses Systems. Was die medizinischen und akademischen Berufe betrifft, bemühte ich mich um eine weitgehende Annäherung an empirische Standarduntersuchung, mehr als bei anderen Aspekten meiner Arbeit.

In beiden Fällen jedoch wollte ich die betreffenden Berufsgruppen im Kontext mit dem größeren System begreifen, von dem sie heute einen besonders wichtigen Teil bilden[60].

13. Höhere Bildung im Brennpunkt der wissenschaftlichen Entwicklung

Es liegt wohl auf der Hand, daß dieses intensive Interesse an den Haupt-Entwicklungstrends der modernen Gesellschaft sich naturgemäß auf Fragen nach dem Wesen und dem gegenwärtigen Status des höheren Bildungssystems in der modernen Gesellschaft, insbesondere der amerikanischen, richtete. In Begriffen der Entwicklung ausgedrückt, hatte es als Höhepunkt der Bildungsrevolution eine besonders hervorragende Stellung, und so erschien es mir keineswegs belanglos, ihm speziell eine Studie zu widmen. Zweitens erhielt dieses Feld aus der Sicht meines anhaltenden Interesses an den modernen Berufen besondere Bedeutung, da sich zunehmend zeigte, daß die formelle Universitätsausbildung eine Art Gütezeichen für die akademischen Berufe darstellte. Auch für die Ausbildung in den angesehensten der sogenannten „angewandten" Berufe waren Berufsschulen von akademischem Niveau entstanden, die ihrerseits immer öfter in Universitäten eingegliedert wurden.

Die zentralen akademischen Berufe waren die hauptsächlichen Bewahrer und Förderer der großen wissenschaftlichen Tradition geworden, vornehmlich in den *faculties of arts and sciences* institutionalisiert.

Dieser Beruf des „Lernens an sich" konnte als „Schlußstein" der gesamten akademischen Berufe gelten, und so wandte sich mein Interesse in erster Linie dieser Gruppe zu. Gleichzeitig bot eine Untersuchung der höheren Bildung Gelegenheit, mein altes Interesse am Sozialisationsprozeß weiter zu pflegen, was das Eingehen auf spätere Phasen des Prozesses mit sich brachte, spätere als die, denen die Mehrzahl der psychoanalytisch orientierten Forscher ihre hauptsächliche Aufmerksamkeit widmeten.

Dieses Interesse kristallisierte sich — vor Ausbruch der Studentenrevolten in Berkeley — in einem Projekt zum Studium des Akademikertums in den USA heraus, zunächst auf der Basis einer Voruntersuchung mit Stichproben aus Fakultäten von 8 Institutionen, und dann, 1967 beginnend, in einer Stichprobe mit 116 Institutionen aus ganz Amerika, die alle Vier-Jahresprogramme über humanistische Fächer anboten, mit oder ohne Promotionsmöglichkeit. Diese Studie wurde großzügig von der *National Science Foundation* unterstützt; die oberste Leitung der Forschung hatte mein Mitarbeiter Dr. Gerald Platt. Während ich dies schreibe, nähert sie sich ihrem Abschluß.

Hier möchte ich eine autobiographische Bemerkung einfügen. Es dürfte verständlich sein, daß ein Sozialwissenschaftler wie ich, der sich so sehr in Dinge von allgemein theoretischer Bedeutung vertiefte, unter einem gewissen Druck steht aufgrund des Umstandes, daß man in Amerika mehr von solider *empirischer* Forschung hält. Sicherlich war es in Reaktion auf diesen Druck geschehen, daß ich mich für eine Studie über den Arztberuf entschied. Diese Studie war hauptsächlich in der anthropologischen Tradition der teilnehmenden Beobachtung und der Interviews entwickelt.

Nach Ende des Krieges, durch Stouffers Auftreten auf der Harvarder Szene der Soziologie, gelangte die Umfrageerhebung zu besonderem Ansehen in den Sozialwissenschaften. Bald nachdem wir beide uns, unter Hinzuziehung von Florence Kluckhohn, zur Zusammenarbeit entschlossen hatten, begannen wir eine Studie der sozialen Mobilität bei Highschool-Schülern, die das Thema eines von uns dreien gemeinsam geleiteten Doktoranden-Seminars bildete. Bei diesem Projekt kamen eine Menge von Daten zusammen, hauptsächlich mittels eines Fragebogens, der im Stadtgebiet von Boston in öffentlichen höheren Schulen verteilt wurde.

Unerwartet kam es zu einer Krise: durch Stouffers allzu frühen Tod im Jahr 1960, im gleichen Sommer, in dem noch verfrühter auch Clyde Kluckhohn starb. Florence Kluckhohn und ich faßten den Plan, einen Band mit dem gesamten statistischen Material herauszubringen, das in erster Linie Stouffer zu verdanken gewesen war und das wir im Sinn des verstorbenen Stuart Cleveland sorgfältig ausarbeiteten. Aber Wechselfälle beim Zusammenholen der anderen erforderlichen Beiträge ließen das Projekt scheitern.

Es besteht daher eine gewisse psychologische Kontinuität in meinem Versuch zu einer zweiten Runde der Auseinandersetzung mit der Methode der Umfrageforschung. In der Tat war ihre Anwendung bereits beschlossene Sache gewesen, ehe Platt sich dem Unternehmen anschloß (eine seiner Hauptqualifikationen bestand darin, daß er in dieser Methode ausgebildet war). Ich hege beträchtliche Hoffnung, daß es diesmal gelingen wird, obwohl mein persönlicher Beitrag eher der eines *„senior faculty"* Förderers, Theoretikers und Kritikers und weniger eines Praktikers sein wird; die praktische Durchführung ist Sache von Platt und seinem Mitarbeiterstab. Vor allem seit ich Stouffer näher gekommen war, stieg mein intellektueller Respekt vor der empirischen Sozialforschung mächtig an, und damit meine Hoffnung, daß noch engere Verbindungen zwischen diesen Techniken und der Art Theorie, die mir am Herzen lag, ausgearbeitet werden können.

Ein weiterer ziemlich offensichtlicher Zusammenhang zwischen beiden Erhebungen ist in der Tatsache gegeben, daß beide sich mit Phasen der Soziologie der Bildung befaßten, und zwar beide in gewissem Sinn in Relation zum Sozialisationsprozeß. Beim Mobilitätsprojekt handelte es sich im besonderen darum, die Sozialisation, bei Zentrierung auf die formelle Bildung, zur Struktur des Berufswesens in Verbindung zu setzen, die seit Beginn der industriellen Revolution für die moderne Gesellschaft von entscheidender Wichtigkeit war. In gewisser Hinsicht hatte unsere Studie der höheren Bildung und der akademischen Berufe einen neuen Bereich erschlossen, wo die Beziehungen von Bildung und kultureller Tradition, die die Probleme des Status der geistigen Disziplinen in den Brennpunkt rückten, eine gewisse Priorität vor den Problemen der Arbeitskräfteverteilung im Berufssystem erhielten, so wichtig diese auch sind.

Hier ist vielleicht die richtige Stelle, auf einen weiteren, für die Entwicklung meines Denkens aufschlußreichen Zusammenhang zu sprechen zu kommen, nämlich auf meine Verbindung zur *American Academy of Arts and Sciences.* Ich war 1945 zum Mitglied der Akademie gewählt worden zu einer Zeit, da sie aus mehreren Gründen, unter anderem wegen des Krieges, der gerade zu Ende ging, nicht sehr aktiv war. Ich hatte ein paar ordentlichen Mitgliederversammlungen beigewohnt, doch wurde mein Interesse durch *Daedalus* mehr aktiviert, der mich 1961 zu meinem ersten selbständigen Beitrag, zur Teilnahme an einem Symposium über die Jugend ermunterte. Darüber hinaus wurde ich Mitglied des Komitees, das die Forschungsmittel der Akademie verteilte und des Ausschusses, der den Preis für hervorragende Monographien auf sozialwissenschaftlichem Gebiet vergab.

Zunehmend wurde ich zur Mitarbeit an *Daedalus* herangezogen, beispielsweise für die Ausgaben, die dem neuen Europa, der Wissenschaft und Kultur und dem Rassen-Problem[61] gewidmet waren, ebenso darauffolgend zum unabhängig von *Daedalus*[62] aufgezogenen Seminar über Armut. Außerdem übertrug man mir eine Zeitlang den Vorsitz des *Academy's Committee on Research Funds,* und ferner ernannte man mich zum Mitglied der *Commission on the Future of the Academy.* Schließlich 1967, wurde ich zum Präsidenten der Akademie gewählt, als erster Sozialwissenschaftler, der diese Position innehatte.

Es kam mir besonders gelegen, daß das Interesse verschiedener Gruppen der Akademie, insbesondere dank *Daedalus,* sich dem Studium der höheren Bildung zuwandte. Dies offenbarte sich auf vielfältige Weise: im *Danforth Project* über die Universitätsverwaltung, in Studien über die ethischen Probleme bei Experimenten mit lebenden Menschen, in Diskussionen über internationale Probleme der höheren Bildung in Industriegesellschaften und schließlich in der Herausgabe des Bandes (The Making of Modern Science: Biographical Studies, a. Ü.), in dem dieser Essay erschien[63]. Im September 1969 nahm ich an der *Academy's Assembly on University Goals and Governance* als Mitglied des Lehrkollegiums teil, und war beauftragt, eine Reihe von generalisierenden Analysen über das Wesen des gegenwärtigen Systems der höheren Bildung, seiner Stellung in der modernen Gesellschaft und seiner Veränderungsmöglichkeiten zu erstellen. Seitdem befinde ich mich in der interessanten Lage, in der Akademie meistens die Funktion eines Forschers auf dem Gebiet der höheren Bildung auszuüben und gleichzeitig zu versuchen als Forschungsleiter der Fakultätsstudien ziemlich spezifische empirische Verallgemeinerungen darüber auszuarbeiten, wie Akademiker wirklich sind und was sie motiviert.

Die Teilnahme an der Arbeit der Akademie war für mich in doppelter Hinsicht besonders lohnend. Als ausdrücklich interdisziplinäre Organisation, der aktive Mitglieder aus dem gesamten Spektrum der intellektuellen Disziplinen und darüber hinaus angehörten, hielt ich sie, organisatorisch gesehen, für ein hervorragendes Gegengift gegen den angeblichen, teilweise tatsächlich bestehenden Trend zur Überspezialisierung unserer Bildung speziell auf dem akademischen Sektor. Daher schien dem Gelehrten, der sich der Bedeutung hochgradig verallgemeinerter Orientierungen verpflichtet fühlt, die aktive Beteiligung an allem, was im letzten Jahrzehnt in der Akademie vor sich ging, eine ungewöhnlich günstige Gelegenheit zu der Art interdisziplinärer Tätigkeit zu bieten, die im lokalen universitären Rahmen schwer zu erreichen ist. Hierzu zähle ich auch Anregungen, die mir sonst nicht zuteil geworden wären — wie z. B. die in dieser Schrift dargelegten Einflüsse biologischer Erkenntnis — wie auch die Möglichkeit, unmittelbarer auf die kognitiven Interessen und die Gefühle der Menschen zu reagieren, die den in der Akademie vertretenen breit gefächerten Disziplinen angehören und in deren geistige Strömungen und vielfältige Aktivitäten einbezogen sind[64].

Vom objektiveren Blickpunkt, der dem Verständnis des höheren Bildungssystems und mit ihm verbundener Phänomene gilt, stellt die Akademie ein Potential an Generalisierungen auf geistigem Gebiet dar — und auch in Hinsicht auf die soziale Organisation von Forschung, Lehre und Anwendung —, das zwar nicht einmalig ist, doch immerhin hervorragend genannt werden kann. Allein die Tatsache, daß die Akademie, zumindest heute im Zeitalter angeblich zunehmender Spezialisierung, immer noch blüht und gedeiht, erscheint mir als ein Indiz für das Vorhandensein tiefer liegender Anliegen, die, oft in aller Stille, die Hauptrichtung der Entwicklung unserer Geisteskultur bestimmen.

14. Denkstil und Zusammenfassung der Themen

Zum ersten Entwurf dieses Essays hat mehr als einer seiner Kommentatoren die Frage gestellt, wie ein gewisser „intellektueller Opportunismus" mit der Beharrlichkeit und Kontinuität der hier geschilderten Entwicklung unter einen Hut zu bringen sei. Es schien mir besser, die Antwort auf diese Frage erst am Schluß meines Berichtes zu formulieren.

Es liegt auf der Hand, daß meine Laufbahn weder arbeitsmäßig noch im Hinblick auf ihren geistigen Gehalt minutiös geplant war. Der durch Meiklejohns Entlassung in Amhurst hervorgerufene Aufruhr war nicht vorauszusehen gewesen, als ich dort hinging, ebenso wenig mein Überwechseln von der biomedizinischen Wissenschaft zur Sozialwissenschaft. In gewissem Sinn kann man das Jahr in London als ein geplantes bezeichnen — das deutsche Wagnis, inklusive meiner Versetzung nach Heidelberg war es bestimmt nicht. Ebenso konnte ich, obwohl ich die Absicht hatte, mit ökonomischer Theorie fortzufahren, nichts davon wissen, daß ich in Harvard an die Soziologie geraten würde, und erst recht nichts von einer lebenslangen beruflichen Verankerung dort. Ebenso wenig hatte ich, als ich nach Heidelberg ging, je etwas von Weber gehört. Und als ich mich für Harvard entschied, waren mir die Namen Gay und Henderson noch vollkommen unbekannt. Anfangs tendierte ich zur Indifferenz gegenüber Pareto und hielt Durkheim für fragwürdig. Auch von Freud fühlte ich mich vor meinem dreißigsten Lebensjahr weder angezogen, noch kannte ich mich in seinem Werk aus, und nicht viel anders war es mit dem Interesse an den akademischen Berufen, das auch erst etwa um die gleiche Zeit zu erwachen begann.

Wohl besteht ein Zusammenhang zwischen dem Hans-im-Glück-Element meiner verschiedenen beruflichen Entscheidungen, was beruflichen Status wie auch geistige Anliegen betrifft, und einem Charakteristikum, das sich bis in die Gegenwart erhalten hat, nämlich, daß ich mich intellektuellen Herausforderungen stellte: den Aufforderungen, Versammlungen zu organisieren und Konferenzen beizuwohnen, oder, das Wichtigste, Artikel über die allerverschiedensten Themen zu schreiben. Zwei Fälle aus meiner frühen Zeit: im ersten Fall wurde ich gebeten, im Rahmen einer Tagung der *American Sociological Association* (1941) einen Arbeitskreis über das Thema Alter und Geschlecht als Koordinaten der sozialen Rollenstruktur zu organisieren. Hieraus resultierte der am häufigsten nachgedruckte meiner Aufsätze, „*Age and Sex in the Social Structure of the United States*". Im zweiten Fall schlug mich der bekannte Anthropologe Ralph Linton, Herausgeber des *American Anthropologist,* vor, mich an Hand einer Analyse der Verwandtschaftsbeziehungen, angewandt auf die amerikanische Gesellschaft, an einer Synthese zwischen anthropologischer Methode und soziologischer Sicht zu versuchen. Das Ergebnis war der Aufsatz „*The Kinship System of the Contemporary United States*" (1943), der ebenfalls in weiten Kreisen Aufsehen erregte.

Vielleicht ist es weitgehend meiner Reaktion auf solche Dinge zu verdanken, daß man sich zwei divergierende Bilder von meiner Rolle in der amerikanischen Soziologie macht. Dem einen Bild entsprechend bin ich — vermutlich vorwiegend als Kontrast zum „soliden" empirischen Forscher — in erster Linie ein talentierter und „anregender" Essayist, der über die vielfältigsten Themen schrieb, jedoch ohne jede „Solidität" und Gründlichkeit, also, könnte man annehmen, eine Art „esoterisch akademischer" Journalist. Nach dem anderen Bild betrachtet man mich als so etwas wie einen schizophrenen, dualistischen Professionalisten: einerseits also dieser Journalismus, andererseits diese völlig unrealistische abstrakt formalistische Theoretisiererei, — mit der unübersehbaren Implikation, wenn nicht gar der Behauptung, diese beiden Personen hätten im Grunde genommen nichts miteinander zu tun.

Insbesondere Professor Renée Fox regte mich an (in einem ausführlichen persönlichen Schreiben), die Frage der Kontinuität meiner geistigen Entwicklung, vor allem auf theoretischer Ebene, noch einmal darzulegen. Ich hoffe, meine Überzeugung, daß tatsächlich von einer mehr als vierzig Jahre währenden fundamentalen Kontinuität der Entwicklung gesprochen werden darf, wird durch die vorangegangene Schilderung bestätigt.

Bei dem Bemühen, das Wesen des psychosozialen Prozesses zu begreifen, aus dem sich diese Kontinuität entwickelte, drängte sich mir eine Parallele besonders auf. In zwei meiner jüngsten akademischen Jahre hielt ich zusammen mit Professor Lon F. Fuller von der *Harvard Law School* ein Seminar zu dem höchst ergiebigen Thema Recht und Soziologie ab. Dabei habe ich eine Menge über das Rechtswesen, nicht zuletzt über die Tradition des *Common Law,* gelernt. Vom Standpunkt kontinental-europäischer Rechtssystematiker — ein prominentes Beispiel dafür: der Jurist Hans Kelsen — ist das *Common Law* intellektuell gesehen ein Skandal. Angeblich bestehe es aus nichts anderem als einem Aggregat von Einzelfällen und ermangele jeglicher Prinzipien.

Fuller hat mir, mehr als jeder andere[65] zu der Einsicht verholfen, daß die „Fall-Methode" keineswegs dem Wesen nach eine Antithese zur „Systematisierung" bildet, sondern unter den entsprechenden Bedingungen ein einwandfreies Vehikel der Systematisierung sein kann. Der springende Punkt: da das Gericht im *Common Law jeden* Fall nach verfahrensmäßigen Regeln mit Hilfe von nur wenigen Qualifikationen abhandeln muß, der ihm vorgetragen wird, sieht es sich vor der Aufgabe, Entscheidungen nicht nur zu treffen, sondern auch zu begründen. Die Einrichtung des Revisionsgerichts trägt indes dafür Sorge, daß zweifelhafte Begründungen durch ein Berufungsverfahren – sowie auch von intellektuell kritischen Professionellen, zum Beispiel durch Publikationen in Fachzeitschriften – angefochten werden können. So gesehen darf sich die Begründung also nicht darauf beschränken, eine bestimmte Entscheidung nur von spezifischen Voraussetzungen herzuleiten, sie muß auch allgemeinere Rechtsgrundlagen berücksichtigen.

Im engeren Kollegenkreis gibt es einige, vor allem meinen Kollegen George Homans[66], die der Ansicht sind, der Begriff „Theorie" sei legitim nur dann angewandt, wenn er zur Bezeichnung eines logisch deduktiven Gedankengebäudes diene, das von axiomatischen Prämissen und untergeordneten Prämissen sowie einer Reihe von Deduktionen, die wiederum empirisch verifizierbaren Tatsachenbehauptungen entsprechen, ausgehe. Aus Homans' Sicht habe ich lediglich ein Begriffsschema konstruiert, das mit Theorie überhaupt nichts zu tun hat. Sicherlich sprach bei der Entwicklung meines Schemas ein semantisches Element mit, doch habe ich, neben vielen anderen, die Anwendung des Begriffes „Theorie" niemals auf so enge Grenzen beschränkt. Wohl betrachte ich Theorie als legitimes Ziel theoretischer Entwicklung, aber behaupten zu wollen, alles was nicht darauf hinausläuft, sei keine Theorie – das steht auf einem anderen Blatt.

Wie dem auch sei, zweierlei mag zu den in diesem Essay umrissenen gedanklichen Entwicklungen zu sagen sein, erstens: Was meinen abstrakteren Schriften gegenwärtig zu entnehmen ist, stellt kein ausgereiftes theoretisches System im Sinne Homans' dar. Und zweitens: Der Prozeß, aus dem es, so wie es ist, resultierte, war betont nicht der Art, daß ich mich hinsetzte, grundlegende axiomatische Prinzipien aufstellte, dann Implikationen aus ihnen ableitete und diese mit den bekannten Fakten in Vergleich setzte.

Im Gegenteil, es war mehr ein Prozeß nach Art der Rechtsprechung im *Common Law*. Die Arbeit, aus der *The Structure of Social Action* hervorging, erbrachte mit Sicherheit eine theoretische Orientierung – theoretisch in meinem Sinn –, die auf alles andere als willkürlich zusammengewürfelten Meinungen auf den diesbezüglichen Gebieten basiert. Von diesem Begriffsschema, wenn man so will, als Bezugsbasis ausgehend, bestand der Prozeß in der Erkundung ziemlich vieler Haupt- und Nebenstraßen der empirisch-theoretischen Problematisierung, und zwar nicht auf gut Glück. Doch habe ich im Verlauf des Prozesses, dank der Gunst des Geschickes, dem ich die Begegnung mit geistig bedeutenden Personen und der von ihnen ausgehenden Wirkungen verdanke, auf eine Fülle von extern an mich herangetragenen Aufforderungen der geschilderten Art reagiert, insbesondere auf Bitten, über Themen zu schreiben, die *andere* bestimmen.

In einer Reihe solcher Fälle, in ausreichender Zahl hoffe ich, bin ich in etwa so vorgegangen, wie der Richter an einem Revisionsgericht im *Common Law,* nämlich ich betrachtete die vorgelegten Themen und Probleme in Relation zu einem theoretischen System, das sich durch beträchtliche Hieb- und Stichfestigkeit und Kontinuität auszeichnete und dies trotz des Umstandes, daß seine Prämissen nicht vollkommen präzise definiert und insofern im absolut logischen Sinn als gegeben vorausgesetzt wurden. Es will mir auch scheinen, daß dieses Verfahren in genügend Fällen reichen Ertrag an empirischer Erkenntnis, an Aufrundung, Erweiterungen, Revisionen und Verallgemeinerungen des theoretischen Schemas erbrachte. An bestimmten Punkten hieß dies intensive Vertiefung in formal definierte theoretische Probleme, an anderen hingegen primär Beschäftigung mit überwiegend empirischen Ergebnissen. Jedenfalls ist es eigentlich dies, was ich mit „building" meinte, als ich dieses Verbum in den (amerikanischen) Titel dieses Essays aufnahm[67].

Wenn die vorhergegangenen Betrachtungen Licht auf einen Prozeß geworfen haben, der einige Kontinuität gewährleistete, so möchte ich noch zusammenfassend ein paar Worte zu den Themen sagen, die mir rückschauend für die Weiterführung der Entwicklung am wichtigsten gewesen zu sein scheinen, und auch zur Anordnung ihrer Reihenfolge.

Obwohl eine ganze Anzahl primär wichtiger Themen an der Entwicklung des theoretischen Musters von *The Structure of Social Action* beteiligt waren, vor allem die Frage nach dem Wesen der historischen Konzeptionen des ökonomischen Eigeninteresses und der ökonomischen Rationalität, rückte eines doch in den Vordergrund und ist dort, in mannigfacher Abwandlung, seitdem stets geblieben: das, was ich unter Bezug auf die menschliche Natur im allgemeinen und das soziale System im besonderen als „Ordnungsproblem" bezeichnete. Seine klassische moderne Formulierung war mit Hobbes' Konzept des „Naturzustandes" gegeben und damit stellte sich die Frage, warum menschliche Gesellschaften angesichts all ihrer Nöte nicht schon längst einem Naturzustand des „Krieges aller gegen alle" anheimgefallen waren. (Trotz der zahlreichen Kriege der Geschichte handelte es sich stets um einander bekämpfende soziale Systeme, nicht um Einzelindividuen[68].)

Durchweg stimmte meine Annahme mit der von Hobbes überein insofern, als selbst die in menschlichen Gesellschaften anzutreffende Ordnung nicht als naturgegeben, sondern als problematisch zu betrachten ist; hierin machte sich vielleicht ein Element ererbten christlichen Pessimismus bemerkbar. Hobbes Lösung, der „Gesellschaftsvertrag", der mit einem absoluten Herrscher zur zwangsweisen Aufrechterhaltung der gesellschaftlichen Ordnung abzuschließen sei, war um das Jahr 1930 offensichtlich nicht mehr befriedigend. Doch das Problem ist bis heute geblieben. Einer der wichtigsten Gründe dafür, daß ich eine Verbindung zwischen Weber und Durkheim zu latenten Konzeptionen bei Pareto suchte, bestand in der wachsenden Erkenntnis, daß alle drei sich der Gewichtigkeit dieses Problems bewußt waren und die Überzeugung teilten, daß außer den üblichen ökonomischen Beweggründen und politischen Machtinteressen noch andere entscheidende Faktoren das menschliche Handeln bestimmen[69]. Durkheims Entdeckung normativer Komponenten in der Struktur der Systeme vertraglicher Bindungen und Regelungen wurde zwingend für meine eigene Begriffsbildung; Durkheim wiederum hat sich in diesem Zusammenhang ausdrücklich auf Hobbes bezogen. Ich selbst bin entschieden der Meinung, daß gesellschaftliche Ordnung in diesem Sinn ein echtes Problem darstellt, und ebenso, daß ihre Zerbrechlichkeit und die Bedingungen, aufgrund derer Ordnung bestand, und besteht, in den gegenwärtig gängigen Auffassungen von menschlicher Gesellschaft, gleich welcher politischen Farbe, nicht angemessen berücksichtigt werden. Zwischen einer sachverständigen Analyse dieses Problems oder der Fähigkeit, es geistig zu erfassen, und einer populär ansprechenden ideologischen Definition dieses Problems besteht ein fundamentaler Unterschied. Meist ist das eine mit dem anderen nicht zu vereinen.

Offensichtlich stand nun das „Ordnungsproblem" im Brennpunkt der Problematik: die Formulierung der Beziehungen der Faktoren untereinander sowie ihres Gleichgewichtes, die den Zustand der Stabilität der Systeme oder die Tendenz zur Desorganisation und Auflösung oder den Trend ihrer Veränderung bestimmen[70].

Daß die Themen Ordnung und Konvergenz in Verbindung stehen, muß aus der obigen wie auch aus früheren Diskussionen deutlich geworden sein. Die Erkenntnis des Problems der theoretischen Bedeutung gesellschaftlicher Ordnung und ihrer weiteren Möglichkeiten wie auch ihres potentiellen Zusammenbruchs kann als theoretische Errungenschaft betrachtet werden. Meine These, daß eine Gruppe sonst divergierender Theoretiker in bezug auf eine „Richtung der Lösung" dieses Problems übereinstimmten, die offenkundig nicht der akademischen Einstellung ihrer Zeit entsprach, konnte andererseits als „Entdeckung" gelten.

Die Natur dieser Konvergenz wurde hier nur skizziert; in verschiedenen meiner Schriften ist sie jedoch in aller Ausführlichkeit dargelegt. Sie betraf die Komponente der normativen Regelung, zumal im Unterschied zur zwangsweisen Durchsetzung und auf eine Weise, die beide mit homöostatischen Konzeptionen der Psychologie wie mit kybernetischen Konzeptionen eines weit größeren Bereiches verknüpften.

Wie Clifford Geertz in seiner Besprechung dieses meines Essays bemerkte, blieb das Thema Konvergenz nicht auf die in *The Structure of Social Action* untersuchten Fallbeispiele beschränkt, es war auch weiterhin ein Hauptthema meiner geistigen Laufbahn. Schon früh setzte sich bei mir die Überzeugung fest, daß sozioökonomisches und biologisches Denken zu einer gewissen Konvergenz führen. Vielleicht war es vor allem meine Beschäftigung mit Freud, die sowohl die Frage der Konvergenz der Theorie des sozialen Systems und der Theorie der individuellen Persönlichkeit als auch, allmählich das Ausmaß, in dem sie tatsächlich bestand, in den Vordergrund rückte. Natürlich habe ich solche Übereinstimmung erst aus scheinbar unvereinbaren Positionen herausknobeln müssen. Analytisch wurde bisher im psychologischen Denken nicht zwischen Persönlichkeit und Organismus unterschieden — in der Tat würden viele Psychologen auch heute die Relevanz solcher Unterscheidung entschieden bestreiten. Doch dank der freundschaftlichen Verbindung mit James Olds — in einer frühen Phase seiner Arbeit auf dem Gebiet der Gehirnforschung — wie auch mit Karl Pribram schien es mir so zu sein, daß die Muster im Rahmen unterschiedlicher Bezugssysteme tatsächlich konvergierten. Ähnliche Erwägungen, für die ich vor allem durch Weber, aber auch durch die vielen Kontakte mit Kulturanthropologen vorgeprägt war, wirkten sich im Feld der Beziehungen zwischen sozialem und kulturellem System aus. Möglicherweise und in gewisser Hinsicht wird die weitestgehende Übereinstimmung im Rahmen der kybernetischen Konzeption mit ihren vielen Verzweigungen festzustellen sein.

Ein weiterer Themenkomplex, der mich besonders fesselte, war das „Problem der Rationalität". Indem ich es als „Problem" bezeichne, möchte ich deutlich machen, daß ich kein naiver Rationalist war, weder in dem Sinn, daß ich alles menschliche Handeln dem Wesen nach für rational gehalten hätte, noch in dem anderen, daß die Vermengung mit nicht- oder irrationalen Elementen mir verurteilenswert erschienen wäre. Vielmehr ist das Bemühen um eine Analyse von Rolle und Natur der rationalen Komponenten in ihrer Beziehung zu jenen Komponenten, die nicht als rational bezeichnet werden können, stets einer der Brennpunkte meiner theoretischen Interessen gewesen.

Heute scheint es mir klar, daß meine ursprüngliche Fixierung auf das Problem einerseits der ökonomischen und andererseits der politischen Rationalität – zum Beispiel auf die Kapitalismus-Sozialismus Debatte – ein legitimes, wenn auch begrenztes Interessengebiet war. Meine obigen Ausführungen befassen sich daher überwiegend mit der Beziehung dieses Brennpunktes zu den beiden anderen, die gewissermaßen – im Spektrum der kognitiven Interessen am menschlichen Handeln – zu seinen beiden Seiten angesiedelt sind. *The Structure of Social Action,* verstärkt durch Freud und verwandte Einflüsse, erschloß mir beide Seiten. Zum Beispiel öffnete Paretos Konzeption des „logischen Handelns", streng nach dem Kanon wissenschaftlicher Gültigkeit abgesichert, den Zugang zu einer wissenschaftlichen Plattform, von der ich bei der Untersuchung der Berufe, der Funktionen der höheren Bildung und, ganz allgemein, der „kognitiven Rationalität" als Wertmuster ausgehen konnte – und ebenso öffnete es mir einen anderen Zugang: zur Erhellung des „psychologischen" Nicht-Rationalen.

Wie ich deutlich zu machen suchte, war ich einige Jahre noch mehr von der anderen Alternative zur ökonomisch-politischen Rationalität gefesselt, nämlich der, die soziales System und Persönlichkeitssystem auf höchst komplexe Weise einerseits mit dem organischen, zum anderen mit dem kulturellen Komplex verschränkte. In diesem Zusammenhang trat daher die Bedeutung des erotischen Komplexes als Problem in den Vordergrund, und innerhalb seiner war das Problem der Rolle der internalisierten Werte, ausgehend von Freuds Konzept des Über-ich, das vordringlichste.

Das „Problem der Rationalität" erhält in diesem Zusammenhang zwei oder möglicherweise drei Facetten. Die eine besteht in der Frage, wie weit rationale und nichtrationale Kräfte das Handeln determinieren, zum Beispiel nach Freud das Ich und das „Realitätsprinzip" und das Es in seiner Beziehung zu den vom Lustprinzip" gelenkten instinktiven Bedürfnissen. Dem Leser dürfte hier klar geworden sein, daß meine Ansichten auf diesem Gebiet weit weniger antirational sind als die vieler anderer Forscher des gleichen Bereiches – aber auch nicht naiv rationalistisch, hoffe ich.

Der zweite, sehr wichtige Kontext ergibt sich aus der Frage, wie weit nichtrationale, beziehungsweise irrationale Kräfte sich dem verstandesmäßigen Begreifen – im kognitiven Sinn – überhaupt erschließen. Die Denkprozesse, die diese Frage in mir auslöste, verstrickten mich tief in dieses Problem. Die wichtigste Rolle spielte für mich Sigmund Freud, aber eine ebenfalls wichtige alle anderen Autoren, Marshall teilweise ausgenommen. Vielleicht kann man sagen, Freuds heroischste Tat bestand in seinem Bemühen um ein Programm zum „rationalen Verständnis des Unbewußten", einer seiner eigenen Definition nach essentiell nichtrationalen Entität. Das rationale Verstehen der „rationalen Verfolgung des Eigeninteresses" oder gar das rationale Verstehen des Handelns gemäß rational kognitivem Wissen war von diesem Problemkomplex wahrhaftig weit entfernt.

Der dritte Aspekt, sofern es ihn gibt, wäre die Verbindung zwischen beiden – entsprechend Freuds klassischem Aphorismus „Wo Es war, soll Ich werden". Wir könnten sogar auf August Comte's Ausspruch *„Savoir c'est pouvoir"* zurückgreifen: In welcher Hinsicht und innerhalb welcher Grenzen eröffnet das rationale Begreifen des Nichtrationalen – das unbestreitbar die physische Welt miteinbegreift – Möglichkeiten der Kontrolle? Ganz allgemein lautet die Antwort: es würde tatsächlich das Tor zu ihnen öffnen. Indes, dies bleibt einer der kontroversesten Bereiche des Rationalitätskomplexes, dessen verschiedene Aspekte im Zentrum meines Interesses standen.

Die rationale Komponente der Psychotherapie hat mit der ökonomischen und der politischen Rationalität eines gemein: den instrumentalen Charakter. Doch ergeben sich darüber hinaus zwei weitere Fragen. Die näherliegende ist: Welches sind die Quellen der Legitimierung und der Rechtfertigung der Ziele und Zwecke, in deren Interesse solche instrumentale Rationalität angewandt wird? Die Utilitaristen und immer noch die Mehrzahl der Ökonomen behandeln Konsum„bedürfnisse" als gegeben, d. h., nicht als den Sitz intellektueller Probleme für ihre Denkzwecke. Ebenso war geistige Gesundheit für Freud wie für die Psychiatrie nur ein Aspekt der allgemeinen Gesundheit, und ihre Erlangung oder Wiederherstellung fast per definitionem wünschenswert. Doch in beiden Fällen, wie in einer Vielzahl von anderen, ist es nur recht und billig, in freier Wiedergabe des berühmten Buchtitels (Robert Lynd, *Knowledge for What?*) die Frage zu stellen: Rationalität wozu?

Eine verführerisch einfache Lösung wäre, zu sagen, die Ziele instrumental rationalen Handelns seien *im Grunde* nicht rational. Aber wie so oft, ist dies zu simpel. Hier leistete Weber einen Beitrag zu weiterer Verfeinerung mit seinem Konzept der „Wertrationalität", die er als einen primären Typus des Handelns verstand. Die entscheidende Implikation ist — sie kann hier nicht begründet werden[71] —, daß das „Universum der Werte" rationaler Organisation nicht ermangelt und daß Entscheidungen der Wert-„verpflichtung", inbegriffen ihre mehr oder weniger unmittelbare Verwirklichung, eine rationale Komponente haben, die nicht instrumental ist.

Wie sich herausstellte, sollte die Relevanz dieser Position — am ausgeprägtesten von Max Weber vertreten — sich in zwei Richtungen auswirken, nicht nur in einer, gewissermaßen als gabele sich der Weg, den ich einschlug, um der der ökonomischen Rationalität innewohnenden Problematik nachzugehen. Die naheliegendere betraf den Einfluß des Religiösen. Auf verschiedenste Weise waren alle mit Religion zusammenhängenden Probleme fast von Anfang an für mich von besonderer Bedeutung gewesen. Es war Webers Essay über „Die protestantische Ethik . . .", der eine wichtige Entwicklung bei mir ausgelöst hatte.

Auch für mich wurde das Interesse an den aus der Religion als menschlichem Phänomen resultierenden Fragestellungen — ein Interesse, das Weber, Pareto, Durkheim und auch Freud gemeinsam war — schon in meinen frühen beruflichen Entwicklungsphasen einer der wichtigsten Ausgangspunkte. Unter den gegebenen Umständen konnte es nicht ausbleiben, daß ich das Problem der Beziehung zwischen rationalen und außer-rationalen Komponenten des Handelns miteinbezog[72].

Die Frage der Religion, für mich als einem Un-, nicht Irrgläubigen (in der Terminologie des Vatikans) zu allen Zeiten ein Hauptorientierungspunkt meiner intellektuellen Laufbahn, bildete bereits bei meiner frühen Ablehnung des „Positivismus" einen der wichtigsten Aspekte, stand aber gleichzeitig im Mittelpunkt meines anhaltenden Bemühens um das Verstehen des Rollengleichgewichts rationaler und nichtrationaler Komponenten im menschlichen Handeln. Es liegt auf der Hand, daß diese Interessenkonstellation über die mehr kognitiven, das Religiöse betreffenden Probleme, hinausführt zu denen der moralischen Verpflichtung, der affektiven Bindung und des praktischen Handelns.

Die andere Verzweigung des Konzeptes der „Wertrationalität" war vielleicht in mancher Hinsicht noch überraschender. Sie betrifft die Stellung der Wert-Komponente bei der Definition der Beziehung kognitiver Strukturen nicht zu den zweifelsohne nichtrationalen Charakteristika „kognitiv wahrgenommener" Phänomene wie das Unbewußte oder die „Sinnfrage" auf religiöser Ebene, sondern zu kognitiven Strukturen selbst. Dies verdichtete sich in letzter Zeit zum Konzept der „kognitiven Rationalität", die als *Wert*muster und nicht einfach als maximales Mittel der „Bedürfnisbefriedigung" verstanden wird. Die Generalisierung dieses Konzeptes warf ihre Schatten bereits voraus mit der Interpretation, die Smelser und ich für die ökonomische Kategorie des Bodens als einer *Wert*verpflichtung zu ökonomischer Rationalität gefunden hatten.

Daß diese Perspektive für viele meiner eigenen Anliegen als Theoretiker wie auch für die der Gesellschaft relevant ist, versteht sich beinahe von selbst. Natürlich spielt sie auch eine zentrale Rolle für den Komplex der höheren Bildung in seiner Beziehung zu den geisteswissenschaftlichen Disziplinen. Da das empirisch kognitive Wissen bei der ursprünglichen Formulierung des Rationalitätsproblemes eine zentrale Rolle spielte, schließt sich mit der Frage des Wertaspektes empirischer Erkenntnis der Kreis der Überlegungen zu diesem Problem in gewissem Sinn — sowohl in bezug auf die kognitive Gültigkeit des Wissens, das in instrumentale Aspekte rationalen Handelns umgesetzt wird, als auch auf die Rechtfertigung der Verpflichtung auf instrumentale Möglichkeiten als einem der Ziele. Und er schließt sich insofern, als die Begründungen der Wertentscheidungen einschließlich ihrer mehr oder weniger religiösen Basis als der gleichen Kategorie angehörend erkannt wurden wie jene, die der Begründung der Gültigkeit empirischen Wissens dienen[73].

Vielleicht darf ich zum Schluß ein paar Worte zur Bedeutung der in meinen Augen für mich wichtigsten geistigen Vorbilder anfügen. Es waren dies offenkundig Weber, Durkheim und Freud. Keinen von ihnen, das muß hier ausdrücklich vermerkt werden, habe ich jemals persönlich gekannt, obwohl sie alle zu der Zeit, da ich ein persönliches Bewußtsein oder, mit Eriksons Worten, meine „Identität" erlangte, noch lebten. Was den substantiellen Einfluß auf die Formulierung der Probleme und die vielen Elemente empirischer und konzeptueller Strukturen betrifft, die mein Denken zentral beschäftigten, besteht kein Zweifel, daß alle drei mich entscheidend beeinflußten. Auch andere waren natürlich höchst wichtig, an erster Stelle nach Pareto auch Marshall, dann Schumpeter, Henderson, Cannon, Taussig, Piaget und viele mehr.

Einer der Faktoren für die Zumessung ihrer Bedeutung besteht natürlich in der geistigen Lokalisierung. Gleicherweise bedeutende oder noch überragendere Gestalten hatten, wenn ihre Gebiete mir ferner lagen, naturgemäß nicht die gleiche Wirkung auf meine Entwicklung, selbst wenn sie peripher sehr wichtig waren. Dies würde auf Cannon und auf den biologischen Hintergrund, auf Gestalten wie Darwin, Whitehead, Piaget, Norbert Wiener und andere zutreffen. Der andere Faktor, aus dieser lokalisierenden

Perspektive gesehen, besteht in der Relation des geistigen Formates jener mir ferner stehenden Gestalten zu dem der für mich unmittelbar relevanten[74].

In welchem Sinne die Ideen Webers, Durkheims und Freuds mein eigenes Denken durchdrangen, sollte aus meinem Bericht ersichtlich geworden sein. Es bleibt noch die Frage, wie weit sie für mich Vorbilder hauptsächlich in bezug auf das waren, was ich „Denkstil" nenne. Hier beginnt sich ein wichtiger Unterschied zwischen Weber und den beiden anderen abzuzeichnen. Substantiell war Weber für mich mindestens so wichtig wie irgendeiner von den dreien. Stilistisch jedoch unterschied er sich sehr von den beiden anderen. Weber war weit mehr, nach Art von Erikson, ein Luther-Typ, der trotz seiner immensen Vorbildung in eine große transformative Krise geriet — im Fall Weber war sie mit einer ernsthaften Geisteskrankheit verbunden —, aus der er jedoch als neuer Mensch hervorging, der mit wahrhaft überwältigender „Virtuosität" (ein Ausdruck, den er gerne gebrauchte) in zwei oder drei Jahren die großen methodologischen Essays *(Wissenschaftslehre)* und sein Werk *Die protestantische Ethik* ... verfaßte — ein erster Schritt zur großen Umdeutung des Wesens der modernen Gesellschaft aus einer umfassenden vergleichend-entwicklungsgeschichtlichen Sicht. Es scheint mir bezeichnend, daß Weber in vielen seiner späteren Schriften vor allem auf das zentrale Ereignis des „charismatischen Durchbruchs" als wichtigsten Prozeß der religiösen und allgemeineren soziokulturellen Erneuerung und Veränderung hinwies. Wenn ich hier vermerke, daß dies nicht der einzige Weg ist — er weckt Assoziationen an die Rolle des Genies —, will ich doch nicht im mindesten die Bedeutung dessen schmälern, was ich als Webers überragende geistige Leistung betrachte.

Der Denkstil Durkheims unterschied sich sehr von dem Freuds. Und nicht im entferntesten komme ich auf den Gedanken, daß sie einen geringeren geistigen Anspruch hatten als Weber. Indes bestand ihre Methode darin, sich auf bestimmte, genau abgegrenzte Probleme und damit auf die Bemühung festzulegen, zu radikalen Lösungen auf dem jeweiligen Gebiet zu gelangen. Bei Durkheim war das eine spezielle Version des „Ordnungsproblems" im oben umrissenen Sinn. Bei Freud bestand er in dem Problem des rationalen Verstehens des Nichtrationalen unter besonderer Berücksichtigung der Rolle dessen, was er als das „Unbewußte" bezeichnete.

Offensichtlich war in beiden Fällen der Prozeß, aufgrund dessen diese geistige Bindung eingegangen wurde, was seine Motivation betrifft höchst komplex, zum Beispiel im Fall Freuds war es seine Befreiung durch den Tod des Vaters. Aber bei keinem der beiden war diese Bindung auf dramatische Weise erfolgt, obwohl sie bei beiden in einem wahrhaft zukunftsträchtigen Werk resultierte, nämlich bei Durkheim in seinem Werk über die *Arbeitsteilung,* bei Freud in dem Werk *Die Traumdeutung.*

Es ist nicht ganz fair, trifft in weitem Sinn jedoch zu, wenn man sagt, Webers Beitrag beruhe von seinem großen Durchbruch an weit mehr auf der monumentalen Darlegung und empirischen Verifizierung der grundlegenden Erkenntnisse seiner kritischen Umorientierung. Bei den beiden anderen hingegen bestand er in einem Prozeß der schrittweisen, von der ursprünglichen Problemformulierung ausgehenden Entwicklung theoretischen Denkens. In diesem Sinn gibt es auch eine Webersche Theorie, die er nach seiner Neuorientierung, das heißt um 1904—05, entwickelte. Eine Theorie Durkheims oder Freuds im gleichen Sinn gibt es nicht, stattdessen jedoch Dokumentationen eines Prozesses der theoretischen Entwicklung.

Das soll nicht heißen, daß eine der alternativen Denkstile dieser geistigen Neuerer generell dem des anderen überlegen sei. Beide sind in kritischer Hinsicht wichtig, aber jeder wirkte sich zu verschiedenen Zeiten und in verschiedenen Situationen aus. Als theoretische Analytiker des menschlichen Handelns jedoch waren Durkheim und Freud meine überragenden Vorbilder. Vielleicht kann dies zur Beantwortung der Frage nach dem Gleichgewicht zwischen Kontinuität und Opportunismus in meiner eigenen Geistesgeschichte beitragen.

Anmerkungen

[1] London, Allen and Unwin, 1930.

[2] 3 Bände, 2. Ausg., Leipzig, Duncker und Humblot, 1916.

[3] „Sociological Elements in Economic Thought, I," 49 (1935), 414—453; „Sociological Elements in Economic Thought, II," 49 (1932), 316, 347.

[4] „Wants and Activities and Marshall", *Quarterly Journal of Economics,* 46 (1931), 101—140; „Economics and Sociology: Marshall in Relation to the Thought of His time", „*Quarterly Journal of Economics,* 46 (1932), 316, 347.

[5] Pareto gab der französischen Ausgabe seines Buches den Titel *Traité de sociologie générale* (der italienische Titel lautet *Trattato di Sociologica generale).* Ich habe es stets für unglücklich gehalten, daß die wenige Jahre nach meiner Arbeit veröffentlichte englische Übersetzung unter dem Titel *The Mind and Society* erschien.

[6] Diese Arbeit wurde als solche nie veröffentlicht, doch ist sie im Wesentlichen nach beträchtlicher Revision in den drei Kapiteln über

Pareto in *The Structure of Social Action* (New York: McGraw-Hill, 1937) enthalten.

[7] Engl. Übers. v. George Simpson, New York: Free Press, 1964.

[8] Der erste Teil dieses Buches, den ich wirklich zu Papier brachte, galt Durkheims frühen empirischen Arbeiten und setzt sich mit „... *Arbeitsteilung* ..." und seiner (später) sehr berühmt gewordenen Studie über den Suizid (Kapitel VIII) auseinander.

[9] So behandelte Sorokin in seinem *Contemporary Sociological Theories*, in den 30er Jahren das meist benutzte Kompendium auf diesem Gebiet, Pareto, Durkheim und Weber, als gehörten sie völlig verschiedenen Schulen an. Nicht ein einziges Mal war von einer Beziehung zwischen ihnen oder den einen oder anderen die Rede. Marshall wurde überhaupt nicht erwähnt, da er als Ökonom und nicht als Soziologe etikettiert worden war.

[10] Rückblickend erscheint mir heute diese Erfahrung, abgesehen von der wesentlichen Bedeutung, die Kant für mein Schaffen hatte, als besonders wichtig für meine spätere Arbeit. Verstärkt wurde sie noch durch ein Seminar und ein mündliches Examen über Kants Kritik ..., das ich 1926 bei Karl Jaspers in Heidelberg ablegte. Die Bedeutung, die dieses große Werk eines großen Geistes für mich hatte, lag in der Tatsache begründet, daß ich mich daran begab, es wiederholt und detailliert zu studieren, bis ich das Wesen dieses Beitrages zu würdigen vermochte und mich nicht mit den unzähligen, ziemlich oberflächlichen Kommentaren dazu begnügte. Dies versetzte mich in den Stand, gute Verwendung von den Beiträgen der Autoren meines eigenen Faches zu machen und zu dem vorzudringen, was mir, angesichts der vielen verzerrenden Interpretationen derzeitiger, teilweise weithin anerkannter Sekundärliteratur, ein hohes Maß an Verstehen zu sein schien.
Im Anschluß an die Pugwash-Tagung von 1967 verwies I. I. Rabi mich in einem Gespräch auf die Bedeutung einer unmittelbaren Berührung mit dem Wirken dessen, was er wörtlich „wirklich große Geister" nannte; er habe großes Glück in seinen Studienjahren und auch danach gehabt, daß er in den Laboratorien von Pauli und Bohr arbeiten durfte. Unter meinen Lehrern hatte es keinen solchen Formats gegeben — außer vielleicht Jaspers —, doch hatte ich eine Menge gleicherweise anerkannter Lehrer; auch war ich imstande gewesen, mir dieses Verständnis selbst durch das Studium der Schriften großer Denker zu verschaffen. Die Vorlesungen über Kant waren eine erste Einführung in solche Erfahrung.

[11] Bernard Barber, Hrsg., *L. J. Henderson on the Social System* (Chicago: University of Chicago Press, 1970).

[12] New York, Macmillan, 1926.

[13] Hans Vaihinger, *Die Philosophie des Als Ob*, System der theoretischen, praktischen und religiösen Fiktionen der Menschheit aufgrund eines idealistischen Positivismus, Leipzig 1927. The Philosophy of „As if", übers. v. C. K. Ogden, New York, 1952.

[14] L. J. Henderson, *Pareto's General Sociology: A physiologist's Interpretation*, Cambridge, Mass.: Harvard University Press, 1935.

[15] Claude Bernard,

An Introduction to the Study of Experimental Medicine, übers. v. H. C. Green, Neuaufl., New York 1957.

[16] W. B. Cannon, *The Wisdom of the Body*, New York, 1932. Im Rahmen einer Diskussion auf der Bellagio-Tagung, als mein Essay erstmals vorgestellt wurde, erhoben sich Zweifel an der Ernsthaftigkeit meiner Begegnung mit der Biologie. Über die Antwort von Professor Curt Stern, die ich hier wiedergebe, war ich sehr erfreut: „Am Amherst College bewegte sich der Unterricht in Biologie auf hoher Ebene, obwohl man in Amherst nicht promovieren konnte. Dort lehrten hervorragende Leute; insofern dürfte ihr Einfluß vermutlich größer gewesen sein, als er es gewesen wäre, hätte Professor Parsons ein anderes College mit weniger bekannten Professoren besucht".

[17] New York, Free Press, 1951.

[18] Es muß hier daran erinnert werden, daß die Sozialwissenschaftler sich gezwungen gesehen hatten, viel Einfallsreichtum und Energie darauf zu verwenden, den Druck eines illegitimen und verfrühten biologischen „Reduktionismus" abzuwehren.

[19] 1927 hatte ich mich mit Helen B. Walker, einer Kommilitonin von der *London School of Economics*, verheiratet. Sie war viele Jahre lang in Harvard tätig, in letzter Zeit in der Verwaltung des *Russian Research Center*.

[20] Er war zum Beispiel ein ausgesprochener Gegner Präsident Roosevelts, dessen allgemeine Politik ich selbst gut hieß.

[21] Eine Bemerkung zu der damals wie noch heute herrschenden Devise „publiziere oder stirb" und zur Auffassung, daß so bald und so viel wie möglich zu publizieren ein Kriterium der Konformität sei: Ich kann nur betonen, daß der mir erteilte Rat älterer verantwortungsbewußter Fakultätsmitglieder in Harvard ganz und gar nicht dieser Auffassung entsprach. Durchweg lautete er, sich so viel Zeit wie möglich zu lassen, um das Beste zu leisten, dessen man fähig war. Natürlich war es für mich eine enorme Hilfe, daß Leute wie Henderson, Gay und Wilson wußten, woran ich arbeitete und Probeseiten davon gelesen hatten. In diesem Zusammenhang muß noch ein weiterer älterer Kritiker erwähnt werden: der verstorbene A. D. Nock.

Wie meist bei starken Persönlichkeiten, gab es eine verborgene Reakion auf Henderson. Er trug einen rötlichen Bart, und so erhielt er stillschweigend den Spitznamen „Pinkwhiskers". Meine Stunden bei ihm fanden meist am späten Nachmittag statt, und für gewöhnlich ging ich dann direkt nach Hause und erstattete meiner Frau Bericht, was Pinkwhiskers (etwa rosa Schnauzbart) alles gesagt habe. Daher war ich stets etwas in Sorge, die Kinder könnten den Spitznamen aufgreifen und Henderson anreden: „Sind Sie der Pinkwhiskers, von dem Daddy so viel erzählt?"

Es traf sich glücklich, daß zwischen der ersten und der endgültigen Fassung meiner Arbeit das von Bernard Barber herausgegebene *L. J. Henderson on the Social System* erschien. Es enthält die Mehrzahl seiner soziologischen Schriften und wurde von Barber mit einer langen und informativen Einleitung versehen, in der er ziemlich detailliert Hendersons Wirken und das verschiedener anderer Leute auf Harvards soziologischer Szene schildert.

[22] Man möge mir verzeihen, wenn ich hier erwähne, daß sich das Buch mehr als dreißig Jahre lang recht gut verkaufte, obwohl ich mir bewußt bin, vom Glück begünstigt gewesen zu sein; das Buch wurde ohne finanzielle Zuschüsse veröffentlicht und 1949 von der *Free Press* neu aufgelegt. Tatsächlich erschien es genau dreißig Jahre nach der Erstausgabe noch einmal als Paperback und hat sich als solches ebenso gut verkauft. In dieser Angelegenheit bin ich besonders Jeremiah Kaplan, praktisch die *Free Press* in Person, zu Dank verpflichtet für seine Idee, die 1949er Paperbackausgabe herauszubringen wie auch dafür, daß er sich wie auch für einen beträchtlichen Teil meiner anderen Arbeiten eingesetzt hat. Ohne Kaplan und seinen Hauptratgeber Edward Shils wäre es nach dem Krieg nicht zu der Welle von soziologischen Publikationen gekommen, oder zumindest nicht so bald – eine Welle, die mich trug.

[23] Ich habe kaum erwähnt, daß bereits vor meiner Promotion eine ähnlich grundlegende Entscheidung fiel, nämlich zugunsten der Soziologie an Stelle von Biologie. Diese Hinwendung zur Soziologie — anfangs mehr ökonomischer Richtung — war meinem Vater zu verdanken, der während meiner Studienzeit Collegelehrer und Administrator war. Als ich noch aufs College ging, hatte mein Vater das Amt des Präsidenten des Marietta College in Ohio inne. Mein Vater war früher ein Kongregationalisten-Pfarrer gewesen und hatte sich stark für die damals bedeutende *„social gospel"*-Bewegung eingesetzt, die, das ist heute klar, in diesem Land die Einführung der Soziologie gefördert hat.

[24] Abgedruckt in Barber, ed., *Henderson on the Social System.*

[25] Siehe meine Arbeit „Social Structure and the Development of Personality: Freud's Contribution to the Integration of Psychology and Sociology" in *Social Structure and Personality,* New York, Free Press, 1964.

[26] Siehe meine Arbeit „The Problem of Controlled Institutional Change", nachgedruckt in Essays on Sociological Theory rev. Ausg., New York, Free Press, 1954. (Deutsch: *Beiträge zur soziologischen Theorie,* Hrsg. D. Rüschemeyer, Neuwied 1964.)

[27] Ein weiterer Faktor, der hierzu beitrug, war auch der Tod meines Schwiegervaters, Dr. W. D. Walker, Andover, Massachusetts, der 1938 im Alter von erst 60 Jahren starb. Er war der prächtige Typ des praktischen Arztes gewesen und hatte mir bei der Feldforschung für meine Studie der medizinischen Praxis wie auch im Gespräch über die medizinische Szene im allgemeinen hilfreich beigestanden. Dabei war er altmodisch genug, um meinen esoterischeren psychologischen Interessen nicht viel Bedeutung beizumessen.

[28] Talcott Parsons, Edward Shils, ed.: *Toward a General Theory of Action,* Cambridge Mass., Harvard University Press, 1951.

[29] Ferdinand Tönnies: *Gemeinschaft und Gesellschaft*, Leipzig, 1887. *Community and Society*, übers. u. hrsg. v. Charles P. Loomis, New York, 1963.

[30] Bales war einer der wenigen Studenten, die während des Krieges nicht eingezogen worden waren. Als junges Fakultätsmitglied begann er dann mit seinem experimentellen Studienprogramm über die menschliche Kleingruppe.

[31] New York, Free Press, 1953.

[32] Cambridge, Mass., 1950.

[33] Dieses Schema wurde in Kapitel III von *Working Papers in the Theory of Action* dargelegt. Abgekürzt: „AGIL" Schema.

[34] Talcott Parsons, Robert Freed Bales, James Olds, Morris Zelditch und Philip Slater: *Family, Socialization and Interaction Process*, New York, Free Press 1955.

[35] Diese Interessen wurden, wie erwähnt, mächtig angeregt durch meine Teilnahme an der ständigen, von Dr. Roy Grinker und Dr. John Spiegel ins Leben gerufenen Konferenz über Systemtheorien. Besonderen Eindruck machten die Beiträge des Chikagoer Biologen Alfred Emerson auf mich. S. Appendix von *Family, Socialization and Interaction Process.*

[36] New York, 1936 (Keynes); 8. Aufl. London, 1925 (Marshall).

[37] New York, Free Press, 1958.

[38] Das Austausch-Paradigma erscheint im Anhang an meinen Artikel „On the Concept of Political Power", *Proceedings of the American Philosophical Society*, 107, (Juni 1936), nachgedruckt in *Sociological Theory and Modern Society*, New York, Free Press, 1967.

[39] Ebenda.

[40] Diese Analyse ist in zweien meiner Artikel: „On the Concept of Influence", *Public Opinion Quarterly*, Frühj. 1963 und in „On the Concept of Value-Commitments", *Sociological Inquiry*, 38, Frühj. 1968 enthalten, beide nachgedruckt in *Politics and Social Structure*, New York, Free Press, 1969.

[41] Siehe die Einleitung zu Part IV von Talcott Parsons, Edward Shils, Kasper D. Naegele und Jesse R. Pitts, eds. *Theories of Society*, New York, Free Press, 1961, und mein Essay: „An Approach to Psychological Theory in Terms of the Theory of Action" in Sigmund Koch, ed.: *Psychology: A Science*, III, New York, 1959.

[42] Siehe den Anhang von „Some Problems on General Theory in Sociology" in John C. McKinney and Edward Tiryakin, eds., *Theoretical Sociology: Perspectives and Developments*, New York, 1970.

[43] W. I. Thomas, *The Unadjusted Girl*, Boston 1923.

[44] Siehe mein Artikel: „Malinowski and the Theory of Social Systems" in Raymond Firth, ed.: *Man and Culture*, London, 1957.

[45] „Evolutionary Universals in Society", *American Sociological Review*, 29. 4. Juni 1964, nachgedruckt in *Sociological Theory and Modern Society*; „Christianity" in David Sills, ed., *International Encyclopedia of the Social Sciences*, New York, 1968; Societies: *Evolutionary and*

Comparative Perspectives, Englewood Cliffs, N. J., 1966; *The System of Modern Societies*, Englewood Cliffs, N. J., deutsch: *Das System der modernen Gesellschaften*, München 1972.

[46] Siehe *Economy and Society*, Kapitel 5.

[47] Siehe Anmerkung 45, oben.

[48] Siehe „Christianity" in Sills, ed. *International Encyclopedia* und „Christianity and Modern Industrial Society" in Edward Tiryakin, eds., *Sociological Theory, Values, and Sociocultural Change: Essays in Honor of Pitrim A. Sorokin*, New York: Free Press, 1963.

[49] Dies wird im Grunde noch durch eine kreuzweise Beziehung kompliziert. So machte in der ökonomischen Produktion die Bürokratie sich die analytisch politischen Komponenten im ökonomischen Interesse zunutze, während die politische Demokratie in vergleichbarer Weise von den integrativen Komponenten im Regierungsinteresse profitierte.

[50] Siehe mein Essay: „Durkheims Contribution to the Integration of Social Systems", in Kurt Wolff ed., *Emile Durkheim, 1885—1917: A Collection of Essays with Translations and a Biography*, Columbus: Ohio State University Press, 1960, nachgedruckt in *Sociological Theory and Modern Society*.

[51] Siehe Robert A. Nisbet: *The Sociological Tradition*, New York, 1966.

[52] Erik Erikson: „Youth: Fidelity and Diversity", *Daedalus*, Winter 1962, S. 5—27.

[53] „Age and Sex in the Social Structure of the United States", *American Sociological Review*, 7, Oct. 1942, 604—616, Nachdruck in *Essays in Sociological Theory*.

[54] Siehe „Kinship and the Associational Aspects of Social Structure" in Francis L. K. Hsu, ed.: *Kinship and Culture*, Chicago, Aldine Press, noch nicht erschienen.

[55] David M. Schneider: *American Kinship: A Cultural Approach*, Englewood Cliffs, N. J., Prentice Hall, 1968.

[56] Siehe meine Artikel „The School Class as a Social System: Some of its functions in American Society", *Harvard Educational Review*, 29 (1959), 297—318, nachgedruckt in *Social Structure and Personality*, und, in Zusammenarbeit mit Gerald M. Platt, „Higher Education, Changing Socialization, and Contemporary Student Dissent", in Mathilda Riley, ed., *A Sociology of Age Stratification*, New York, Russell Sage Foundation (noch nicht erschienen).

[57] In einem Kommentar zum ersten Entwurf dieses Essays wies Professor Renée Fox darauf hin, daß ich die Entscheidung, „Affekt" primär dem sozialen System zuzuordnen, bereits früher getroffen hätte, nämlich mit meiner Formulierung der *pattern-variable „affectivity vs. affective neutrality"*. Meine Entscheidung, ob alt oder neu, wurde von zwei meiner begabtesten jungen Mitarbeiter, Victor Lidz und Mark Gould, heftig angefochten.

[58] Siehe Neil Smelser, *Social Change in the Industrial Revolution*, Chicago, University of Chicago Press, 1959, und *Essays in Social Explanation*, Englewood Cliffs, N. J. 1968.

[59] Siehe Talcott Parsons und Gerald Platt, „The American Academic Profession: A Pilot Study", multilith., Cambridge, Mass., 1968, und mein „Some Problems of General Theory in Sociology".

[60] Erste Ergebnisse werden in Parsons und Platt, „The American Academic Profession . . ." vorgelegt werden.

[61] *Daedalus* Ausgaben „A New Europe?" (Winter 1964), Science and Culture" (Winter 1965), „The Negro American" (Herbst 1965 und Winter 1966), „Color and Race" (Frühjahr 1967).

[62] Daniel P. Moynihan, ed., *On Understanding Poverty*, New York, Basic Books, 1969; James L. Sundquest, ed., *On Fighting Poverty*, New York, 1969.

[63] *Daedalus* Ausgaben „The Embattled University" (Winter 1970), „Ethical Aspects of Experimentation with Human Subjects" (Frühj. 1969), und „Theory in Humanistic Studies" (Frühj. 1970).

[64] Einen allgemeinen Überblick über Interessen und Aktivitäten der Akademie erhält man aus den jährlich erscheinenden *Records* der American Academy of Arts and Sciences. Die ersten beiden Jahresberichte während meiner Präsidentschaft sind in den Bänden 1968 und 1969 enthalten.

[65] Lon L. Fuller, *The Anatomy of the Law*, New York, 1968.

[66] George C. Homans, *Social Behavior: Its Elementary Focus*, New York 1961; *The Nature of Social Science*, New York 1967; „Contemporary Theory in Sociology" in Robert E. L. Faris, ed., *Handbook for Modern Sociology*, Chicago, 1964.

[67] Ein weiterer wichtiger Brennpunkt dieses Prozesses war meine Rolle als Lehrer, — insofern ein Analogon zu der des Richters an einem Gericht im *Common Law*, als der Lehrer, zumal wenn er fortgeschrittene Semester und Doktoranden unterrichtet, sich innerhalb einer sehr weit gefaßten Definition seines Kompetenzbereiches genötigt sieht, mit Fragen fertig zu werden, die Studenten stellen, — nach der Vorlesung oder vielleicht während spezieller Diskussionen im Seminar, oder in schriftlichen Arbeiten oder bei persönlichen Besprechungen. Innerhalb gewisser Grenzen formulieren die Studenten, nicht der Lehrer die Probleme. Geht er mit den Studenten sachverständig um, wird er sie fortgesetzt auf die allgemeine Struktur der Theorie des betreffenden Wissenskomplexes hinweisen. Schon lange bin ich der Meinung, daß die enorme Anregung des Austausches zwischen Lehrer und Schüler sowohl was gutes theoretisches Denken als auch den Anreiz zu empirischer Information betrifft, einer der Hauptgründe dafür ist, daß man Forschung und Lehre nicht zu weit voneinander trennen sollte.

In meinem Fall hat die Interaktion mit Generationen von intellektuell begabten und wißbegierigen Studenten mit Sicherheit mein eigenes theoretisches Denken und den Erwerb von empirischen Kenntnissen enorm gefördert. Die in diesem Essay erwähnten exzeptionell begabten Doktoranden haben in dieser Hinsicht eine besonders wichtige Rolle gespielt, — in einer beglückenden Anzahl von Fällen auch noch weit über ihre Studententage hinaus.

[68] Es ist vielleicht von Interesse hier zu vermerken, daß ich eine Kantianische Einstellung zum Problem der gesellschaftlichen Ordnung

habe. Sehr weit gefaßt stellte Hume in bezug auf die Epistemologie der empirischen Erkenntnis die Frage, ob gültiges Wissen über die Außenwelt möglich sei und gelangte im großen und ganzen zu einer negativen Antwort. Kant dagegen stellte die gleiche Frage auf komplexere Weise. Zunächst ging er von der Behauptung aus, daß wir de facto gültiges Wissen über die Außenwelt besitzen und fragt dann weiter, wie das möglich ist, das heißt, unter welchen Voraussetzungen. Gleicherweise haben einige Sozialtheoretiker sich gefragt, ob soziale Ordnung möglich sei; oft wurde dies bestritten. Ich meinerseits bin stets davon ausgegangen, daß eine soziale Ordnung, wenn auch noch so unvollkommen, in der Tat existiert und habe dann weiter gefragt, aufgrund welcher Umstände die Tatsache ihres Bestehens zu erklären sei.

[69] Daß dies auch für Marshall gilt insofern als er dasselbe vermutete, es aber in seiner technischen Wirtschaftswissenschaft nicht zu sehr durchblicken ließ, versteht sich fast von selbst. Man könnte sagen, wenn es je einen spät-viktorianischen, „evangelischen" Engländer gegeben hat, so war es Marshall.

[70] Vielfach bin ich von Kritikern beschuldigt worden, ich sei ein fanatischer Verteidiger der gesellschaftlichen Ordnung um jeden Preis, wobei man diesen Preis für gewöhnlich mit Faschismus gleichsetzte. Zum Glück haben einsichtsvollere unter ihnen in der Ordnung ein Problem und nicht einen Imperativ gesehen.

[71] Siehe mein Artikel „The Sociology of Knowledge and the History of Ideas" in Philip Wiener ed., *Dictionary of the History of Ideas*, New York, noch nicht erschienen.

[72] Schon ziemlich am Anfang meiner Dozentenlaufbahn an der Universität Harvard führte ich Vorlesungen in Religionssoziologie ein, die mindestens zwei Jahrzehnte lang beibehalten wurden, später hielt ich sie in Zusammenarbeit mit Robert Bellah.

[73] Wenn ich es wagen darf, mich auf ein altes Neger-Spiritual zu berufen, ohne für einen „Rassisten" gehalten zu werden, so finde ich, daß in dem Satz „there's no hiding place down there" die Situation bewundernswert zusammengefaßt ist. Mit „down there" möchte ich in diesem Kontext die positivistische Auffassung der totalen kulturellen Selbstzufriedenheit der Wissenschaft verstanden wissen, die angeblich keine „tieferen" menschlichen Bezüge zu irgendwelchen Komponenten oder Problemen außerhalb ihrer selbst hat.

[74] Hier werde ich an ein geographisches Erlebnis erinnert, das mir persönlich etliche Male zuteil wurde. Vom Tal von Chamonix aus gesehen ist das Montblanc-Massiv offensichtlich das größte Bergmassiv jener Alpenregion. Begibt man sich jedoch von Chamonix und Umgebung fort, nicht nur nach Genf, sondern noch jenseits der Hänge des Jura, wird die Überlegenheit jenes Massivs erst überwältigend deutlich, — vorausgesetzt das Wetter gestattet die Sicht. Im Vergleich hiermit meine ich, daß meine drei Großen die höchsten „Gipfel" jener „Region" der intellektuellen Leistungen auf einem Gebiet darstellen, das mir in meiner Zeit das wichtigste war. Womit keineswegs die Bedeutung der übrigen in jener Region geschmälert werden soll.

Edward Shils

II. Geschichte der Soziologie: Tradition, Ökologie und Institutionalisierung

Die Soziologie ist heute ein Agglomerat der verschiedensten Sachgebiete, die mehr oder weniger durch ihnen gemeinsame Techniken, gemeinsame Schlüsselworte und Konzentrationen sowie durch weithin geteilte Interpretationen und Lehrmeinungen untereinander verbunden sind. Darüber hinaus kommen sie mehr oder weniger aus einer gemeinsamen Tradition, — eine heterogene Tradition, in der sich gewisse Strömungen stärker abzeichnen als andere, — die sich aber auf die gleichen monumentalen Persönlichkeiten und klassischen Werke gründet. Diese Tradition ist auch in einem Selbstbild lebendig, wonach wer sich heute als Soziologe versteht, einer ins 19. Jahrhundert zurückreichenden Reihe von Autoren verpflichtet ist. Obwohl die Hauptgedanken der modernen Soziologie in Wirklichkeit weit älter sind, betrachten Soziologen sich im allgemeinen als Leute, deren Ahnenreihe nicht viel weiter als ins 19. Jahrhundert zurückreicht.

Das meiste der Soziologie ist nicht wissenschaftlich im anglo-amerikanischen Sinn des Wortes. Sie enthält nur weniges, das sich mit Hilfe allgemein anerkannter Verfahren und auf mehr oder weniger reproduzierbare Beobachtungen gestützt genau nachweisen läßt. Ihre Theorien sind nicht unabdingbar an ihre Meß- und Versuchsdaten gebunden, und sie unterliegen keinen strengen Beweismaßstäben.

Natürlich gibt es in dieser Hinsicht Unterschiede auf den verschiedenen Gebieten der Soziologie; die einen sind wissenschaftlicher als die anderen. Insgesamt jedoch ist der wissenschaftliche Standard nicht hoch. Was jedoch nicht heißt, daß weniger wissenschaftliche Teilgebiete nicht sehr viel substantielles Wissen oder Erkenntnisse kumuliert hätten, die der Berücksichtigung und Betrachtung verdienen. Noch soll das heißen, daß nicht einiges davon, selbst bei seinem derzeitigen geistigen Stand, zur Verbesserung von Politik, Verwaltung und Zivilität im weiteren Sinn beitragen könnte. Es heißt nichts anderes, als daß ein Großteil der heutigen Soziologie nicht in dem Sinne streng wissenschaftlich ist, wie der Begriff Wissenschaftlichkeit heute verstanden wird.

Wie dem auch sei, die Soziologie existiert. Sie hat eine Geschichte, von Soziologen der Gegenwart als die ihre angesehen, wiewohl das Bild dieser Geschichte von Land zu Land wie für die Soziologen bestimmter Länder natürlich jeweils etwas anders aussieht. Sie verfügt über einen rapide anwachsenden Bestand an Werken und wissenschaftlichem Personal, das in akademischen wie in staatlichen Forschungs-, Lehr- und Ausbildungsstätten und beratenden Institutionen tätig ist und ihnen ihre Prägung gibt; ebenso üben Soziologen manche dieser Tätigkeiten in privaten, nicht staatlichen, nicht akademischen Institutionen aus. Für den Bestand an Werken, — mag er auch in bezug auf spezielle Gegenstände und Themen, Beobachtungstechniken und Arten der Analyse und insbesondere der Interpretation heterogen sein, — bleiben einige universell gültige Hauptideen beziehungsweise Auffassungen von der Gesellschaft, einige Grundkonzeptionen oder Bezeichnungen signifikanter Variablen charakteristisch.

Es sind Begriffe wie: soziales System, Gesellschaft, und die sie bildenden Institutionen, soziale Schichtung, soziale Mobilität, Elite, herrschende Klasse, sozialer Status und Rolle, Bürokratie, korporative Organisation, Verwandtschaft, Gemeinde, Geschichte, Tradition, Intellektuelle, Ideologie, Konsensus, Anomie und Entfremdung, Konformität und abweichendes Verhalten, Charisma, das Geheiligte und Rebellion gegenüber Institutionen. Alle diese Begriffe wurden in die Konzeption der modernen Gesellschaft (und deren Variante, der Massengesellschaft) integriert, — eine Konzeption, die sich dadurch definiert, daß sie das Gegenteil einer mal als „folk society", mal als „traditional society", auf deutsch als *Gemeinschaft* bezeichneten begrifflichen Konstruktion entgegengesetzt ist.

Wie ist es hierzu gekommen? Wie kam es zur Entwicklung des geistigen Bestandes der Soziologie, und weshalb hat sie diese spezielle Form nur an bestimmten Orten? Wie ist es dazu gekommen, daß bestimmte Ideen, die man heute als richtunggebend betrachtet, ihre dominierende Stellung erlangten?

Eine der früheren Antworten war, daß die Sozialwissenschaften oder die Soziologie nicht entstehen konnten, ehe die Menschen nicht zu einer genügenden Distanz zu ihren eigenen Angelegenheiten und zu ihren Auffassungen über diese Angelegenheiten fähig waren. Daraus folgte: die Soziologie kann sich erst entwickeln, nachdem die Autorität etwas von ihrer Heiligkeit eingebüßt hat und die traditionellen Glaubensvorstellungen in gewissem Grade in Frage gestellt worden sind. Diese Ansicht wurde von einer Reihe von Autoren, insbesondere von Durkheim und Sombart vertreten. An diesen Ansichten ist etwas Wahres, — aber nicht genug. Der Himmel gehört den Göttern und den religiösen Vorstellungen und jenen, die diese Glaubensvorstellungen im Namen der Götter in ihre Obhut nahmen. Das aber konnte das

Entstehen der Astronomie nicht verhindern. Es mag ihre Entwicklung erschwert haben, vermochte sie aber nicht zu unterbinden. In der westlichen Welt galt der menschliche Körper als eine Schöpfung Gottes, aber auch dies konnte weder das Studium der Anatomie noch die Entdeckung des Blutkreislaufes verhindern. Bereits im alten Griechenland, im alten Rom und im mittelalterlichen Islam, in den Schriften von Aristoteles, Polybius, Thukydides und Ibn Chaldun werden Ideen vertreten, die in der modernen Soziologie wieder auftauchen. Aber dieses Fach wurde niemals in der Weise gefördert, wie die Physik und Mathematik, die sich im 18. Jahrhundert etablierten. Das antike Griechenland, das alte Rom und der mittelalterliche Islam aber waren keine säkularisierten Gesellschaften; ebensowenig waren sie traditionslose Gesellschaften, in denen Autorität und Bräuche ihre frühere Kraft eingebüßt hatten. Daher ist jene Hypothese nicht ganz befriedigend. Indes, an der Hypothese, die Soziologie bedürfe eines kulturellen Nährbodens oder einer kulturellen Situation, deren Anforderungen, was substantiellen Glauben betrifft, nicht so anspruchsvoll seien, daß sie Distanz unmöglich machten, ist etwas Wahres. Ebenso ist etwas Wahres an der Hypothese, daß Soziologie den Verlust des Glaubens an das Eingreifen göttlicher oder magischer Kräfte in menschliche Angelegenheiten voraussetzt. Auch trifft es zu, daß die Soziologie als generalisiertes Wissenssystem von der Gesellschaft in ihrer Freiheit nicht beschnitten werden darf durch eifersüchtige und allgegenwärtige kirchliche oder säkulare Autorität. Diese reagiert meist empfindlich auf potentielle Gefahren, die für sie aus der Formulierung von Überzeugungen resultieren, die nicht mit den ihren übereinstimmen. Diese Bedingungen sind freilich die Voraussetzung für jegliche geistige Aktivität, die sich nicht von vornherein mit der kirchlichen oder weltlichen Autorität in bezug auf Fragen, die diese für entscheidend hält, einigt.

Hiermit will ich sagen, daß eine Schwächung weltlicher und kirchlicher Autorität sowie die Lockerung traditioneller Glaubensauffassungen, die diese Autorität sanktionieren, nur ganz allgemeine Vorbedingungen darstellen. Über die Richtung der geistigen Entwicklung der Soziologie verraten sie uns herzlich wenig, und ebenso wenig darüber, wo dieses Wachstum territorial vor sich geht.

Soziologie, selbst wenn sie nicht streng wissenschaftlich ist, stellt eine geistige Errungenschaft dar. Die Praxis der Soziologie, d. h. soziologische Forschung und soziologische Reflexion, ist eine intellektuelle Betätigung. Als solche bewegt sie sich innerhalb einer geistigen Tradition. Und als solche geht jede soziologische Tätigkeit innerhalb eines traditionellen Rahmenwerks vor sich, auf das sie ihrerseits einwirkt und das sie in einigen wichtigen Punkten merklich modifiziert. Die soziologische Tradition ist selbst heute noch nicht lückenlos kohärent und gültig, was ihre Präsentation betrifft, und war es in ihren früheren Stadien im 19. und 20. Jahrhundert noch weniger. Sie hat ihren Rezipienten eine Vielzahl von Möglichkeiten geboten. Auch ist ein Selektionsprozeß vor sich gegangen. Diese Selektion war eine Funktion der intellektuellen Selbstverständlichkeit, die für jegliche Tradition charakteristisch ist, eine Folge der Exposition durch persönliche Kontakte, die noch durch die institutionelle Konsolidierung gefördert wurde. Die Soziologie ist nicht von Institutionen ins Leben gerufen worden, sondern von einzelnen Soziologen, die von ihrer Fähigkeit zur Beobachtung[1] und Analyse sozialer Situationen Gebrauch machten, die sie innerhalb des Rahmenwerks soziologischer Traditionen schärfer zu erkennen vermochten. Institutionen konzentrieren sich auf selektive Wahrnehmung und Interpretation von Erfahrung und mehren diese. Institutionen begünstigen die Entstehung von Werken, und die Werke werden — mit dem, was sie an Interpretation der sozialen Wirklichkeit enthalten — Teil dieser traditionellen Konzentration. Institutionen sind darüber hinaus auch resonante intellektuelle Umwelten. Durch ihre Institutionalisierung erhalten soziologische Ideen mehr Gewicht im Wettbewerb der Interpretationen sozialer Wirklichkeit.

Institutionalisierung: Unter Institutionalisierung einer geistigen Tätigkeit verstehe ich die relativ enge Interaktion von Personen, die diese Tätigkeit ausüben. Diese Interaktion ist strukturiert; je enger die Wechselwirkung, desto mehr gewährt ihre Struktur Raum für Autorität, die Entscheidungen trifft in bezug auf Ernennung, Zulassung, Promotion und Zuweisung. Ein hohes Maß von Institutionalisierung geistiger Tätigkeit hat zur Folge, daß Lehre und Forschung im Rahmen einer geplanten, systematisch verwalteten Organisation stattfinden. Die Organisation regelt die Zulassung durch Prüfung der Qualifikation, sorgt für eine organisierte Bewertung der Leistung, für Einrichtungen, Gelegenheiten zur Leistung und ihre Belohnung, — zum Beispiel durch Studium, Lehrtätigkeit, Forschungsaufträge, Publikation, Ernennungen und so fort. Ebenso bringt die Institutionalisierung es mit sich, daß sie organisierte Unterstützung und Arbeitsergebnisse von außen erhält und sie nutzen kann. Geistige Tätigkeit braucht jedoch nicht in jeder Hinsicht gleichermaßen institutionalisiert zu sein. Man sollte dessen eingedenk sein, daß geistige Tätigkeit auch bei nur rudimentärer Institutionalisierung sehr fruchtbar sein kann.

Soziologie ist mehr institutionalisiert, wo sie als Hauptfach studiert werden kann und nicht nur als Nebenfach, wo ein spezialisierter Lehrkörper vorhanden ist, wo Möglichkeiten zur Publikation soziologischer Arbeiten in soziologischen Zeitschriften gegeben sind und nicht nur in solchen, die primär anderen Fächern gewidmet sind, wo finanzielle, administrative und logistische Vorkehrungen für soziologische Forschung in etablierten Institutionen getroffen wurden und sie nicht nur auf die privaten Mittel der Forschenden angewiesen ist, wo es etablierte und honorierte Möglichkeiten zur Praktizierung von Soziologie (Lehre und Forschung) gibt und für die Forschungsergebnisse ein „Bedarf" besteht.

Heute gehören die Sozialwissenschaften in den westeuropäischen Ländern und in Nordamerika zu den relativ stark institutionalisierten Studienzweigen, — in Europa vollzog sich diese Entwicklung später als in den USA. Als akademisches Fach wurden sie weit später anerkannt als andere wissenschaftliche Hauptfächer wie Mathematik, Physik, Chemie, Zoologie, Botanik, Altphilologie, Orientalistik, moderne Sprachen und Literatur. Inzwischen haben sie den Abstand jedoch aufgeholt. Auch Soziologen können heute, wenn sie die regulären Lehrgänge absolvieren, einen akademischen Grad erwerben. Man hat Möglichkeiten zur Forschungsausbildung unter Leitung qualifizierter Lehrkräfte geschaffen, oft als Teams, die von Lehrern zusammengestellt und überwacht werden, und die ihre Forschungsberichte zuerst vor Seminaren halten, die diese Arbeiten diskutieren. Man rief — oft unterstützt von wissenschaftlichen Gesellschaften — Zeitschriften ins Leben, in denen qualifizierte Akademiker referierten, und eigens zum Zwecke der Publikation von Forschungsergebnissen auf den einzelnen Gebieten wie auch auf einigen recht spezialisierten Nebengebieten. Neben der Möglichkeit zur Teilnahme an den regelmäßigen Zusammenkünften wissenschaftlicher Gesellschaften, steht durch die Zirkulation von Abdrucken, Memoranden und provisorischen Forschungsberichten, die sich an Praktiker wie auch an Praktikanden der verschiedensten Fächer und Nebenfächer und sogar noch nicht gültig definierter Bereiche wenden, ein ausgedehntes Kommunikationsnetz zur Verfügung. Praktisch all diese Tätigkeiten sind strukturell in Universitäten und Berufsverbänden eingegliedert, die ihrerseits eigenen Impulsen unterliegen.

In der ersten Hälfte des 19. Jahrhunderts jedoch gab es noch kein akademisches Fach „Sozialwissenschaften", wiewohl diese natürlich in den Staatswissenschaften, juristischen Wissenschaften, historischen Randgebieten und der Moralphilosphie ihre institutionellen Vorläufer hatten. Ihre Einführung in die Universitäten, die nur zögernd im letzten Viertel des 19. Jahrhunderts ihren Anfang nahm, wurde erst möglich, nachdem sich eine Reihe von geisteswissenschaftlichen Traditionen zu artikulieren begannen, die bis in die westliche Antike zurückreichten und im 19. Jahrhundert mehr in den Mittelpunkt der Aufmerksamkeit rückten.

Die Kristallisationspunkte für diese Traditionen waren im allgemeinen nicht Universitätsdozenten, oft noch nicht einmal Universitätsabsolventen. Wahrhaftig, selbst die Nationalökonomie, die im Gegensatz zu Soziologie und politischen Wissenschaften relativ früh als „ordentliche" Disziplin instituiert wurde, konnte sich auf dem akademischen Feld nicht behaupten. Den ersten bedeutenden akademischen Beitrag zu diesem Fach leistete Adam Smith, – obwohl die Nationalökonomie nur eines von vier Fächern war, die in seine Zuständigkeit als Professor der Logik, später der Moralphilosophie fielen. (Als 1776 sein Werk *An Inquiry Into the Nature and Causes of the Wealth of Nations* erschien, war er bereits dreizehn Jahre aus dem akademischen Leben ausgeschieden.) Weder Ricardo war Akademiker, noch James Mill, noch der Reverend William Paley, dessen Unterricht in Haileybury nicht als akademisch im strengen Sinn gelten konnte, da jenes Institut eher einer Secondary School als einer Universität entsprach. Der bedeutendste Synthetiker der Jahrhundertmitte, John Stuart Mill, hatte als Rektor von St. Andrews nur ganz am Rande Verbindung zu Universitäten; diese Position war eine rein ehrenamtliche und noch dazu nicht von langer Dauer. Nichtsdestoweniger: Cairness, Senior, Fawcet, Sidgwick und Jevons waren Universitätslehrer, und sobald Alfred Marshall seine ersten akademischen Schritte getan hatte, konnte ein seriöser junger Mann an einigen Orten Großbritanniens eine reguläre Ausbildung auf dem Gebiet der Wirtschaftsanalyse erhalten. Anders war es mit der empirischen Wirtschaftsforschung. Für gewöhnlich wurde sie von Regierungsbeamten, privaten Amateuren und freiwilligen Körperschaften betrieben, vorwiegend als Liebhaberei und nur in minimal institutionalisierter Form. Jedoch bestand selbst auf diesem Gebiet die Möglichkeit, in akademischem Rahmen Anleitung in den Forschungstechniken zu erhalten. Thorold Togers, Professor in Oxford, und Archidiakon Cunningham in Cambridge und am King's College in London waren in der Lage, einem jungen Mann Anweisungen auf dem Gebiet der ökonomischen Forschung in quantitativer Richtung zu geben. Vergleicht man diese Situation mit der in Frankreich, wo nur am *Conservatoire des arts et métiers*, an der *École des ponts et chaussées* und anderen technischen Instituten, die der Vorbereitung auf technologische Laufbahnen dienten, sowie am *Collége de France* (wo es genau gesagt keine Schüler dafür gab) in Ökonomie unterrichtet wurde, und wo sie in Paris erst nach 1870 in den Lehrplan der *Faculté de droit* Aufnahme fand und unter juristischem Ballast beinahe erstickte, so hat man einen der Gründe für die führende Stellung der britischen Nationalökonomie im 19. und 20. Jahrhundert.

Es muß betont werden, daß der Hinweis auf ihre Institutionalisierung keineswegs die einzige Erklärung für die große Überlegenheit der britischen Wirtschaftsanalyse ist. Wesentlich trug dazu bei, daß man in England erfaßte, um welche Probleme es ging, — was zum Teil eine Funktion der vorherrschenden öffentlichen Meinung war. Durch die Berührung mit weltlichen Parlamentsangelegenheiten, mit Untersuchungskommissionen, Regierungsabteilungen sowie mit führenden Politikern und Geschäftsleuten gewannen die Ökonomen Erfahrungen, aufgrund derer sie ihre durch eine reiche Tradition und lebhafte öffentliche Diskussion bereicherten analytischen Fähigkeiten anwenden konnten. Die britischen Ökonomen gingen von einer fruchtbareren Position aus, denn sie analysierten das Gleichgewicht eines Wirtschaftssystems und nicht die wirtschaftlichen Erfordernisse der Regierungen. Letzteres — zum Teil eine Folge der geistigen Tradition, zum Teil bedingt durch die Institutionalisierung der Wirtschaft in der Verwaltung — hemmte die Entwicklung der Nationalökonomie an den deutschen Universitäten, weil sie die Entdeckung des Marktes verhinderte. Die Entdeckung des Marktes und das, was man in der Folge daraus machte, war die große Leistung der britischen Nationalökonomie in den Jahren 1775 und 1875. Und die Einführung des Faches Wirtschaftsanalyse in Universitäten, Regierungsinstitutionen und in der Presse spielte für diese Leistung eine bedeutende Rolle. Obwohl es damals nur zu einer rudimentären Institutionalisierung kam, war sie doch schon weiter fortgeschritten als in irgendeinem anderen Land. Dies steigerte sich noch — das heißt, die Aufmerksamkeit richtete sich auf sie und die intellektuelle Wechselwirkung intensivierte sich — durch das hohe Niveau und die Häufigkeit der öffentlichen Diskussionen in Zeitschriften, Büchern, Untersuchungskommissionen und parlamentarischen Debatten.

In der Soziologie gibt es mehrere bedeutende Gestalten, die dieser Disziplin auch den Namen gaben — ein wichtiger Schritt — und ihren Gegenstand untersuchten. Die bedeutendsten Vorväter waren Auguste Comte und Herbert Spencer. Keiner von beiden war je zu irgendeiner Zeit seiner Laufbahn Mitglied einer Akademie[2]. Tocqueville und Marx, die der Substanz ihrer Lehren nach durchaus qualifiziert sind, in die Ahnengalerie der heutigen Soziologie aufgenommen zu werden, wurden erst jüngst für eine rückwirkende Mitgliedschaft dieser Tradition nominiert. Keiner von beiden war mehr oder weniger Akademiker, als Comte oder Spencer: sie hatten keine Studenten, Assistenten oder Seminare, — es entstanden keine Monographienserien, keine Dissertationen unter ihrer Anleitung[3]. Comte und Spencer stehen am Beginn dieser Tradition, indem sie der Soziologie den Namen gaben und die vagen Grenzen des erst entstehenden Faches absteckten.

Andere Vorväter, — deutsche Historiker und britische und französische Statistiker, — die eigentlich jene Tradition schufen und vorantrieben, aus der die Soziologie, wie sie sich uns heute darstellt, hervorging, sind nicht in dem Maße anerkannt. Sie fielen der Vergessenheit anheim. Nichtsdestoweniger wirken auch sie sich noch aus.

1. Begründer der Soziologie

1.1 Europa: akademische Kultivierung ohne Institutionalisierung

Aus ihrem Einzeldasein während der ersten drei Viertel des 19. Jahrhunderts wurde die Soziologie ein wenig herausgeholt, als die Begründer der Soziologie ihre Vorväter ablösten. Die fünf europäischen Begründer, die zwischen den Vorvätern und der akademisch etablierten Generation unseres Jahrhunderts standen, waren allesamt Akademiker. Indes, nur einer von ihnen wurde mit einem Universitätslehrstuhl für Soziologie betraut.

Ferdinand Tönnies, Privatdozent für Philosophie und später Ordinarius für Volkswirtschaftslehre erhielt erst nach seiner Emeritierung einen Lehrauftrag für Soziologie. *Vilfredo Pareto* unterrichtete nie in Soziologie; fünf Jahre lang, in seinen späten Vierzigern, war er Professor für Nationalökonomie. Auch *Max Weber* war während seiner kurzen akademischen Laufbahn Professor für Nationalökonomie. *Georg Simmel* lehrte die längste Zeit seiner Laufbahn als Privatdozent sowie als außerordentlicher Professor und wurde erst wenige Jahre vor seinem Tod zum ordentlichen Professor ernannt, aber nicht für Soziologie. Der einzige aus der Generation der Begründer der Soziologie, der regelrecht an der Universität beschäftigt war und offiziell Soziologie lehrte, war *Emile Durkheim,* von 1887 bis 1902 Professor für Soziologie und Pädagogik in Bordeaux und danach bis zu seinem Tod im Jahr 1917 Professor der gleichen Fächer unter verschiedensten Titeln an der Sorbonne. Von den Begründern der Soziologie ist es nur Durkheim gelungen, seine Arbeit zu seinen Lebzeiten zu institutionalisieren. Nur er hatte regelmäßig und über einen langen Zeitraum hinweg Schüler und Mitarbeiter. Nur um Durkheim kristallisierte sich etwas wie eine institutionalisierte Soziologie heraus, und zwar weniger durch entsprechende Einrichtungen im Universitätssystem als durch Durkheims eigene organisatorische Initiative und Geschicklichkeit: durch die Gründung der Zeitschrift *Année Sociologique.*

Durkheim folgte dem deutschen Muster: der Ordinarius behandelte den gesamten Stoff selbst, bildete sich in intensiven Diskussionen jüngere Mitarbeiter heran und publizierte die Resultate ihrer aller Arbeit im Organ des Institutes, das vornehmlich den Beiträgen seines persönlichen Kreises vorbehalten war. Einen Unterschied gab es freilich: In Deutschland stellte die Universität die Mittel für das zum Lehrstuhl gehörende Institut; in Frankreich gab es keine solche Einrichtung für Universitätsprofessoren. Ein weiterer wesentlicher Unterschied zwischen Deutschland und Frankreich bestand darin, daß in deutschen Universitäten die im Institut arbeitenden Studenten sich auf das Fach des Lehrstuhlinhabers spezialisierten, ihre Dissertationen darüber schrieben und in bezug auf ihre Habilitation und eine spätere akademische Berufung von der Förderung ihres Professors abhängig waren. Von Beginn des Jahrhunderts an hatte es in Deutschland eine Forschungsausbildung auf akademischer Ebene gegeben; in Frankreich entstand die Möglichkeit zur Forschungsausbildung erst mit der Gründung der *École Pratique des Hautes Études* im Jahre 1868. Doch weder in Deutschland noch in Frankreich wirkte sich dies zu Beginn des 20. Jahrhunderts zugunsten der Soziologen aus. Die Soziologie wurde als Teilgebiet der „humanistischen Wissenschaften" in die EPHE erst nach dem Zweiten Weltkrieg bei der Bildung der *sixiéme section* aufgenommen. Außerdem hatten Leute mit Erfahrung in soziologischer Forschung wenig Aussichten im französischen Bildungs- und Verwaltungswesen. Wer sich mit Soziologie beschäftigte, tat es aus reinem Interesse und nicht, weil er seine Laufbahn darauf aufbauen wollte; denn dies war nur sehr wenigen möglich. Das bedeutete, daß Durkheims Kreis aus geistig hoch interessierten Personen bestand, deren berufliche Möglichkeiten und Wünsche jedoch außerhalb der Soziologie lagen. Solange sie soziologisch arbeiteten, leisteten sie bedeutende Arbeit; wenn sie jedoch erst einmal im eigenen Beruf tätig waren, brachten sie alles in allem nur sehr wenig hervor, das mit Soziologie im engeren Sinne zu tun hatte. Ferner bedeutete es, daß ihre reproduktiven Fähigkeiten als Soziologen gering waren, da nur sehr wenige Lehrer der Soziologie wurden. Denn es gab nur wenige Studenten der Soziologie; und es gab deshalb nur wenige Studenten der Soziologie, weil es so gut wie keine soziologischen Posten gab, auf die sie hoffen konnten.

In Frankreich beruhte also die Institutionalisierung und die daraus resultierende Expansion und Kontinuität der Produktion fast ausschließlich auf der Kraft der Persönlichkeit des einzelnen Lehrstuhlinhabers. Hilfe wurde ihm natürlich durch die Existenz der EPHE und die Abteilung *sciences religieuses* zuteil, die nicht von Professoren beherrscht wurden.[4] Nach Durkheims Hinscheiden entwickelte sich das aus seiner Lehre und seinen Schriften hervorgegangene Werk nicht mehr weiter, und für mehr als ein Vierteljahrhundert verschwand die französische Soziologie als Studium der modernen Gesellschaft praktisch von der Bildfläche. Man hat oft behauptet, daß der Kriegstod der jüngeren Mitarbeiter der

Année Sociologique die Ursache für das Erlöschen der Durkheimschen Richtung gewesen sei, und daran ist etwas Wahres. Meiner Meinung nach spielt jedoch eine gewichtigere Rolle, daß die von Durkheim errichtete institutionelle Struktur ausschließlich auf seiner Person ruhte und nicht in das institutionelle System des französischen Universitätswesens integriert war.

Das Schicksal der Soziologie in Deutschland bestätigt diese Interpretationen. Die drei großen Begründer der Soziologie in Deutschland waren ebensowenig Professoren dieses Faches. Sie hatten keine Möglichkeiten zur Forschung, wie sie im allgemeinen deutschen Universitätsprofessoren zur Verfügung stehen. Sie hatten keine laufenden Seminare zur Anleitung von Studenten in den Forschungstechniken, in denen auch Dissertationen so weit gefördert werden konnten, daß sie veröffentlichungsreif waren. Es bestanden für Studenten nach Beendigung ihrer Ausbildung keine Berufsaussichten — selbst wenn es überhaupt eine formell institutierte Ausbildungsmöglichkeit in Deutschland gegeben hätte. Vor dem Ersten Weltkrieg kannte man an technischen Schulen oder Lehrerausbildungsanstalten keine Professoren für Soziologie. Es gab weder Lehrämter noch Planstellen für Soziologie. Außerhalb der Universitäten bestanden für Soziologen keine Berufsaussichten. Bis 1920 hatten sie keine eigene Zeitschrift, in der sie ihre Arbeiten veröffentlichen und ihre Identität zu definieren vermochten. Infolgedessen kam es nicht dazu, daß auch andere Denker sich mit dem gewaltigen Gedankenpotential der drei deutschen Gestalten, in denen die soziologische Welt heute ihre Begründer sieht, vertraut machten. Die Ideen *Max Webers, Georg Simmels* und *Ferdinand Tönnies'* unterlagen nicht dem für die Entwicklung von Geistesprodukten charakteristischen Prozeß der Neuinterpretierung, partiellen Assimilation und Ausarbeitung. Das dies unterblieb, war eine weitere Ursache des Mißerfolges. Zwar lehrte an der Universität Köln der Ordinarius Professor *von Wiese,* dem es an Studenten, einem Forschungsinstitut und einer Zeitschrift, jenen drei für eine Institutionalisierung so wichtigen Konstituenten, nicht fehlte. Zum Unglück für die deutsche Soziologie jedoch waren von Wieses Ideen nicht entwicklungsfähig. Er befaßte sich primär mit Nomenklatur und Klassifizierung und stellte seinen Studenten keine anderen Aufgaben. Eine Institutionalisierung hätte in diesem Fall nur die Konsolidierung von geistig Sterilem bedeutet.[5]

Einem anderen „Gründervater" sei hier noch kurz Aufmerksamkeit geschenkt: *L. T. Hobhouse,* von 1907 bis 1929 Professor für Soziologie an der London School of Exonomics. Hobhouse hatte ein weitgefächertes Interesse an der vergleichenden Untersuchung.

Die Breite seines Wissens entsprach der Max Webers, und die eine von ihm organisierte große Untersuchung stand bis in jüngste Zeit mit der Integrierung quantitativer Faktoren in die vergleichende Methode allein da. Dennoch wird Hobhouse von den heutigen Soziologen fast völlig ignoriert.[6]

Daß Hobhouse in Vergessenheit geraten ist, läßt sich zum Teil damit erklären, daß seine Interpretation der modernen Gesellschaft für Evolutions-Optimismus gehalten wurde. In der Tat unterscheidet seine Deutung der modernen Gesellschaft sich in vieler Hinsicht nicht so sehr von der Webers oder Durkheims; sie wurzelte ja in den gleichen oder sich überschneidenden Traditionen, die auch die Ideen der Gründer auf dem Kontinent bestimmten. Zu großem Teil aber rührt diese Unterschätzung nach meiner Meinung aus dem sehr geringen Grad an akademischer Institutionalisierung in Britannien. Hobhouse hatte neben Edward Westermarck[7] den einzigen soziologischen Lehrstuhl im United Kingdom inne; und sein Department war das einzige seiner Art. Trotz der Unterstützung des mit Hobhouse sympathisierenden R. H. Tawney war unter den erlauchten akademischen Größen nicht einmal ein informeller Konsensus in bezug auf den Wert der soziologischen Betrachtungsweise gesellschaftlicher Angelegenheiten zu erreichen. (Solch ein Konsensus begann sich erst nach dem Zweiten Weltkrieg zu entwickeln.) Zu Hobhouses Zeiten gab es keine Studenten, die sich mit Soziologie befaßten, um auf diesem Gebiet einen akademischen Grad zu erwerben (so etwas war im Lehrplan der London School of Economics gar nicht vorgesehen), und irgendwelche britischen Jungakademiker, die sich auf Soziologie spezialisierten, scheinen nicht existiert zu haben. Berufungen für das Fach der Soziologie gab es außerhalb der London School of Economics nicht.[8] Die einzige soziologische Zeitschrift jener Epoche, *The Sociological Review*, hatte keine Verbindung zur London School of Economics noch zu irgendeiner anderen akademischen Institution. Inspiriert wurde sie von Patrick Gedds, Victor Branford und Le Play, und sie wäre durchaus entwicklungsfähig gewesen; jedoch lag sie in Händen einer Gruppe von Amateuren, Enthusiasten und Sonderlingen. Für soziologische Forschung bestanden an der London School of Economics keine Einrichtungen. Die große Tradition der empirischen Forschung, die sich in Großbritannien unabhängig von den Universitäten entwickelt hatte, dauerte noch weit über den Ersten Weltkrieg fort, und das Werk kam durch gemeinsinnige Bemittelte und ohne die Hilfe der Universitäten zustande.

Offiziell unterschied sich die Situation nicht so sehr von der in Frankreich bestehenden, doch die starke Persönlichkeit Durkheims, seine Überzeugungskraft und das große Prestige der Sorbonne, — das die Londoner School oft Economics zu jener Zeit nicht besaß, — hatten viel ausgemacht. Wichtiger noch als das geringe Prestige der Londoner School zu Hobhouses Zeiten war die Tatsache, daß es Hobhouse an dem Typ von jungen Mitarbeitern mangelte, der Durkheim an der Sorbonne zur Verfügung stand. Durkheim war in der Lage, junge Gelehrte anzuziehen, die sich auf Folklore, Orientalistik und Völkerkunde spezialisiert hatten, — Fächer, die es an der Londoner School nicht gab. Diese Fächer wurden auf traditionelle Weise am Londoner University College und später an der School oft Oriental and African Studies betrieben, wo sie mit der Soziologie nicht in Berührung gelangten. Es gab nur wenig Promovierte und junge Dozenten an diesen anderen Institutionen, und sie konnten nur Karriere machen, indem sie den Anforderungen ihrer eigenen Abteilungen, die eine deutsch-angelsächsische Struktur hatten, entsprachen. Junge Akademiker dürften sich zu Anfang unseres Jahrhunderts als Altphilologen und Orientalisten kaum von einem Professor an der London School of Economics angezogen gefühlt haben.

Die Tatsache, daß es Hobhouse an Durkheims dynamischer Persönlichkeit und organisatorischem Unternehmungsgeist fehlte, wie auch die, daß Evolutionismus, selbst der vorsichtigere von Hobhouse kultivierte, damals wenig Ansehen in akademischen Kreisen genoß, trug noch dazu bei, jeglichen geistigen Einfluß, den Hobhouse hätte ausüben können, zu unterbinden. Hobhouse hatte einen einzigen — hervorragend begabten — Schützling, Professor Morris Ginsberg, der sein Nachfolger wurde. Doch auch Ginsberg war ein scheuer Mensch, dem es an Durkheims organisatorischer Geschicklichkeit fehlte. Daher hinterließ die vom Kreis um Durkheim geprägte französische Soziologie ein umfangreiches Fundusmaterial an Arbeiten. Von der britischen akademischen Soziologie — der Hobhouseschen Variante eines soziologischen Evolutionismus — verblieb nur das eine Werk über die materielle Kultur „primitiver" Völker.[9]

Die eugenische Bewegung, die nicht akademisch institutionalisiert war, wirkte auf Umwegen stärker auf die britische Soziologie ein, und zwar dank ihres Einflusses auf die Entwicklung ausgeklügelter statistischer Techniken durch Galton, Pearson und Fisher, wie auch durch die kurzlebige Existenz der Department of Social Biology an der London School of Economics in den 1930er Jahren. Auf diese Tradition sind die britischen Untersuchungen der sozialen Selektivität und Mobilität eher zurückzuführen als auf Hobhouse.[10]

1.2 *Amerika: Anfänge der akademischen Institutionalisierung*

An den amerikanischen Universitäten erging es der Soziologie weit besser. In den Vereinigten Staaten wurde sie eher institutionalisiert als irgendwo anders auf der Welt; und an der Universität Chikago wurde sie wiederum eher institutionalisiert als anderswo in Amerika. Die Universitäten Columbia und Yale nahmen etwa zur selben Zeit wie die Universität Chikago die Soziologie in den Lehrplan auf, aber Chikago begann um die Jahrhundertwende darüber hinaus mit Forschung und Lehre, wenn auch nur zögernd. Zunächst war damit nicht viel Staat zu machen. Forschungen wurden nur sporadisch und unzusammenhängend betrieben. Im ersten Jahrzehnt entstanden in Chikago nur kleinere, bruchstückhafte Forschungsarbeiten. Die Universität Pennsylvania (die W. E. B. Du Bois' *The Negro in Philadelphia* auch finanziell unterstützt hatte) und die *Columbia University* blieben in dieser Zeit nicht weit hinter Chikago zurück. Doch von Anfang an war die Atmosphäre an der Universität Chikago für Forschung günstig, das lag zum Teil daran, daß die Universität noch sehr jung war, zum Teil auch an dem Entschluß ihres ersten Präsidenten, diese Universität zu einer „Forschungsuniversität" zu machen (Gilman war bereits in Johns Hopkins im gleichen Sinne vorangegangen), und schließlich an der großen Anzahl von tatkräftigen jungen Professoren, die dem Ideal des forschungszentrierten Seminars der deutschen Universität anhingen. Außerdem gab es hier keine „alte Garde", die eine schleunige Einrichtung eines Department für Soziologie hätten hinauszögern können, da sämtliche Departments neu waren.

Nichtsdestoweniger ging es auch an der Universität Chikago nur langsam voran. Albion Small, befangen im historischen Denken seiner Zeit, sah hierin den Nährboden der Soziologie. Jedoch war ihm klar, daß es noch etwas anderem als historischer Gelehrsamkeit bedurfte; so stand er der Methode der direkten Beobachtung zeitgenössischer Ereignisse positiv gegenüber. Er befürwortete Seminare und „postgraduate" Studien (Promoviertenfortbildung). Henderson, der sich primär für Probleme der städtischen Wohlfahrt interessierte, anerkannte ebenfalls die Notwendigkeit, deskriptiv und analytisch vorzugehen und insbesondere das Leben der Armen, der Einwanderer, der arbeitenden Klassen etc. zu untersuchen. Soziologisches Einfühlungsvermögen, intellektuelle Neugier und die Einsicht, daß Übernommenes nicht ausreicht, brachten ihn zu der Überzeugung, daß neue Forschungsmethoden gebraucht würden. Nichtsdestoweniger setzte sogar W. I. Thomas, ein selbständiger Denker, der als Dritter den vom *Department of Sociology* verliehenen Ph. D. erwarb, seine Arbeit unter dem Einfluß der deutschen „Volkskunde“, Ethnographie und Anthropologie auf die Basis veröffentlichter Quellen fort.[11] Zu direkten Studien und Beobachtungen an Ort und Stelle, zur Auswertung empirischer Ergebnisse ging man erst nach und nach über.

Diese Neuorientierung war in erster Linie W. I. Thomas zu verdanken. Er baute die in Deutschland entwickelte, auf impressionistischen Feldstudien und Befragungen beruhende Volkskunde[12] aus, die nie im Lehrplan einer deutschen Universität unter den Sozialwissenschaften Aufnahme gefunden hatte. In seinem Interesse für die Methode der direkten Beobachtung, die der Gewinnung „menschlicher Dokumente“ dienen sollte, wurde Thomas von Small und Henderson unterstützt. Sie hielten es nicht eines Professors oder der Schüler von Professoren für unwürdig, durch die Straßen zu streifen und sich für das Leben der unteren Schichten zu interessieren, — ein gewaltiger Unterschied zur akademischen Situation in Deutschland. Dort glaubten zum Beispiel sogar ältere Akademiker, die dem *Verein für Sozialpolitik* angehörten und sich demnach für die Lebensbedingungen der arbeitenden Schichten interessierten, es reiche aus, sich durch „Sachverständige“ informieren zu lassen, d. h. durch Angehörige der Mittelschicht, die von Berufs wegen z. B. als Magistratsbeamte, Geistliche, städtische Verwaltungsbeamte, Ärzte und so fort mit den unteren Schichten in Berührung kamen.

Diese Errungenschaft der *Chicago Department of Sociology* scheint auf den ersten Blick keine besondere geistige Leistung zu sein. Dennoch markiert sie den Beginn der empirischen Soziologie, — der Soziologie als potentiell wissenschaftliches, seriöses, relativ institutionalisiertes Fach. Die neue empirische Richtung zeichnete sich noch deutlicher ab, nachdem es Thomas zu Beginn der 20er Jahre gelungen war, Robert Park für die Mitarbeit im Department of Sociology in Chikago zu gewinnen, — der zuvor eine etwas abenteuerliche Existenz als Zeitungsreporter, Student der Soziologie in Deutschland, Assistent für Philosophie an der Universität Harvard und schließlich als Sekretär von Booker T. Washington am *Tuskegee Institute* hinter sich hatte.

Als Zeitungsreporter, am modernen Großstadtleben interessiert, war er bereits mit den von städtischen Behörden und Einzelpersonen erarbeiteten Erhebungen vertraut, deren Ergebnisse die Öffentlichkeit in bezug auf die Lebensbedingungen der Armen in Großstädten alarmieren sollten. Diese Umfrageerhebungen waren die geistigen Nachkommen der amerikanischen „Muckrakers“ (Staubaufwirbler) der Jahrhundertwende wie auch der britischen Untersuchungen des vergangenen Jahrhunderts. Die Erhebungen, die Parks Aufmerksamkeit erregten, waren ohne den Segen der akademischen Soziologie erfunden und durchgeführt worden, und nach Abschluß der Arbeit an ihnen wurden die zu ihrer Durchführung gegründeten Organisationen wieder aufgelöst.

Das Chicago Department of Sociology änderte diese Situation. Obwohl das Department selbst nie Erhebungen der Art machte wie sie in Pittsburgh, Cleveland und Springfield durchgeführt worden waren, übernahm es doch deren Techniken der direkten Beobachtung und Befragung und die quantitative Auswertung der Untersuchungsergebnisse — wenn auch in elementarer Form — in die praktische Ausbildung der Doktoranden.

Außer seinem Interesse an der Technik der Befragung und direkten Beobachtung — zu der die Variante der teilnehmenden Beobachtung gehörte — brachte Park eine genaue Kenntnis der wichtigsten Themen der in Deutschland betriebenen analytischen Soziologie an die Universität Chikago mit. Park hatte Simmels Vorlesungen in Berlin besucht, seine Werke gelesen und bestimmte Aspekte von Simmel übernommen, besonders was die moderne Gesellschaft,[13] und die Beziehungen zwischen Verstädterung, sozialer Differenzierung und Individualität betraf.

Bald nach dem Ersten Weltkrieg brachte diese Kombination Erfolg. Privat finanzierte, nicht-universitäre Gremien, die sich für Rassenbeziehungen interessierten, schufen neue Ausgangspositionen für die Soziologie (zum Beispiel die Carnegie Studies zur „americanization" und der von der Commission on Race Relations in Auftrag gegebene, von Park überwachte, von Charles Johnson erarbeitete Report *The Negro in Chicago*). Organe auf städtischer und kommunaler Ebene, die sich mit Jugendkriminalität befaßten, unterstützten die Forschungen, sorgten für Aufträge und waren auch bereit, Soziologen Einblick in ihre Akten zu gewähren. Obwohl Thomas wegen einer Bagatelle von der akademischen Szene verwiesen wurde, hatten er und Park doch schon eine Forschungstechnik sowie ein grobes Begriffsschema eingeführt, mit denen man die städtischen Phänomene zu erklären vermochte.

Während der 20er Jahre konnte sich dieser Ansatz zu einer institutionalisierten Soziologie etablieren. Im Zentrum stand ein Standardwerk über die Grundprinzipien der Analyse; es gab Fortgeschrittenenkurse, Vorlesungen, Seminare, Prüfungen, persönliche Überwachung kleinerer Feldarbeiten, die als Kurs- und Seminararbeiten eingereicht werden konnten; es wurden Dissertationen unter genauer Kontrolle verfaßt, die dem von Park, Thomas und Burgess entwickelten analytischen Schema folgten. Die Institutionalisierung wurde ferner durch Publikation der wichtigsten Dissertationen in den *Chicago Sociological Series* und durch die Umwandlung des *American Journal of Sociology* in ein Organ für die Forschung der Universität Chikago gefördert. Öffentliche Behörden und die verschiedensten Gremien boten ihre Kooperation bei den Forschungsunternehmen an, und die Universität wie auch private Philanthropen unterstützten es durch finanzielle Beihilfen. Dank des wachsenden öffentlichen Interesses, der Einstellung von Soziologen als Lehrer an Colleges und Universitäten (hauptsächlich im Mittel- und Nordwesten), dank der Gründung eines Berufsverbandes *(The American Sociological Society)*, durch den sich Forum und Publikum der Chikagoer Soziologen vergrößerten und schließlich dank der Sommerkurse der Society for Social Research, die sich überall solidaritätsfördernd auf die Soziologen der Chikagoer Schule auswirkten, vermochte sich das *Department of Sociology* zu entfalten.

2. Unterschiedlicher Grad an Institutionalisierung: Horkheimers und Mannheims ungleiches Schicksal

Die Bedeutung der Institutionalisierung, mochte diese im Deutschland der 20er und frühen 30er Jahre noch begrenzt sein, läßt sich aus dem unterschiedlichen Schicksal ersehen, das den Ideen Mannheims und Horkheimers zuteil wurde, nachdem Mannheim nach England und Horkheimer in die Vereinigten Staaten emigriert waren. Es beweist zugleich die graduell unterschiedliche Institutionalisierung der Soziologie in diesen beiden Ländern.

Mannheim war der originellere und vielseitigere Denker: Er besaß den schärferen Blick für die Gesellschaft seiner Zeit wie auch für ihre speziellen Probleme, und ebenso umfassend war sein Interesse für makrosoziologische Wandlungen. Er hatte mehr Verständnis für die moderne empirische Forschung als Horkheimer; auch hätten sich seine Ideen leichter als konkrete Forschungsaufgaben formulieren lassen. Mannheim hat auch mehr geschrieben, und über spezifischere Themen. Sein Interesse galt insbesondere der infolge der politischen Indifferenz der Intellektuellen bzw. ihrer Parteilichkeit hervorgerufenen Situation seiner Zeit; er untersuchte die verschiedenen Formen von Generationskonflikt und -konsensus sowie ihre Auswirkung auf die Allgemeinheit. Vor allem erkannte er, welchen Einfluß der jeweilige politische Standort auf Denken und historische Konzeptionen hatte. All diese Probleme stehen in engem Bezug zu dringlichen Gegenwartsfragen und eignen sich für empirische Untersuchung. Dennoch hatte Mannheim wenig Einfluß. Dagegen ist Horkheimer in gewisser Hinsicht zu den einflußreichsten zeitgenössischen Denkern zu zählen, was kontemporäre Fragen betrifft. Mannheim war, ehemaligen Schülern zufolge, ein brillanter Lehrer. Doch in Deutschland lehrte er nur vier Jahre an der Universität, und obwohl unter seiner Anleitung eine Reihe interessanter Dissertationen entstanden,[14] waren die Beiträge seiner Studenten in seiner Frankfurter Zeit weder umfangreich noch konzentriert genug, um Aufmerksamkeit zu erregen oder um weitgehende Übereinstimmung zu erzielen darüber, was zu tun sei und wie man vorzugehen habe. 1933 emigrierte Mannheim aus Deutschland und ging an die *London School of Economics*, wo es wie zu Zeiten von Hobhouse und Westermarck nur sehr wenige graduierte Studenten der Soziologie gab, wo man noch keine institutionellen Schritte zur Organisation, Unterstützung und Lenkung der soziologischen Forschung unternommen hatte, wo es kein Publikationsorgan und keinerlei Berufsaussichten für ausgebildete Sozoiologen gab. Schon in den etablierten Fächern hatten sich die Berufsaussichten durch die Weltwirtschaftskrise erheblich vermindert, während sie für junge Absolventen der Soziologie, eines noch im Werden begriffenen Faches gleich null waren. Die Kriegsjahre trugen dann noch das Ihre zur Auszehrung des geringen Bestandes bei. Mitte der 40er Jahre verließ Mannheim die London School of Economics und wurde Professor „of the Sociology and Philosophy of education" am Institute of Education der Universität London. Anfang des Jahres 1947 starb er.

Horkheimers Ideen erging es anders. Seine Gedankengänge waren an sich relativ einfach: die moderne Gesellschaft mit ihrer wachsenden Konzentration von Macht und den immer riesiger und unpersönlicher werdenden Organisationen wirke sich auf die Individualität zunehmend destruktiv aus; der Mensch werde zur manipulierten Marionette. Damit würden Vernunftdenken und die Fähigkeit zu vernünftigem Handeln erheblich reduziert. In vielen Punkten stimmte Horkheimer mit Mannheim überein, obwohl seine Gedankengänge klarer waren; sie lassen aber auch erkennen, daß Horkheimer mit den Fakten der modernen Gesellschaften weniger vertraut war. Innerhalb weniger Jahrzehnte wurde Horkheimer einer der einflußreichsten soziologischen Denker seiner Zeit. Sicherlich hat er sich auf die Entwicklung der Soziologie weit stärker ausgewirkt als Mannheim. Woran lag das?

Horkheimer war insofern im Vorteil, als er die Nachfolge von Professor Carl Grünberg antrat, der ein sehr erfolgreicher Lehrer gewesen war und — bereits vor dem 1. Weltkrieg — die vorzügliche wissenschaftliche Zeitschrift, das *Archiv für die Geschichte des Sozialismus und der Arbeiterbewegung*, herausgegeben hatte. Mitte der 20er Jahre begann Grünberg mit der Publikation der *Beihefte*, einer monographischen Reihe der verschiedenen Themen, die er in seinen Vorlesungen behandelte und die sich im Lauf der 20er Jahre immer mehr ausweiteten. So weit mir bekannt, hielten die gleichen wohlhabenden Förderer ihre in Verbindung mit dem

Lehrstuhl eingegangenen Verpflichtungen weiterhin aufrecht, als Horkheimer die Nachfolge antrat. Der Lehrstuhl erhielt einen anderen Namen, „Lehrstuhl für Sozialphilosophie", und aus dem *Archiv für die Geschichte des Sozialismus...* wurde die *Zeitschrift für Sozialforschung*. Das *Institut für Sozialforschung* hatte schon bestanden ehe Horkheimer den Lehrstuhl und die Leitung der neuen Zeitschrift übernahm. Als Herausgeber zeichnete Friedrich Pollock, doch offensichtlich war Horkheimer der führende Geist bei der Bestimmung der Redaktionspolitik. Das Institut hatte sich bereits durch die Herausgabe einer Reihe von umfangreichen Monographien verdient gemacht, darunter auch das bedeutende Werk des Sinologen und damaligen Marxisten K. A. Wittvogel *(Wirtschaft und Gesellschaft Chinas)* sowie die noch in Arbeit befindliche marxistische Studie des europäischen Denkens von Franz Borkenau *(Der Übergang vom feudalen zum bürgerlichen Weltbild)*. Inhaltlich verlagerte sich der Akzent der Zeitschrift von der Geschichte des Sozialismus und der Arbeiterbewegung auf eine Makrosoziologie stark marxistischer und weniger psychoanalytischer Färbung. Dann startete man ein — international und historisch vergleichendes soziologisches und psychologisches — kollektives Forschungsprojekt, das Fragen der Autorität und der Familienstruktur galt; an diesem Projekt waren viele Mitarbeiter beteiligt, von denen aber jeder selbständig an einem bestimmten Problem arbeitete. Eine weitere Forschungsarbeit über Strafe und soziale Struktur hatte mehr historisch-soziologischen Charakter.

Diese intensive Entfaltung wäre ohne substantielle finanzielle Unterstützung und ohne den mit ihrer Hilfe erstellten institutionellen Apparat nicht möglich gewesen. Als nach Hitlers Machtantritt alle Juden und Sozialisten die Universität verlassen mußten, ging das Frankfurter Institut ins Exil, zunächst nach Frankreich, wo es vorübergehend in dem von Charles Bouglé geschaffenen, der *École Normale Supérieure* angegliederten *Centre de documentation sociale* Gastfreundschaft genoß. Da die Förderer des Instituts anscheinend einen großen Teil ihrer Mittel im Ausland hatten, war Horkheimer in der Lage, mit seinen getreuesten Mitarbeitern in die Vereinigten Staaten zu emigrieren und drüben dann noch andere seiner Mitarbeiter um sich zu sammeln. Anscheinend war es Horkheimers diplomatischer und organisatorischer Geschicklichkeit zuzuschreiben, daß sich das Institut im Rahmen der Columbia University zu etablieren vermochte. Horkheimer wurde als Fakultätsmitglied der *Columbia University* eine Sonderstellung zuerkannt, und so konnte er enge Kontakte mit anderen Universitätsmitgliedern pflegen. Das Institutskollektiv blieb bestehen, die Zeitschrift konnte weiter erscheinen, nunmehr unter dem Titel *Studies in Philosophy and Social Science*. Als die USA in den Krieg eintrat, fanden drei Institutsmitglieder Beschäftigung beim Office of Strategic Services. Unterdessen machten andere Mitglieder ihren Weg als Autoren und akademische Gelehrte. Gegen Ende des Krieges wurde Horkheimer vom *American Jewish Committee* als Forschungsleiter eingestellt, wodurch ihm eine – für damalige Zeiten – beträchtliche Summe für ein umfassendes Projekt zur Erforschung des Antisemitismus zur Verfügung stand. Dies erlaubte die Einstellung einer Anzahl von Instituts-Stipendiaten. Den Vereinbarungen zufolge durfte das Institut bei seiner Untersuchung der amerikanischen Gesellschaft von der eigenen Perspektive ausgehen, die auf einem Gemisch aus Marxismus, Psychoanalyse und patrizischer Verachtung für die Massengesellschaft basierte. Dieser Forschungsansatz wurde mit den Techniken der amerikanischen Sozialpsychologie kombiniert; auch bediente man sich des damals typischen amerikanischen Fachjargons. Franz Neumann und Otto Kircheimer wurden Mitglieder im Government Department der Columbia University und übten beträchtlichen Einfluß auf jüngere Lehrkräfte und graduierte Studenten aus.

Als das Institut nach Deutschland zurückkehrte, brachte es die amerikanischen sozialpsychologischen Forschungstechniken sowie eine eigene Theorie von der Massengesellschaft mit. Unverzüglich begann man mit der Herausgabe einer Reihe von Monographien, die, anders als die historisch-soziologischen Studien aus der Zeit vor den Nazis, auf Feldforschung, Interviews, Stichproben, Gruppendiskussionen usw. basierten. Horkheimer und Theodor Adorno gehörten bald zu den führenden Geistern der Bundesrepublik. Herbert Marcuse, der als „Sowjetologe" am Institute of Russian Studies der Columbia University nur eine kleinere Rolle gespielt hatte, später bei Brandeis und dann in Kalifornien Professor gewesen war, wurde, dank der List der Geschichte, wenn nicht gar ihrer Vernunft, zum intellektuellen Idol der Neuen Linkan. Erich Fromm, der immer wieder vor den Gefahren der Freiheit gewarnt hat, entwickelte sich zum Apostel einer Gesellschaft, die ihr Dasein auf die Liebe und Weisheit des „sozialistischen Humanismus" gründete. Leo Löwenthal erhielt eine Professur an der *University of California* und machte sich bald als einflußreicher Forscher auf dem Gebiet der Massenkunst einen Namen, wobei er sich auf frühe Schriften Horkheimers und Adornos stützte und auf bestimmte von ihnen abgehandelte Themen zurückgriff. In Deutschland wurde dieser Schützling Horkheimers und Adornos zum Hauptvertreter der „kritischen Soziologie" und eine Zeitlang der wichtigste geistige Inspirator des *Sozialistischen Deutschen Studentenbundes.* Karl Wittvogel ging an die *University of Washington* in Seattle, und er, der in seiner Jugend in der Weimarer Republik ein aggressiver Polemiker für den Kommunismus gewesen war, verwandelte sich in einen führenden Anti-Kommunisten und Kenner der chinesischen Geschichte.

Doch die Geschichte des Instituts für Sozialforschung ist nicht nur die Story von einer Katze, die immer auf die Füße fällt. Sie ist ein Zeugnis für die Geschicklichkeit eines gewandten akademischen Administrators, der dank Glück und Förderung das Erbe einer günstigen institutionellen Situation übernehmen konnte und Verbindungen innerhalb *und* außerhalb der verschiedenen Universitäten zu schaffen verstand, dabei aber die innere Struktur des Instituts beibehielt. Es wurde zu jenem Mechanismus, in dem sich einige der einflußreichsten Ideen der gegenwärtigen Sozialwissenschaften entwickelten. Die Lehrmeinung von der Massengesellschaft, von der Entmenschlichung durch Machtausübung und -unterwerfung, von der Rolle der Massenmedien, von der „Machtelite", — sie stammen weitgehend aus dem Frankfurter Institut. Es hat nicht nur die Neue Linke mit den derzeitigen Ideen versorgt, sondern auch Soziologen, die mit dem Institut nichts zu tun hatten, zu reicher Forschungstätigkeit angeregt. Im Gegensatz dazu hat Karl Mannheim, der sich zu Lebzeiten keine Anhängerschaft schaffen konnte, auch nach seinem Tod keine gefunden, — trotz des wiederholten Rufes nach einer Wissenssoziologie.

Dieser Exkurs über das *Institut für Sozialforschung* sollte lediglich dartun, wie wichtig die Institutionalisierung für die Etablierung eines Faches ist. Zwar birgt Institutionalisierung noch keine Garantie für Wahrheit, sie erleichtert aber Konsolidierung, Ausbau und Verbreitung eines Ideensystems. Ebenso wenig ist sie die einzige Determinante für die Aufnahme oder Verbreitung von Ideen. Hierbei spricht wesentlich auch die Überzeugungskraft von Ideen, ihre Brauchbarkeit für die Lösung „interessanter" Probleme und nicht zuletzt das Verhältnis mit, in dem sie zur gegebenen Aufnahmefähigkeit der Rezipienten und deren Denkmustern steht. Auf jeden Fall erhalten potentielle Rezipienten durch eine Institutionalisierung leichter Zugang zu Ideen; sie ermöglicht die Konzentration von Anstrengungen, fördert die Wechselwirkung zwischen Ideen und trägt zu ihrer Kommunikation bei. Sofern sie Aussichten auf eine berufliche Laufbahn schafft, die in der Kultivierung einer speziellen geistigen Tätigkeit besteht, ermöglicht sie auch die Kontinuität ihrer Ausübung als Hauptberuf und bietet somit eine weitere Motivation. Durch das Vorhandensein praktischer oder anderer Berufe, die eine Qualifikation in einer geistigen Disziplin oder in einer Praxis erfordern, entstehen automatisch auch eine Studentenschaft, die notwendigen Lehreinrichtungen und Forschungsmöglichkeiten. Auf diese Weise wirkt sich die Institutionalisierung in der Tat schicksalhaft für Ideen aus.

3. Institutionalisierung der Soziologie und Etablierung akademischer Systeme.

Man kann die soziologische Praxis als den Mittelpunkt mehrerer konzentrischer institutioneller Kreise betrachten. Im Fall Durkheim kam es zur Schaffung einer Institution für die Ausübung soziologischer Tätigkeit, die jedoch nicht ihre voll entwickelte, formal korporative Struktur aufgrund einer ausreichenden Anzahl von Werken erlangte. Durkheim leitete keine Seminare, er diskutierte nur, inoffiziell, mit seinen Schützlingen. Eine korporative Form wurde zwar mit der Organisation und Produktion der *Année Sociologique* und den *Travaux de l'Année Sociologique* erreicht. Der Kreis um Durkheim jedoch bildete eine nur rudimentäre Form der Institutionalisierung. Er hatte verschiedene ad hoc Verbindungen zu anderen Institutionen, zum Beispiel zur *École Pratique des Hautes Études* und zur *École des Langues Orientales*, wo die dem Kreis informell Angehörenden offiziell tätig waren, sowie zum Verleger der Werke des Kreises, Felix Alcan. Durkheim selbst hatte an der Sorbonne einen Lehrstuhl inne und war somit inkorporiertes Mitglied einer akademischen Institution. Jedoch nicht in seiner Eigenschaft als Lehrstuhlinhaber organisierte er die Arbeit seines Kreises. Er schuf ein Vorstadium einer Institution mit lediglich periphären und fragmentarischen Verbindungen zu anderen Institutionen.

Max Webers Tätigkeit als Soziologe war noch viel weniger institutionalisiert. Er hat nie in Soziologie unterrichtet; er überwachte eine Zeitlang eine Reihe von Forschungsprojekten für den *Verein für Sozialpolitik*; er versuchte zwei Forschungsprojekte, eins über die Presse, das andere über Freiwilligenverbände durch die *Deutsche Gesellschaft für Soziologie* zu institutionalisieren (womit er scheiterte); *Wirtschaft und Gesellschaft* entstand im Rahmen einer weltumfassenden Reihe von Handbüchern der Wirtschaft, die der Verleger Siebeck veröffentlichte; Weber selbst gab das *Archiv für Sozialwissenschaften und Sozialpolitik* heraus, in dem der Soziologie freilich nur sehr wenig Raum gewährte wurde. Die Verbindung seiner soziologischen Tätigkeit zu Institutionen war peripherer, fragmentarischer und vorübergehender Natur.

Die soziologische Tätigkeit von Thomas und Park war stärker institutionalisiert: sie erteilten regelmäßigen soziologischen Unterricht im Rahmen eines systematischen Studienkurses, der den Erwerb akademischer Grade zum Ziel hatte; sie überwachten die Forschungsarbeiten von Doktoranden. Sie führten auch selbst organisierte Forschungsprojekte durch, wobei sie Assistenten und Mitarbeiter beschäftigten, und die aus dem Universitätsbudget oder aus externen Mitteln finanziert wurden. Viele ihrer Studenten setzten ihre soziologische Laufbahn als Lehrer für Soziologie oder in der Forschung fort. Thomas und Park hatten planmäßige Universitätslehrstellen inne; sie standen in relativ enger Verbindung zu städtischen und Regierungsbehörden wie auch zu privaten Körperschaften, die an ihren Forschungsergebnissen interessiert waren und sie durch ihr Interesse, durch gelegentliche finanzielle Unterstützung, durch die Unterbringung von Forschern in ihren Organisationen oder durch ihren Beistand ermutigten. In den 20er Jahren gewährten private philanthropische Gesellschaften Zuschüsse für soziologische Forschung, und das *Social Science Research Council* richtete für Doktoranden wie für Promovierte Stipendienfonds zur Förderung der Soziologie ein, einige davon an der Universität Chikago. Während der Weltwirtschaftskrise wurden Soziologen der Chikagoer Schule als Sozialstatistiker in verschiedenen Regierungsdienststellen und Ämtern eingestellt. Insofern bestand also die Chikagoer Soziologie, d. h. die Soziologie Thomas' und Parks, aus einem institutionellen Zentrum, um das sich ein ziemlich dichtes Verbindungsnetz zu anderen Institutionen spannte, die in mehr oder weniger unmittelbarer Verbindung zu den primären Prozessen der Ausbildung und Forschung standen.

Die primäre Institutionalisierung des soziologischen Systems wird also durch die Verknüpfung mit anderen Institutionen, die es umgeben, bewirkt: mit der Universität selbst, mit Stiftungen, durch Unterstützung seitens städtischer Gremien, Regierungsstellen, Firmen und Verlagen. Daß letztere zur Verfügung stehen, hat wichtige Folgen für eine primäre interne Institutionalisierung, denn wenn die Soziologie von arrivierten Institutionen durch Geldmittel und Berufsaussichten und so fort gefördert wird, trägt das zu ihrer Legitimierung bei.

Unsere Betrachtung der Etablierung und Verbreitung der Soziologie und des Einflusses, den dieser Institutionalisierungsprozeß auf die substantielle Beschaffenheit soziologischer Traditionen nimmt, darf sich nicht auf die beginnende Institutionalisierung beschränken. Vielmehr muß man fragen, wie es möglich war, daß die Soziologie sich in den USA zu einer Zeit institutionalisieren konnte, als die europäische Soziologie, obwohl sie bedeutendere geistige Errungenschaften aufzuweisen hatte, es in Europa nicht gleicherweise vermochte.

Dazu muß man den Blick über die soziologische Tradition und die beginnende Institutionalisierung der Soziologie hinaus auf die sozialen Strukturen richten, deren Bildung sie ermöglichten, hemmten oder förderten. Da sind vor allem die akademischen Systeme. In Deutschland war die Schaffung eines neuen Lehrstuhles von der einhelligen Zustimmung der anderen Professoren der Fakultät abhängig, — Rivalen, was Geldmittel und Prestige betrifft, — und ebenso von der Zustimmung des Universitätssenats und des Unterrichtsministeriums. Hatte ein Privatdozent ein neues Fach ins Leben gerufen, so reichte das nicht aus, um es in die Universität einzuführen. Alte Universitäten verfügten über einen bestimmten Etat, und dessen Nutznießer hätten einer Änderung zugunsten eines Faches, das sich noch nicht durch Alter und Leistungen legitimiert hatte nicht zugestimmt. Bei der Gründung neuer Universitäten war man eher zur Zulassung neuer Fächer geneigt. So wurde die Soziologie zum ersten Mal 1919 bei der zweiten Universitätsgründung in Köln wie auch in Frankfurt, dessen Universität eine Privatgründung von 1914 war, eines Lehrstuhls für würdig befunden. Technische Hochschulen nahmen die Soziologie früher in ihren Unterrichtsplan auf als die Universitäten. Die Kultusminister der Weimarer Republik — in der Zeit nach dem 1. Weltkrieg — waren der Soziologie mehr zugeneigt.

Auch die französischen Universitäten waren wie die deutschen recht unbeweglich. Die Oligarchie der etablierten Fakultätsprofessoren und die vom Kultursministerium ausgeübte zentralisierte Kontrolle über das gesamte Universitätswesen verhinderten die Einrichtung neuer Lehrstühle. Auch in England wurde — obwohl es seit 1902 (durch private Stiftung) an der London School of Economics schon einen Lehrstuhl für Soziologie gegeben hatte — ein zweiter erst nach dem 2. Weltkrieg geschaffen.[15] In Oxford und Cambridge brachte man die ganze Frage überhaupt erst nach Ende des 2. Weltkriegs zur Sprache, und auch dann noch legte die Oligarchie der Vertreter etablierter Fächer gegen die Bereitstellung von Geldmitteln für ein so fragwürdiges Fach ihr Veto ein.

In den Vereinigten Staaten unterstanden die Universitäten, anders als in Europa, nicht der zentralisierten Kontrolle, und die Professoren der etablierten Fächer führten nicht an den Universitäten das Regiment. Erstmals instituierte sich die Soziologie in der Ära der autokratischen Universitätspräsidenten. Gelang es einem solchen Präsidenten, das Kuratorium zu überzeugen und so die finanziellen Mittel bewilligt zu bekommen, war er in der Lage, ein neues Department aufzuziehen. Dank der Tatsache, daß finanzielle Unterstützung von privater Seite üblich war und ebenso das Verfahren, zu ihrer Beschaffung selbst initiativ zu werden, erhielten die Universitätsetats eine Flexibilität, die ihnen an europäischen Universitäten fehlte.

Jedoch nicht allein die Verwaltungsstruktur erleichterte die Etablierung in den Vereinigten Staaten. Zu der Zeit, als die Etablierung der Soziologie vor sich ging, bestand im amerikanischen Mittelwesten eine ganz andere kulturelle Situation. (Dort wurde, vor allem in Chikago, Wisconsin, Michigan, aber auch in Indiana, Nebraska und Illinois, die Soziologie zuerst auf den Universitäten eingeführt.) Die intellektuelle Führungsschicht des Mittelwestens stand in ausdrücklichem Antagonismus zur Hegemonie der älteren Universitäten des amerikanischen Ostens. Sie mißtraute dem, was sie als exzessiven Respekt vor der Vergangenheit an den alten Universitäten betrachtete. Im Mittelwesten glaubte man nicht, daß die Wissenschaft degradiert werde, wenn sie sich für zeitgenössische Dinge interessiere, — kurz, im Mittelwesten hatte sich nicht die starre Kruste einer dem Ideal des Vornehmen, Traditionellen verpflichteten, humanistisch-christlich-patriarchalischen Kultur gebildet, die den Universitäten des amerikanischen Ostens das Gepräge gab. Im Mittelwesten wurde die Ranghierarchie nicht so betont; hier herrschte mehr Egalitarismus, mehr Interesse für das tägliche Leben, mehr Verständnis für den kleinen Man und daher mehr Bereitschaft, sich seinetwegen Gedanken zu machen.

Die Intellektuellen des Mittelwestens — Publizisten und akademische Sozialwissenschaftler — waren den Praktiken der Geschäftswelt — Industriellen, Eisenbahnmagnaten und Bankiers an der Ostküste — gegenüber kritischer. Es herrschte Skepsis bezüglich der klassischen Wirtschaftstheorie, auf die sich jene zur Begründung ihrer Aktionen beriefen. Es war im Mittelwesten, wo die vor allem von John R. Commons entwickelte „institutionalistische Nationalökonomie" den Blick dafür schärfte, daß die klassische Wirtschaftstheorie, was die Gesellschaft betraf, vieles noch nicht in Rechnung gezogen hatte.[16] Die Entstehung einer Rechtssoziologie war auch zum Teil dieser Atmosphäre und vor allem Roscoe Pound aus Nebraska sowie Lewis D. Brandeis zu verdanken, der aufgrund seiner Herkunft ein Außenseiter in der dominanten Kultur der gebildeten Klassen des amerikanischen Nordostens war.

Von den kulturellen Verhältnissen im Mittelwesten und an der Ostküste abgesehen, muß noch auf etwas anderes hingewiesen werden: Die Universitäten des Mittelwestens, selbst die schon vor dem Sezessionskrieg gegründeten, begannen erst nach dem Bürgerkrieg geistig zu expandieren. Harvard, Princeton, Columbia, Yale und Pensylvania hatten bereits vor dem Sezessionskrieg eine ausgeprägte Eigenkultur entwickelt; sie waren daher weniger empfänglich für die deutsche akademische Kultur, die bald nach dem Sezessionskrieg in wachsender Zahl von wissenschaftlich ambitionierten jungen Leuten nach Amerika mitgebracht wurde. Im Mittelwesten (besonders in Chikago, Wisconsin und Michigan) öffnete man sich dem deutschen Historismus, einer der Hauptquellen der Soziologie, wie auch der Konzeption von der Universität als Unterrichts- und Forschungsstätte, bereitwilliger als in den älteren Universitäten des Ostens. Jedoch darf man sagen, daß die Kultur der deutschen Universität, aus der Max Webers Soziologie hervorging, — die sich jedoch aufgrund der Struktur der deutschen Universitäten in Deutschland nicht akademisch zu institutionalisieren vermochte, — in der Lage war, nach dem sie eine flexiblere akademische Struktur erhielt, die ihr innewohnenden soziologischen Möglichkeiten zu realisieren.

4. Soziologie und die übergeordnete kulturelle Tradition

In Großbritannien entwickelte sich die Soziologie im Rahmen einer kognitiv orientierten Tradition der Infragestellung von Herrschaft. Von Bacon bis Bentham hatte sich in Großbritannien der traditionelle Glaube herausgebildet, daß methodisch gesammeltes empirisches Wissen der Verbesserung des menschlichen Zustandes dienen könne. Jene großen Staatsmänner, die das System der Sozialberichterstattung förderten, damit es sich auf eine Gesetzgebung im Benthamschen Geist auswirke, waren selbst Erben dieser Tradition. Mit Hilfe von Feldforschungen und Expertenauskünften, durch Fragebögen und die Vorlage der Ergebnisse bei Untersuchungsausschüssen wollte man wissenschaftliche Erkenntnisse gewinnen, die dem Prozeß der Gesetzgebung und der Prüfung ihrer Effektivität zugute kommen sollten. Die alten englischen und schottischen Universitäten teilten diese Auffassungen nicht, und die öffentliche Meinung außerhalb der Universitäten teilte sie nicht weitgehend genug, um auf die Universitäten einwirken und sie zu einer Änderung ihres Denkens veranlassen zu können. So blieb diese Überzeugung in England auf begrenzte Kreise von Politikern, Geschäftsleuten und Administratoren beschränkt.

Anders war die Situation in den Vereinigten Staaten. Dort herrschte nicht nur weitverbreitet der Glaube an den Wert eines aufgeklärten Geistes, an die bessere *Qualität* eines Lebens, das vom Wissen über die Natur und über den Menschen erhellt ist, sondern auch der Glaube an den Wert des Wissens als integralen Teil aller Verbesserungsbemühungen. Die Gründung von *Land Grant Colleges* durch den Staat sowie die großzügige Förderung durch staatliche Gesetzgebung im Mittelwesten erfolgte in diesem Glauben. In Wisconsin wurden wohl früher als anderswo akademische Sozialwissenschaftler zur Mitwirkung an Gesetzesentwurf und -exekutive von Politikern hinzugezogen. Robert Park hatte vermutlich niemals Bentham gelesen; dennoch hielt er die sozialen Erhebungen für einen wesentlichen Teil von Reformbewegungen, und bei seiner Analyse des „kollektiven Verhaltens" pflegte er auf die Rolle hinzuweisen, die der empirischen Forschungsbewegung bei der Mobilisierung der Überzeugung zukommt, daß etwas zur Besserung der Verhältnisse getan werden könne. Diese kognitive Orientierung gegenüber der Organisation politischen Handeln, verbunden mit der untraditionellen Auffassung, daß auch das Wissen über ausgesprochen zeitgenössische Angelegenheiten legitim ist, mehrte die Bereitwilligkeit wohlhabender Einzelpersonen und Organisationen zur Unterstützung der soziologischen Forschung. Dies gab der soziologischen Forschung Grund zur Selbstachtung zu einer Zeit, da ihre geistigen Errungenschaften dafür noch nicht ausreichten.

Das soll nicht heißen, daß der substantielle Inhalt der Soziologie — die sich dank der Unterstützung dieser außerhalb akademischer Kreise herrschenden Einstellung zu etablieren vermochte — hierdurch beeinflußt worden sei. Vielmehr ist damit gemeint, daß es die vorherrschende außer-akademische Geisteskultur war, die zur Institutionalisierung der Soziologie in den Vereinigten Staaten beitrug, und ferner daß der Gegenstand der Soziologie und zu gewissem Grade die soziologischen Techniken — in den USA wie in England — nach Kriterien ausgewählt wurden, die sich aus dieser außer-akademischen Kultur herleiteten. Die Prinzipien der Interpretation jedoch — die Substanz der zentralen Tradition — stammten aus rein geistigen (und intra-akademischen) Quellen.

4.1 *Ökologie: Zentren internationaler Verbreitung der Soziologie*

Die Entwicklung eines Faches oder einer Disziplin schließt sowohl einen Prozeß der Institutionalisierung als auch einen ökologischen Prozeß ein. Intellktuelle Konstruktionen haben auch einen räumlichen Aspekt. Ihre Entstehung und Kultivierung gehen im Raum vor sich; Institutionalisierung findet an bestimmten Punkten statt, und sie erweitert oder vermindert sich territorial wie auch in Richtung umfassenderer oder geringerer Institutionalisierung. Die Institutionalisierung ist einer der Faktoren, der sich auf die Richtung der räumlichen Bewegung von Ideen auswirkt, und ebenso ist sie ein Mechanismus, mit dem Ideen ausgebaut, gefördert oder aber erstickt werden können.

4.1.1 *Deutschland*

Ideen werden sich aller Wahrscheinlichkeit nach in schnellerem Tempo verbreiten, wenn sie sich an ihrem Ursprungsort institutionalisieren können, — ebenso wie sie leichter aufgegriffen, ausgearbeitet und „benutzt" werden, (mindestens zu einem bestimmten Grad) je mehr sie sich am Ort ihrer Rezeption institutionalisieren.[17]

Weber lebte von 1896 bis 1918 in Heidelberg. In Heidelberg entwickelte er seine bedeutendsten soziologischen Ideen. Die meiste Zeit lehrte er dort nicht; sein Einfluß blieb auf persönliche Freunde und seinen „Kreis" beschränkt. Mit Ausnahme von Max Troeltsch griff keiner der etablierten Akademiker Webers Ideen auf. Troeltsch war von 1894 bis 1914 Professor in Heidelberg; während dieser Jahre erschienen seine Werke *Die Bedeutung des Protestantismus für die Entstehung der modernen Welt* und *Die Soziallehren der christlichen Kirchen und Sekten,* deren entscheidende Ideen wiederum Max Weber aufgriff, erweiterte, bereicherte und in der Welt verbreitete.

Vor dem 1. Weltkrieg scheint Weber im übrigen Europa und in den Vereinigten Staaten so gut wie unbekannt gewesen zu sein, — trotz seiner Reise zur Weltausstellung in St. Louis, wo er einen Vortrag in englischer Sprache auf der dort stattfindenden Konferenz hielt. Troeltsch's *Bedeutung. . .* wurde in der Crown Theological Library ins Englische übersetzt, und auch dies geschah unbemerkt von englisch-sprachigen Soziologen. In Frankreich scheint Weber nicht die geringste Aufmerksamkeit gefunden zu haben; Durkheim schrieb eine — ziemlich geringschätzige — Besprechung über Marianne Webers Buch über den rechtlichen Status der Frau *(Ehefrau und Mutter in der Rechtsentwicklung),* aber über Max Weber hat er nie ein Wort verloren. Meines Wissens wurde Max Weber in Frankreich nur einmal erwähnt: in der französischen Übersetzung von Sombarts *Der Bourgeois.* Die führenden Germanisten im Frankreich jener Zeit waren Charles Andler und Lucien Herr. Keiner von beiden scheint Weber irgendwelche Aufmerksamkeit gezollt zu haben. Auch in Italien war Weber unbekannt.[18] Pareto erwähnte ihn nie, und ebensowenig Mondolfo oder Antonio Labriola. Lediglich sein Schützling, Roberto Michels, der 1907 Privatdozent (libero docento) in Turin wurde, befaßte sich in seinen Schriften mit ihm, doch ohne ein Echo hervorzurufen.

Besser bekannt war Simmel in Frankreich. In der *Année Sociologique* erschien eine Übersetzung seiner Monographie *Über Soziale Differenzierung.* Durkheims anfängliche Zustimmung änderte sich jedoch auffallend: sowohl Simmels *Soziologie* als auch *Die Philosophie des Geldes* wurden von Durkheim kritisch rezensiert, und das war für Simmel das Ende, zumindest was die französische Soziologie betraf. In Amerika erschienen im *American Journal of Sociology* verschiedene Essays von Simmel in englischer Übersetzung, und zwar ehe Robert Park nach Chikago kam. Es hätte also an Small gelegen, auf Simmel aufmerksam zu machen, doch in Smalls Werk findet sich keine Spur von Simmels Gedankengut. Erst als Park nach Chikago kam, fanden auch Simmels Auffassungen Eingang in die soziologische Forschung Chikagos. Simmels Einfluß fand seinen stärksten Ausdruck in Wirths *Urbanism as a Way of Life*, und von nun an gehörte er zum Allgemeingut der amerikanischen Soziologie.

Tönnies fand trotz seines Aufenthaltes in England, seiner bedeutenden Schrift über Hobbes Leben und Lehre, seiner Affinität mit Henry Sumner Maine keinen Widerhall in der britischen Soziologie. Durkheim kannte Tönnies' *Gemeinschaft und Gesellschaft*, und obwohl eine gewisse Gemeinsamkeit der Anschauungen zwischen beiden bestand, übte Durkheim auch an Tönnies scharfe Kritik; seine Anhänger machten von Tönnies Ideen keinen Gebrauch. In den Vereinigten Staaten dagegen fanden sie Widerhall in Parks Schriften und Lehre. Wie Simmels Hauptlehrsätze gingen nun auch die von Tönnies in die amerikanische Soziologie ein.

Weber hatte in Heidelberg engen Kontakt mit Heinrich Rickert und Karl Jaspers, jedoch auf den Gebieten der Philosophie und der Psychiatrie; mit Soziologie hatte dies weniger zu tun. In Heidelberg gab es keinen Lehrstuhl für Soziologie, und das von Weber herausgegebene *Archiv für Sozialwissenschaften und Sozialpolitik* behandelte die gesamten Sozialwissenschaften, wobei für soziologische Abhandlungen wenig Raum blieb. Denn Weber teilte die Herausgeberschaft des *Archivs* mit anderen Wissenschaftlern, deren Interesse weniger der Soziologie galt. Sein geselliges Leben verbrachte er im Kreise der verschiedensten Intellektuellen, darunter Philosophen, Juristen und Literaturkritiker; doch Weber stellte sich nie in den Mittelpunkt dieses Kreises, noch organisierte er die literarische Produktion seiner Freunde in der Weise, wie Durkheim es getan hatte.

In der nächsten Generation wurde Webers Ansatz vor allem von Karl Mannheim fortgeführt. Mannheim studierte während der 20er Jahre in Heidelberg, wo er sich in erster Linie für Weber interessierte, von dem er den Begriff der „freischwebenden Intelligenz" übernahm. Auch beteiligte er sich an Marianne Webers Kolloquien. Max Webers Ideen waren im Heidelberg jener Zeit noch immer beherrschend, doch nur in ganz allgemeinem Sinn. Keiner der zahlreichen Professoren und Privatdozenten, die Sympathie und Bewunderung für Webers Ideen bekundeten, hat sie je systematisch zu entwickeln oder anzuwenden versucht. Mannheim machte hier eine Ausnahme[19].

Es waren Webers Gedanken zur Bürokratisierung, von denen Mannheim in seinem Essay *Über die wirtschaftliche Bedeutung des Erfolgsstrebens* ausging und die später im Mittelpunkt seiner

Betrachtungen in *Mensch und Gesellschaft im Zeitalter des Umbaus,* eines im Exil verfaßten und veröffentlichten Werkes, stehen sollten. Ebenfalls von Weber stammte der Begriff des aufgrund seiner angenommenen Verbindung zum Transzendentalen inspirierten charismatischen Revolutionärs, den Mannheim in seinem Essay über die utopische Mentalität *(Ideologie und Utopie)* und noch einmal gegen Ende seines Lebens mit der Entwicklung der Konzeption der „paradigmatischen Erfahrungen" *(The Diagnosis of our Time)* aufgriff.

Auf Mannheims Verhältnis zu Webers Gedankengut wirkte sich der Umstand aus, daß Mannheim erst nach Webers Tod nach Heidelberg kam, daß seine eigenen Ansichten durch die Anerkennung des Marxismus Lukácsscher Prägung einerseits, durch die Einsicht in dessen Unhaltbarkeit andererseits verwirrt waren, und schließlich, daß es angesichts der eben erwähnten in Heidelberg bestehenden Situation an einer systematischen Analyse oder einer differenzierenden Anwendung der wesentlichen soziologischen Theorien Webers fehlte[20].

Als Mannheim nach Frankfurt ging, trat er Franz Oppenheimers Nachfolge an. Den soziologischen Gedankengängen Oppenheimers — der Privatdozent gewesen war und nach fast zwanzigjähriger medizinischer Privatpraxis eine Professur erhielt —, die er in einem umfänglichen achtbändigen Werk niedergelegt hatte, war kein Fortleben beschieden. Mannheim brachte Max Webers Lehre nach Frankfurt.

Die Vorstellung von der Massengesellschaft entstand in den 30er Jahren und wurde von Mannheim, Horkheimer und Lederer gemeinsam entwickelt. Eine ihrer geistigen Wurzeln bestand in der patrizischen Tradition der deutschen „Bildungsschicht" mit ihrer Verachtung der bourgeoisen Kultur, eine andere in der Erfahrung der nationalsozialistischen Bewegung während der letzten Jahre der Weimarer Republik. Diese Vorstellung beruhte weitgehend auf Mannheims Interpretation der Weberschen Konzepte — der Bürokratisierung und des charismatischen Führers in Mannheims *Mensch und Gesellschaft im Zeitalter des Umbaus,* — eine der ganz seltenen deutschen Arbeiten, die den Stempel von Webers Ideen tragen. Auch Lederers Abhandlung über die Massengesellschaft hatte seine geistigen Wurzeln in der von Weber geprägten Atmosphäre in Heidelberg, wo Lederer Privatdozent war, bevor er nach Berlin ging.

Im übrigen haben sich Max Webers Ideen recht wenig auf die deutsche Soziologie ausgewirkt. Einige Werke über die Angestellten wurden offensichtlich von Webers „Bürokratismus" inspiriert, obwohl dies meiner Meinung nach lediglich bei Hans Speier eindeutig der Fall ist. (Speier war ein Schüler von Mannheim).

Die Professoren der Soziologie in Deutschland der Weimarer Republik – Vierkandt, Rumpf, von Wiese, Geiger, Freyer, Meusel, Dunckmann u. a. – waren insofern typische deutsche Professoren, als sie mit ihresgleichen rivalisierten. In der Mehrzahl schrieben sie Bücher über „Prinzipien", die weitgehend Variationen des einen Themas *Gemeinschaft und Gesellschaft* (Tönnies) waren. Von Webers Werk machten sie wenig Gebrauch. Indes unterschieden sie sich vom klassischen Typ des deutschen Professors dahingehend, daß sie nichts eigenes von Bedeutung hervorbrachten und keinen Nachwuchs heranbildeten. Albert Salomon, Professor an einem Lehrerseminar und Bewunderer Max Webers, hinterließ keine Wirkung und keine Anhängerschaft. Paul Honigsheim hatte ebenfalls eine einflußlose Position inne.

So verschwand Max Weber aus der deutschen Soziologie, und das in einem Jahrzehnt, in dem etliche Lehrstühle für Soziologie an Universitäten und technischen Hochschulen geschaffen wurden. Ein Außenseiter – für Heidelberg und Deutschland – war es, der mehr für die Wiederbelebung der soziologischen Ideen Webers tun sollte, als irgend jemand anders. Talcott Parsons, der sich in *Amherst College* unter Walton Hamilton mit dem Studium der institutionellen Grundlagen der Wirtschaft befaßt hatte, verfügte über größere analytische Begabung als seine älteren Zeitgenossen. Er erkannte sogleich, daß Sombart der antitheoretischen Einstellung des amerikanischen „Institutionalismus" eine differenziertere Form gab und auch, daß es Weber gelungen war, den gültigen Intentionen des Institutionalismus Gerechtigkeit widerfahren zu lassen, ohne dabei seinen Fehlern zu verfallen. Parsons' Heidelberger Dissertationen über den Kapitalismus in den Schriften Sombarts und Webers war die erste einer Reihe von Publikationen, die auf Max Webers geistigen Errungenschaften fußten und sie erweiterten.

Nach seiner Rückkehr in die Vereinigten Staaten erhielt Parsons eine Tutorenstelle für Wirtschaftslehre an der Universität Harvard; Soziologie gab es damals in Harvard noch nicht. Die institutionellen Verpflichtungen, die sein Tutorenamt mit sich brachte, nötigten ihn, sich noch gesondert mit Ökonomie im Economics Department zu befassen, das sich dank der Anwesenheit von Joseph Schumpeter und F. W. Taussig einen Namen gemacht hatte. Das Studium der Marshallschen Volkswirtschaftslehre brachte Parsons dazu, Marshall und Weber in ein gemeinsames Kategorienschema einzuordnen, was ihm ermöglichte, die jeweiligen Charakteristiken zu erkennen. Pareto wurde ihm von Lawrence J.

Henderson nahe gebracht, der von Haus aus ein hervorragender Physiologe und eine der bedeutendsten Persönlichkeiten der Universität Harvard war, ein Mann, der über lebhafte intellektuelle Wißbegier und beträchtliches Selbstvertrauen verfügte. Henderson leitete nämlich ein Jahr lang ein Seminar über Paretos Soziologie. Parsons Interesse an Durkheim wurde noch intensiviert durch seinen Kontakt mit dem Team der Western Electric Research Group an der Universität Harvard – Elton Mayo, T. N. Whitehead und F. H. Roethlisberger –, die sich insbesondere der Untersuchung der „Anomie" als einem der wichtigsten „menschlichen Probleme der industriellen Zivilisation" widmeten.[21]

Keineswegs alle Begegnungen mit geistigen Traditionen kommen auf dem Wege solcher persönlichen Kontakte zustande, wie sie die Zugehörigkeit zu einer großen, differenzierten Institution mit sich bringt. Traditionen lassen sich auch bei nur minimaler Institutionalisierung feststellen. Daß Parsons sowohl Durkheim als auch Pareto mit ins Spiel brachte, hob deren Gegensätzlichkeit wie auch Einmaligkeit hervor und enthüllte ihre verbindenden Elemente.

Aus dieser Synthese entwickelte Parsons eine Reihe von Themen, die er in dem Vierteljahrhundert nach Erscheinen seines Werkes *The Structure of Social Action* vielfältig abhandeln sollte. Eines dieser Themen war die Behauptung der Bedeutung des Wert-Konsensus als eine Hauptvariable neben individuellen und gemeinschaftlichen Zielen einschließlich der Definitionen von „Interessen". Dieses Thema wurde mit einem anderen verknüpft: der Bedeutung der Anschauungen über die Legitimität der Autorität in der Gesellschaft als Regulator bei den ständigen Konfliktmöglichkeiten zwischen Parteien mit gegensätzlichen Interessen. Ein weiterer Themenkreis, der sich auf Kategorien zur Beschreibung des Handels bezog, wurde durch Parsons Untersuchung über den Arztberuf gefördert und zu einer Analyse der Berufe in der modernen Gesellschaft ausgebaut. Sie brachte – einige Jahre nach der Veröffentlichung von *The Structure of Social Action* – eine Spezifizierung der Merkmale des Berufsethos der höheren Berufsstände.

Hierbei ging Parsons von Tönnies' Konzept der „Gemeinschaft" aus, die von den meisten Autoren als totale Antithese der „Gesellschaft" (die zu dem mit der modernen kapitalistischen Gesellschaft gleichgesetzt wurde) verstanden worden war. Weber hatte seinerzeit zwar die Tönniessche Dichotomie übernommen, sie jedoch nie auf ihre Komponenten hin analysiert. Parsons ging nun einen Schritt weiter, indem er das Konzept „Gemeinschaft" und „Gesellschaft" völlig in seine Komponenten auflöste, was er stufenweise tat und in seinem Werk *Towards a General Theory of*

Action „vollendete".[22] Hier entwickelte er das Schema der Orientierungsalternativen („pattern variables") das eine systematische Aufteilung in fünf Entscheidungsalternativen erlaubt: *„affectivity"* — *„affective neutrality"* (unmittelbare Befriedigung oder Disziplin); *„diffuseness"* — *„specifity"* (allgemeine oder spezielle Bedeutung); *„particularism"* — *„universalism"* (gefühlsmäßig-subjektiv, nur an der unmittelbar gegenwärtigen Situation orientiert oder rational und vorausschauend); *„collectivity orientation"* — *„ego-orientation"* (Kollektiv- oder Eigeninteresse) und *„ascription"* — *„achievement-orientation"* (vorgegeben Qualität oder Leistungserwartung).* Dieses Schema ist eine Weiterentwicklung der substantiellen Ideen Max Webers.

4.1.2 *Frankreich*

Bald nach Durkheims Tod waren seine soziologischen Konzeptionen, was ihre Anwendung auf die moderne Gesellschaft betraf, in Frankreich vergessen. Georges A. Davy, der Anfang der 20er Jahre eine bedeutende Abhandlung in Durkheimschen Sinn verfaßte, ging in die Universitätsverwaltung und erhielt erst 1944 einen Lehrstuhl für Soziologie an der Sorbonne. (Wäre Soziologie schon in den 20er und 30er Jahren an den Universitäten gelehrt worden, dann hätte Davy als hoher Beamter in einer entscheidenden Position die Institutionalisierung der Soziologie fördern können. Unglücklicherweise gab es praktisch nichts, was zu fördern gewesen wäre.) Auch Célestin Bouglé wurde Verwaltungsbeamter und befaßte sich nicht mehr mit Soziologie. François Simiand war als Regierungsbeamter tätig und wurde erst spät in seinem Leben Professor — für Geschichte der Arbeit. Marcel Granet blieb ein treuer und kreativer Durkheim-Anhänger und war ein bedeutender Sinologe und Soziologe, lehrte jedoch nur Sinologie; Studenten der Soziologie hatte er keine. Marcel Mauss bekam als Religionssoziologe schon früh einen Lehrstuhl für Religionsgeschichte der „primitiven" Völker, übernahm später die Leitung des Ethnologischen Instituts der Sorbonne und las zusätzlich am Collège de France. In keiner dieser Eigenschaften hatte er Studenten, die sich der Soziologie als allgemeiner Theorie der Gesellschaft oder dem Studium der modernen Gesellschaft widmen wollten. Durkheim hinterließ eine Reihe von hervorragenden Schülern, die sich aber lediglich auf Randgebiete der Soziologie spezialisierten. Da aber die Soziologie kein institutionalisiertes Zentrum hatte, blieben die Er-

---

* Nach U. Schlottmann, *Primäre und sekundäre Individualität*, Stuttgart 1968. A. d. Ü.

rungenschaften verstreut. Es kam zu keiner Konsolidierung und damit auch nicht zu soziologischem Nachwuchs.

Lediglich Maurice Halbwachs setzte als Soziologe die Durkheimsche Tradition mit der Untersuchung der modernen Gesellschaften fort. Doch von seinen eigenen Arbeiten abgesehen, kam nur wenig hinzu. Was war der Grund dafür, daß Halbwachs keine Schule gründen konnte, die jene auf Durkheim zurückgehenden Traditionen ausbaute und vertiefte? Halbwachs verfügte über ein enorm vielseitiges Wissen — vielseitiger vielleicht als Durkheims —, über gewaltige Arbeitskraft und viel technisches Geschick; er war geistig beweglicher und subtiler. Doch ging aus seinem Werk nichts hervor, das von jüngeren Soziologen aufgegriffen worden wäre und zur Entwicklung der Soziologie beigetragen hätte. (Natürlich bleiben seine eigenen Werke nach wie vor Marksteine auf dem Weg der Soziologie.)

Die Beantwortung dieser Frage scheint mir nicht allzu schwer Halbwachs lehrte an der Universität Straßburg, die zwar angesehen war, doch nicht so berühmt, daß aus ganz Frankreich die besten Studenten herbeigeströmt wären. Halbwachs war der einzige Soziologe in Straßburg. Meines Wissens war er niemals Doktorvater; dieses Privileg blieb den Professoren der Pariser Universität vorbehalten. Er konnte keine jüngeren Kollegen um sich scharen. Es fehlte hier diesem feinsinnigen, hochintelligenten Mann, der die Durkheimsche Tradition — keineswegs blind ergeben und unkritisch — fortführte, an der ausreichenden Qualität und Quantität von jungen Leuten, denen er seinen Stempel aufprägen konnte. Der ihn umgebende Kreis von Intellektuellen war nicht groß genug; die erforderliche institutionelle Ergänzung in Gestalt von Studenten, die sich auf Soziologie spezialisierten, von Doktoranden, Forschungsprojekten, Assistenten oder eigene Zeitschriften standen ihm nicht zur Verfügung.

Natürlich hätte Durkheims Einfluß in frei schwebender Form überleben können. Nicht immer brauchen geistige Strömungen im Rahmen von Vereinigungen durch apostolische Nachfolge weitergeleitet zu werden. Einflüsse müssen nicht unbedingt institutionell vermittelt oder in Forschungsarbeiten und Publikationen unter Anleitung und in Zusammenarbeit wieder aufgegriffen werden. Die Durkheimsche Tradition hat sich jedoch nicht auf die Weise geltend machen können, in der literarische Traditionen üblicherweise Einfluß erlangen: solche Arbeiten werden im allgemeinen mit unbestimmtem Ziel in die Welt gesetzt, je nach Vorliebe oder Neigung eines Empfängers hier oder dort aufgegriffen, ohne die unterstützende Disziplin systematischer und von Autoritäten beaufsichtigter Studien und ohne die Hilfestellung von Kollegen, deren kritische Anerkennung die eigene kritische Übernahme erleichtert.[23]

Wenn grundlegend neue Ideen, für die es noch keine universell akzeptierte Symbol- oder Fachsprache gibt, über die nationalen Grenzen hinausgelangen sollen, so dürfen sie nicht durch Sprachbarrieren behindert werden oder zumindest sollte es viele Übersetzungen geben. Ferner muß sich eine starke Persönlichkeit finden, wie im Fall Parsons, die sich in die fundamentalen Ideen vertieft und imstande ist, Neuerungen mit Hilfe von Institutionen oder nur kraft eigener Geistesstärke in einer neuen Umwelt lebendig zu halten.

Durkheims Ideen breiteten sich nur wenig aus, da niemand für ihre Verbreitung sorgte. Ziyâ Gökalp brachte sie in die Türkei, was sich jedoch als Sackgasse erwies, denn Gökalp, obwohl er in Saloniki Soziologie lehrte und an der Universität Istanbul einen Lehrstuhl für Soziologie erhielt, gehörte nicht zu den starken geistigen Persönlichkeiten; ihm ging es in erster Linie um die Legitimierung des türkischen Nationalismus und die Modernisierung der Türkei und weniger um soziologische Forschung. Auch hatte er keine Studenten, die Forschung betreiben wollten. Und hätte es sie gegeben, würden sie keine beruflichen Aussichten gehabt haben. Ebenso war in der englischen Soziologie vor dem 2. Weltkrieg nicht von einem Einfluß Durkheims zu spüren. Durkheim ist meines Wissens Anfang des Jahrhunderts einmal in England gewesen und hat dort einen Vortrag vor der *Sociological Society* gehalten, der lediglich der Rechtfertigung der Existenz von Soziologie diente. Die Kürze seines Besuchs, die Belanglosigkeit seines Themas und das Fehlen von aufnehmenden Institutionen schufen keine Voraussetzung für die Verbreitung der Durkheimschen Lehre. Damals war Soziologie in England noch kein Universitätsfach, sondern nur etwas für Laien, die an Eugenik, Evolutionslehre und den Lebensverhältnissen der Armen interessiert waren. In Durkheims Lehre gab es nichts, das eine unmittelbare Verbindung oder Wechselbeziehung zu diesen Fächern ermöglicht hätte.[24]

Ebenso wenig zeigten die Deutschen Interesse an Durkheims Konzeptionen. Diese wurden der deutschen Öffentlichkeit durch die Arbeiten von Squillace und P. A. Sorokin, die einen Überblick über die zeitgenössischen soziologischen Theorien vermittelten, wie durch die Dissertation eines Rumänen, Georges Marica, unterbreitet. Da die deutschen Soziologen schon Weber wenig Aufmerksamkeit geschenkt hatten, war es nicht zu erwarten, daß sie sich für Durkheim begeistern würden. Deutschland kam denn auch als Ort, an dem sich Durkheims Einfluß entfalten konnte, wahrhaftig nicht in Betracht. Vor dem 1. Weltkrieg war Deutschland der akademische Mittelpunkt der Welt gewesen.

Deutsche Wissenschaftler jener Zeit gaben sich, nach ihren eigenen obskuren Maßstäben, zwar durchaus aufgeschlossen. Aber praktisch waren sie kaum bereit, sich mit wissenschaftlichen Anstößen aus dem Ausland ernsthaft zu beschäftigen – außer vielleicht in der Beschäftigung mit dem Islam oder der Mathematik. Das galt auch für die Auseinandersetzung mit der Soziologie. Deutsche Gelehrte fanden keine akademische Anerkennung auf diesem Gebiet, obwohl Weber, Simmel, Troeltsch, Tönnies und Sombart sich doch sehr verdient gemacht und sogar die deutsche Staatsangehörigkeit aufzuweisen hatten. Warum sollte man da ernstlich auf die Schriften eines Franzosen eingehen? Zu all dem wirkten sich noch die gespannten politischen Beziehungen zwischen Frankreich und Deutschland aus.

4.1.3 USA

Bis 1914 stand die amerikanische Soziologie unter dem Einfluß deutsch inspirierter Ethnologen und Völkerkundler, – W. G. Sumner zum Beispiel. Sie schickte sich an, die großstädtische Massengesellschaft zu entdecken, worin ihr bisher lediglich Charles Booth, Seebohm Rowntree, die vergessenen französischen Ermittlungen über *les classes dangereuses* wie auch die britische Armengesetzgebung und Gesundheitsfürsorge vorausgegangen waren. Mit Theorie wußte man nichts anzufangen. (Die Untersuchungen von Halbwachs aus der Vorkriegszeit über das Entstehen von Bedürfnissen in den arbeitenden Klassen wurden und werden noch heute von amerikanischen Soziologen weitgehend ignoriert.) Es gab nur zwei amerikanische Soziologen, die Durkheims Einfluß vor dem 1. Weltkrieg hätten aufnehmen können, und für die er wichtig gewesen wäre. Der eine war William I. Thomas, der jedoch aufhörte, sich mit europäischer Soziologie zu befassen, sobald er sich in seine große Untersuchung über die Anpassung polnischer Einwanderer an ihre amerikanische Umwelt vertiefte.[25] Soweit mir bekannt ist, wußte Thomas nur wenig über Durkheim; sicherlich aber betrachtete er ihn nicht als mögliche Quelle für seine Konzeptionen, obwohl er in Wirklichkeit mit Durkheim vieles gemein hat.[26]

Der andere war Robert Park. Er hatte in Straßburg, Heidelberg und Berlin bei Windelband und Simmel studiert, deren Kenntnis Durkheimscher – und Weberscher – Ideen dürftig war, und die ihnen gegenüber indifferent blieben.[27]

Ein Ph. D. der Columbia University namens Gehlke, später Professor an der Ohio State University, schrieb eine Dissertation über

Durkheim, in der es hauptsächlich um die Definition der „sozialen Tatsache" ging, substantielle Fragen aber kaum berührt wurden. Durkheims Ideen wurden 1916 von Alexander Goldenweiser negativ beurteilt, was seine Akzeptierung in den USA erschwerte. Es war in der Tat Professor Parsons, der Durkheims Hauptprotagonist in den Vereinigten Staaten werden sollte. Elton Mayo bestärkte ihn hierin.[28]

Robert Merton, der sich während seines Studiums bei Parsons und Sorokin zuerst mit Durkheim befaßte, hat wahrscheinlich am meisten zur Verbreitung eines Elementes der Durkheimschen Analyse der modernen Gesellschaft, der Analyse der Anomie nämlich, beigetragen. Dieses Thema, die Erhellung dieses Phänomens und seiner Komponenten, wurde von einer Reihe von anderen Forschern aufgegriffen, darunter von seinem Harvarder Kollegen Leo Srole. Wie das Charisma gehörte von nun an auch die Anomie zum festen Bestand der amerikanischen Soziologie.

4.1.4 England

Die bis 1914 relativ wenig institutionalisierte Struktur der englischen Soziologie ließ eine Vielfalt von kurzlebigen soziologischen Richtungen entstehen. Einige, so die eugenische, sollten in der Folge wegen ihrer verfeinerten statistischen und anthropometrischen Methoden von der amerikanischen Soziologie übernommen werden und ihr kräftigen Auftrieb geben, was später die Welt der Soziologie im allgemeinen bereicherte; auch wirkte sie sich, zwar in geringerem Maße, doch noch beträchtlich auf die Erforschung der sozialen Mobilität aus. (Auf beiden Gebieten war Francis Galton der große Vorläufer.) Jedoch wurden sie nicht unmittelbar in Amerika übernommen. Weit wichtiger war die von Booth und Rowntree entwickelte *Social Survey* Methode (Sozialerhebung), die sichtlich die Technik der amerikanischen Umfrage veränderte, — obwohl die akademische Soziologie in Amerika erst nach dem 1. Weltkrieg zur Methode der Stichprobenerhebung überging. Die erste große, in Amerika durchgeführte Sozialerhebung war die Middletown Studie (von R. und H. M. Lynd), und von den 30er Jahren an zog diese Technik aus der Entwicklung der öffentlichen Meinungsumfragen außerordentlichen Gewinn. Robert Park machte sich ihre Lehren zunutze und paßte sie den finanziellen Gegebenheiten bei der Forschungstätigkeit vor Doktoranden an der Universität Chikago an.

Die sich teilweise von Spencer herleitende evolutionistische Soziologie fand in den Vereinigten Staaten, von W. G. Sumner und den frühen Arbeiten W. I. Thomas abgesehen, keinen Widerhall.

Untersuchungen über die Familie, die sich vor allem mit der Desintegration der Familie befaßten, wurden nicht von Westermarck beeinflußt. Vielmehr rühren sie aus der Tradition der englischen Sozialerhebung her, deren Interesse hauptsächlich den sozialen Verhältnissen der Armen galt. Auch zeigen sie Einflüsse der von Friedrich Engels initiierten Untersuchungen des deutschen Lebensstandards.

4.1.5 Zentrum und Peripherie

Ende des neunzehnten Jahrhunderts waren England, Frankreich und Deutschland auf dem Gebiet der Soziologie führend. Auf dem akademischen Sektor des geistigen Lebens hatte Deutschland den Vorrang. Die Soziologie, unter den wissenschaftlichen Disziplinen akademisch am wenigsten institutionalisiert, war nicht in der Lage, anderen Ländern *aktiv* viel zu bieten. International betrachtet waren ihre Traditionen freischwebend, und es kann daher nicht überraschen, daß jedes dieser Länder handelte, als ob die anderen auf soziologischem Gebiet kaum existierten.[29]

Im Gegensatz dazu gingen die Soziologen der Vereinigten Staaten in Europa und vor allem in Deutschland in die Lehre. Dieses Verhältnis kehrte sich im Lauf der Zeit um. Die amerikanische Soziologie rückte ins Zentrum, die europäische nahm eine periphäre Stellung ein. Der stärkere Grad an soziologischer Institutionalisierung in den Vereinigten Staaten, deren umfangreiche soziologische Produktion, der Aufstieg Amerikas in eine akademisch zentrale Position (wie auch die größere Macht und Bedeutung der Vereinigten Staaten außerhalb der geistigen Sphäre) und schließlich die Entstehung einer gewissermaßen internationalen soziologischen Kultur trugen ihr Teil zur Richtungsänderung des ökologischen Prozesses bei.

Dieser Prozeß wurde durch die zunehmende Institutionalisierung der soziologischen Lehre und Forschung in Europa begünstigt. Institutionalisierung vermehrt die Aufnahme und die Ausstrahlung gleicherweise, ebenso die Wechselwirkung zwischen den Ländern wie auch die innerhalb der Länder. Nachdem die Soziologie ihre Repräsentanten in ihrer Freiheit eingeschränkt hatte, zu glauben was sie wünschten, und als soziologisch zu bezeichnen, was sie dafür hielten, konnte es nicht ausbleiben, daß der Einfluß Amerikas zunahm. Schon allein die Organisation von Lehrkursen erforderte Lehrprogramme und -bücher, und damit wuchs die Wahrscheinlichkeit, daß man von der umfangreichen amerikanischen Literatur Gebrauch machen würde. Natürlich hatte auch die von 1933 bis Ende der 40er Jahre dauernde Unterbrechung der Entwicklung der Soziologie in Deutschland ein Vakuum in der deutschen soziologischen Literatur entstehen lassen, in das die amerikanische Literatur dann einrückte. (Hierzu trug auch die Besetzung großer Teile Westdeutschlands durch die Amerikaner und die dadurch erleichterte Beschaffung amerikanischer soziologischer Publikationen ihr Teil bei.) Doch während die soziologische Lehre sich in Deutschland in weitem Bereich institutionalisierte, widerfuhr der soziologischen Forschung nicht das gleiche Geschick. Infolgedessen ist der Anteil der empirischen Forschung an der gesamten Produktion relativ klein. Auffallend dagegen ist der Gegensatz zwischen den sehr umfangreichen Kenntnissen der Deutschen auf dem Gebiet der amerikanischen Forschung und dem geringen Umfang der eigenen deutschen soziologischen Forschungstätigkeit. In Deutschland enthalten soziologische monoprahische Reihen wie beispielsweise die *Göttinger Abhandlungen zur Soziologie, Frankfurter Beiträge, Bonner Beiträge zur Soziologie, Soziologische Gegenwartsfragen,* – obwohl sie mehr Berichte über Feldforschungen bringen als vergleichbare Publikationen zur Zeit der Weimarer Republik, – immer noch auffallend viele begriffliche, programmatische und „dogmengeschichtliche" Arbeiten. Das Gleiche trifft auch auf die *Kölner Zeitschrift für Soziologie* zu.

In Frankreich dagegen ist die empirische Forschung weit produktiver, dank großzügiger Förderung des *Conseil National pour la Recherche Scientifique* (CNRS), wobei man sich, wie in Deutschland, stets auf die amerikanische Forschung beruft.

Die Institutionalisierung der Soziologie führt zu vermehrter gegenseitiger Abhängigkeit. Wer heutzutage in Lehre oder Forschung tätig sein will, muß „die Literatur" beherrschen. Er kann nicht mehr aus sich selbst zehren, wie Simmel oder gar Durkheim, Tarde, Fritz Sander oder Haserot. Diese Verbindung nach außen ist in Richtung und Ziel nicht zufällig.

4.2 *Ökologie: Soziologische Schulen in den USA*

Ich werde meine Bemerkungen zur Ökologie der Soziologie auf die der Vereinigten Staaten beschränken und, spezieller noch, auf die Beziehungen zwischen Dominanz und Institutionalisierung. In den 20er und 30er Jahren war Chikago das soziologische Zentrum Amerikas par excellence, obwohl es in den 30er Jahren noch von den Anstößen der 20er Jahre zehrte. Da sie als führend galt, verfügte die Chikagoer Schule jederzeit über eine Reihe von reiferen und begabteren Doktoranden, von denen ein jeder mit einer Forschungsaufgabe – fast ausnahmslos Feldstudien – betraut wurde. Die Leitung hatten die Professoren Parks und Burgess, die sehr weitgehend in ihren Anschauungen übereinstimmten. Den Lehrstoff hatten sie im Prinzip in „Park and Burgess" *(Introduction to the Science of Sociology)* kodifiziert – am heutigen Standard gemessen ziemlich primitiv. Der Unterricht, bestehend in Seminaren, inoffiziellen Vorlesungen und in vielen persönlichen Gesprächen zwischen Lehrern und Studenten, war sehr intensiv; von der Einrichtung des *term paper* wie des *seminar paper* machte man fleißig Gebrauch. Jeder Student betrachtete es als Pflicht, solch eine Arbeit zu liefern, während die Lehrer es als die ihre verstanden, die Arbeiten zu überwachen und die Resultate zu prüfen. Sie knüpften Verbindungen zu den verschiedensten lokalen städtischen Ämtern und Organisationen, um den Studierenden unmittelbare Beobachtungen und Befragungen sowie das Beibringen von Unterlagen zu erleichtern. Es gab Nebeninstitutionen, in denen Studierende Forschung betreiben konnten (bisweilen im Anstellungsverhältnis), zum Beispiel das *Institute for Juvenile Research,* die *Chicago Crime Commission* und das *Chicago Real Estate Board.* Die besten Leistungen wurden durch Veröffentlichung in der vom Department geleiteten Zeitschrift, dem *American Journal of Sociology,* oder noch mehr durch Abdruck einer abgeschlossenen Arbeit in den *Chicago Sociological Series* belohnt. Das *Journal. . .* war das offizielle Organ der *American Sociological Society* und zudem Amerikas einzige soziologische Zeitschrift von Bedeutung. In den monographischen Serien gelangten nur relativ selten Arbeiten von Studenten zur Veröffentlichung, doch schon allein deren Existenz gab Anlaß für das Entstehen einer Anzahl von maßgeblichen Arbeiten; auch erhöhte sie das Gefühl der Zugehörigkeit zur zentralen Institution. Die *American Sociological Society* hatte viele Jahre lang ihren Sitz an der Universität Chikago.

An nahezu jeder größeren Universität des Mittelwestens und Westens betrieb man Soziologie im Sinne der Chikagoer Schule. Die Leitung der Abteilungen übertrug man Absolventen der Universität Chikago; nach Chikago wandte man sich, wenn man neue Stellen besetzen wollte; nach Chikago schickten die Universitäten ihre besten Graduierten zur weiteren Ausbildung. Es gab noch andere Abteilungen für Soziologie im Lande, die wichtigsten an der *Columbia University,* in Michigan, North Carolina, Brown, Pennsylvania und Yale; auch sie hatten eine gewisse Hegemonie über kleinere Landesteile, in denen nur Chikagoer Absolventen angestellt wurden. An einigen dieser Institutionen gab es hervorragende Soziologen – Ogburn, Lynd und MacIver waren zu dieser oder jener Zeit an der *Columbia University,* Cooley lehrte in Michigan –, und es entstanden auch dort einige wertvolle, aus Dissertationen hervorgegangene Monographien. Doch keines der anderen Zentren kam Chikago gleich, was die Gemeinsamkeit der

Standpunkte, die Kontinuität der Bemühung und die Lebendigkeit und Intensität der intellektuellen Gemeinde betraf, — ein großer Unterschied zu anderen Universitäten.

Chikago verdankte seine Vorrangstellung als soziologisches Studienzentrum nicht allein der Geisteskraft einiger Lehrkräfte, sondern auch seiner stärkeren Institutionalisierung; die Chikagoer Schule brachte mehr Arbeiten hervor, die einen gemeinsamen Stempel trugen, und auch die Quantität und Qualität seiner Leistung erregten Aufmerksamkeit und Respekt. Dies wiederum versetzte sie in die Lage, überdurchschnittlich begabte Studenten anzuziehen, sie dann ins Land hinauszuschicken und damit die Chikagoer Dominanz aufrecht zu erhalten.

Obwohl die Chikagoer Soziologenschule in ein verzweigteres körperschaftliches Netzwerk eingebettet war, ähnelte die Form ihrer Institutionalisierung der Durkheim Schule in einer wichtigen Hinsicht: Sie stand und fiel mit der jeweiligen geistigen Persönlichkeit. Eine Zeitlang, vor allem während des 1. Weltkriegs hatte sie zwei geistige Führer. Doch als Thomas' Karriere ein ruhmloses Ende nahm, gab es nur noch einen, — Robert Park. Als dieser gegen Ende seines Lebens Chikago verließ und es vorzog, die letzten Jahre an der Fisk University bei Charles Johnson, seinem ehemaligen Schüler und damaligen Präsidenten dieser Universität zu verbringen, sackte die Chikagoer Schule ab. Das Interesse an ethnischen Fragen und am städtischen Leben stand nicht mehr im Mittelpunkt ihrer Arbeit; Neubesetzungen, andere Interessen sowie Schwächung der geistigen Autorität infolge von intellektuellen und persönlichen Meinungsverschiedenheiten trugen dazu bei, ihre Bedeutung als soziologisches Zentrum zu mindern.

Wichtiger noch mag die Tatsache gewesen sein, daß die Grundkonzepte der Chikagoer Soziologie nicht eingehender analysiert, ausgebaut und vertieft wurden. Mit Parks Ausscheiden ließ das Interesse an der Analyse ökologischer Prozesse nach. Auch die Untersuchung der Sozialstrukturen von Gemeinden wurden nicht mehr so wichtig genommen, so daß es nicht zu der Entwicklung der Konzepte kam, die eine verfeinerte Untersuchung der gleichen Situationen ermöglicht hätte, die sich einst so produktiv erwiesen hatten. Seitdem Burgess' Familiensoziologie mit ihrem Interesse an Prognosen und Ogburns statistische Untersuchungen der verschiedensten sozialen Phänomene und seine Bemühungen um die Verbesserung der Methoden der quantitativen Analyse nicht mehr von einem nachhaltigen substantiellen Interesse getragen wurde, hatte das Zentrum an Ausstrahlung und Anziehungskraft erheblich eingebüßt. Aus Ogburns Interesse für die quantitative Beschreibung von gesamtgesellschaftlichen Trends sowie seiner einfachen und homogenen These des "*cultural lag*" wurde kein Nutzen für die mikrosoziologische Analyse von Situationen gezogen, die mit den Methoden der teilnehmenden Beobachtung hätten untersucht werden können. Die — einen Neubeginn markierenden — global makrosoziologischen Interessenrichtungen Parks fanden keine kraftvolle Neuformulierung, die der Arbeit des Department den großen Zusammenhang hätte geben können. Die Soziologie überdauerte, weil sie — anders als ihr Pariser Gegenstück — ausreichend institutionalisiert war; die von Thomas und später von Park ausgehende Richtung verlor jedoch an Einfluß. Es gab keinen Nachfolger für Park, der geistig wie auch vom Temperament her überzeugend und expansiv genug gewesen wäre, um die Chikagoer Tradition fortzusetzen und sie mit den neuen Problemen, Denkweisen und Forschungsmethoden zu kombinieren, die in der Zeit kurz vor Ausbruch des 2. Weltkrieges Gestalt anzunehmen begannen. Die Unfähigkeit, neue und vielfältige Probleme und Erkenntnisse zu verschmelzen, förderte den durch Unvereinbarkeit der Charaktere ausgelösten weiteren Zerfall. Der Verlust des Zentrums innerhalb der Abteilung bedeutete zugleich den Zentralitätsverlust des nationalen soziologischen Systems, das nunmehr nur noch zirkulär verbunden war.

Nicht nur diese interne Entwicklung verursachte den Zentralitätsverlust. Im Osten der USA bildeten sich neue Zentren, die niemals Subzentren Chikagos gewesen waren. Besonders Columbia und Harvard traten hervor. Anfang der 50er Jahre war nicht zu verkennen, daß Chikago von Columbia überflügelt wurde, und das aus mehreren wichtigen Gründen. Einer der offensichtlichsten war, daß an der Columbia University zwei bedeutende Persönlichkeiten, Robert Merton und Paul Lazarsfeld lehrten, die eine Kombination dessen erarbeiteten, was die Soziologie am meisten „brauchte": ausgeklügelte Erhebungstechniken und neue, auf dem vorhandenen Wissen basierende Hypothesen. Ein weiterer, hiermit eng verbundener Faktor bestand in der überlegenen Form der Institutionalisierung in Gesalt des *Bureau of Applied Social Research* an der *Columbia University.* Der Umfang der Forschungsunternehmen, die Interessenrichtung der treibenden Kraft (Lazarsfeld) und die damalige Entwicklung der Soziologie erforderte und gestattete auch eine stärkere Formalisierung der Verfahrensweisen — intellektuell wie organisatorisch —, als Temperament, Art der Begabung und das primitive Stadium, in dem sich das Fach seinerzeit noch befand, sowie der kleinere operationelle Rahmen in Chikago es zugelassen hatten. Die Schematisierung der Ausbildung erleichterte die Schematisierung von Organisation und Methoden der Forschung genau in dem Augenblick, als die Soziologie durch Marktforschung und Statistik zu neuen Beobachtungsmethoden — der

Stichprobenerhebung – und zu neuen Techniken der Datenanalyse angeregt wurde. Die Forschungstechniken, in der die Studenten der Columbia University ausgebildet wurden, bedurften keiner persönlichen Inspiration: sie ließen sich leicht wiederholen und vervielfachen. Dies trug noch zum Wachstum des Columbia-Zentrums – auf relativ hohem technischen Niveau – bei und förderte auch die Übernahme seiner Verfahrens- und Denkweisen in viele nicht akademische Institutionen, zu denen die Soziologie noch nicht vorgedrungen war. Die *Columbia University* war damit zum nationalen und internationalen soziologischen Zentrum geworden. (Partielle Subzentren entstanden in Chikago und Berkeley, – und wo immer auch „Forschungsmöglichkeiten" geschaffen wurden. Eine Ausnahme machte das *Survey Research Center* der Universität Michigan: es leitete sich nicht von der Columbia Universität her.)

Ein weiterer Grund für den Aufstieg des Columbia-Zentrums war der intellektuelle Stil Robert Mertons. Merton, der in Harvard bei Parons und Sorokin studiert hat, verfügt über ein sehr breit gefächertes soziologisches Wissen. Anders als Parsons – dessen Blick mehr in die Tiefe geht, was ihn nötigt, immer wieder um andere Artikulierungen zu ringen, – hat Merton seine Anschauungen gegliederter und adäquater dargelegt. Die Behandlung des Stoffes dagegen ist bei ihm fragmentarischer und eklektischer. Mertons *middle range theories* (Theorien mittlerer Reichweite) sind weniger tiefgreifend als Parsons *general theory* (allgemeine Theorie), doch Mertons Theorien sind leichter zu verstehen und lassen sich wirkungsvoller im Unterricht vermitteln. Auch können sie leichter formuliert und getestet werden, sind in keiner Weise „weltanschaulich" gefärbt und auch besser für institutionalisierte Verfahrensweisen geeignet. All diese Faktoren führten zu einer umfangreichen Produktion von Arbeiten, die einen gemeinsamen Stempel trugen, und die Heranbildung von Menschen, die imstande waren, weitere Arbeiten dieser Art zu erstellen. Dies wiederum hatte zur Folge, daß die Soziologie Columbias sich sehr verbreitete, wodurch ein gewisser Konsensus auf dem Gebiet der Soziologie erreicht wurde – mehr in bezug auf die Verfahrensweisen als in substantieller Hinsicht –, eine Übereinstimmung, die voraussichtlich von Dauer sein wird.

Die zentrale Stellung basierte auf Traditionen, die aus Heidelberg (Max Weber) und Wien (Sigmund Freud) übernommen waren. Harvard Zentrum keine Mühe scheute, auch in diesem Sinn zu stitutionalisierungsmuster. In Harvard wurde unter Leitung von Talcott Parsons, Henry Murray und Clyde Kluckhohn der vorsichtige Versuch unternommen, die Theorien der Sozialstruktur der Kultur und der Persönlichkeit zu integrieren. Diesem Konzept entsprach auch der Lehrplan, aber das Ausbildungsprogramm in der Forschung hielt damit nicht Schritt. Das *Harvarder Laboratory of Social Relations* war zu keiner Zeit – wie das *Bureau of Applied Social Research* kurz nach Ende des 2. Weltkriegs – intellektuelle Fabrik und geistiger Exerzierplatz, vielmehr war es eine administrative Förderungsstätte, die geistige Heimat verschiedenster Untersuchungen, bei denen es sich jedoch, in noch stärkerem Maße als an der Columbia University, nur um Projekte im kleineren Rahmen handelte, die weder eine ausgeklügelte Arbeitsteilung noch eine durchgreifende Rationalisierung und Vereinheitlichung der Methoden erforderten. Harvard war nie ein solidarisches Kollektiv mit eigenem Selbstverständnis, wie es das Columbia Bureau. . . gewesen war, und schon vor dem Tode des begabten Samuel Stouffer hatte es sich eher administrativ einen Namen gemacht und weniger als korporierte geistige Realität. Obwohl das Harvard Zentrum keine Mühe scheute, auch in diesem Sinn zu Ansehen zu gelangen, fehlte doch der weitgehende Konsensus seiner zentralen Persönlichkeiten, die im Columbia Zentrum in hohem Maße vorhanden waren. Solange in Harvard ein Triumvirat im Mittelpunkt stand, das zumindest nach außen den Anschein von Einigkeit erweckte, war Harvard in der soziologischen Welt eine geistige Kapazität. Nichtsdestoweniger bestand das Harvarder Zentrum in Wirklichkeit aus mehreren, relativ wenig kommunisierenden Segmenten, und dies verminderte sein Vermögen, sich auf das Fach als Ganzes stärker auszuwirken. Andererseits muß hervorgehoben werden, daß jedes dieser Segmente von einer bedeutenden geistigen Persönlichkeit verkörpert wurde – Parsons, Murray, Kluckhohn, Bruner, Stouffer und Homans –, von denen jede sich auf die eine oder andere Weise als dynamischer Urheber von Werken und Ideen hervorgetan hatte. Hätte weitgehender Konsensus zwischen ihnen bestanden, würde Harvard vermutlich alle anderen Zentren in den Schatten gestellt haben (was auch der Fall war, wenn er zeitweise erreicht wurde!). Auch fehlte in Harvard etwas, worüber Chikago in den 20er und Anfang der 30er Jahre verfügt hatte: Publikationsorgane und feste außerakademische Verbindungen zu örtlichen Behörden und Unternehmen zwecks Förderung von Forschung und Ausbildung.

Andererseits besaß Harvard in Professor Parsons eine gewaltige motorische Kraft; seine beständige und allgegenwärtige Produktivität verbreitete seinen Einfluß im ganzen Land, auch auf die nunmehr zahlreichen Subzentren mit hochgradig institutionalisierten Fortbildungsmöglichkeiten für Jungakademiker. Ein spezielles Verlagsunternehmen, *The Free Press*, der wichtigste soziologische Nährboden für die seit Ende des 2. Weltkriegs bis um 1960 wachsende Zahl von Studenten und jungen Lehrern, diente Parsons als

Ersatz für eine eigene Zeitschrift. Hier wurden seine vielen, in alle Himmelsrichtungen verstreuten Essays in ein paar leicht zugänglichen Bänden zusammengefaßt. Diese Essays ermöglichten es einer neuen Generation, sich mit der Parsons' Theorie zugrundeliegenden Disposition vertraut zu machen, die aus der Konfrontation mit einer großen Vielfalt spezieller Probleme hervorgegangen war. Die Zunahme des Prestiges der Universität Harvard stimmte zeitlich mit der Zunahme des Prestiges ihres *Department of Social Relations* überein, die wiederum weitgehend – wenn auch nicht restlos identisch war mit Talcott Parsons Prestige. Dies wiederum zog viele begabte Studenten an.

Auch die soziologische Abteilung der *University of California* in Berkeley darf bei diesen Betrachtungen über das Entstehen neuer soziologischer Zentren in Amerika nicht übergangen werden. Die Universität in Berkeley war die letzte der großen amerikanischen Universitäten, die eine Abteilung für Soziologie einrichtete. Dies geschah erst nachdem die Departments der Universitäten Chikago, Harvard und Columbia sich längst etabliert und eigene dominierende Traditionen entwickelt hatten. Berkeley konnte seine Lehrkräfte nicht selbst stellen, ausgenommen die allerjüngsten Jahrgänge; sie mußte sie sich von anderen Universitäten holen, – so zum Beispiel Lipset aus Columbia, wo er bei Merton und Lazarsfeld studiert hat, Blumer aus Chikago, Bendix aus Chikago, Selznick aus Columbia, Kornhauser aus Chikago, Kingsley Davis aus Harvard, Löwenthal aus Frankfurt. Die Größe des Lehrkörpers, die Zahl der Studenten und die Fülle der Mittel wirkten hier zentrifugal. Die hochgradige Institutionalisierung existierte trotz mannigfaltiger Standpunkte, so daß die Abteilung als Sammelbecken überragender und produktiver Soziologen, deren Arbeiten im Inland wie im Ausland Aufsehen erregten, Berühmtheit erlangte. Doch es fehlte jener Zusammenhalt, den Durkheim, Park und auch Parsons dem jeweiligen Kreis von Kollegen, Mitarbeitern und Studenten zu geben gewußt hatten. Aus dem Beispiel Chikagos in seiner Frühzeit und dem Harvards und der Columbia in den Jahrzehnten seit Ende des 2. Weltkriegs wissen wir, wie effektiv ein einheitliches, von ein oder zwei dominanten übereinstimmenden Gestalten geschaffenes Zentrum sein kann. Es bleibt abzuwarten, ob sich eine pluralistische Sammlung hervorragender Wissenschaftler gleicherweise auswirken wird. Bislang hat Berkeley keinen Beweis seiner Fähigkeit erbracht, Nachwuchs heranzubilden, der sich erneuernd und einigend für die Abteilung auswirkt oder eine Schar von Graduierten hervorbringt, die für eine Verbreitung seiner „Richtung" in den Vereinigten Staaten sorgt.

Die Soziologie an der Universität Michigan hatte schon seit der Jahrhundertwende durch die Schriften Charles Cooley's in der

Stille Einfluß geübt. Sowohl Thomas wie auch Park haben Cooleys Konzept der Primärgruppe in ihre eigenen dominanten Traditionen aufgenommen. Doch eine selbständige Abteilung für Soziologie hat es an der Universität Michigan erst ab 1930 gegeben, als Roderick McKenzie, – aus der Chikagoer Schule und enger Mitarbeiter von Park, – von der Universität Washington nach Michigan kam. Die Abteilung für Soziologie der Universität Michigan wurde eine der wichtigsten Amerikas, zum Teil aufgrund ihrer erweiterten sozialökologischen Studien, zum Teil auch durch die Errichtung eines Survey Research-Zentrums. Dies war für Michigan ein wichtiger Schritt auf dem Wege der Institutionalisierung von Ausbildung und Forschung; mit seinen ökologischen Studien setzte es die Chikagoer Tradition und deren Entwicklung fort, – unter Mitwirkung vieler Chikagoer Soziologen.

Als letztes der fünf Hauptzentren entstand die Abteilung für Soziologie der Universität in Berkeley. Der Name Berkeley wird in der internationalen Welt der Soziologie nicht mit irgendwelchen bestimmten, aus Berkeley hervorgegangenen Einzelpersonen in Verbindung gebracht. Kann ein universitäres Zentrum, wenn es uneins und pluralistisch ist, effektiv sein? Diese Frage wäre, was die Universität in Berkeley betrifft, insofern akademisch im negativen Sinne, als die Unruhe an den amerikanischen Universitäten, bei denen Berkeley an vorderster Front steht, die Institution so weit demoralisieren und auflösen könnte, daß sie nicht mehr funktionsfähig ist. Zwar mag das Zentrum national und international mit Hilfe anderer integrierter Kommunikationskanäle, wie wissenschaftliche Zeitschriften, monographische Serien und Bücher, seine Funktionen weiter ausüben. Aber ein wesentlicher Teil der Institutionalisierung besteht in der direkten Begegnung von Lehrer und Schüler. Diese Begegnungen sind es, aus denen der Nachwuchs hervorgeht, bei denen neue Ideen entstehen, erprobt und aus einer Vielfalt von Alternativen ausgewählt werden.

Der Mangel an systematisch ausgebildetem Nachwuchs bedeutet nicht, daß es keine weitere Entwicklung neuer geisteswissenschaftlicher Fächer geben wird; dies war im Heldenzeitalter der Wissenschaft, vor Entstehung der modernen Universität, sehr wohl möglich. Das Nichtvorhandensein von systematisch ausgebildetem Nachwuchs zeigt vielmehr an, daß sich der Druck der Traditionen lockert. Die Entwicklung eines neuen Faches war unter diesen Umständen – vor der Umwandlung der Universitäten in Lehr- und Forschungsinstitutionen – mehr Sache des einzelnen Genies. Eine solche Situation kann das Entwicklungstempo des betreffenden Faches verlangsamen, da die Zahl der Arbeiten sich verringert.

Die Soziologie hat bis jetzt organisatorische, ökonomische und demographische Revolutionen durchgemacht, – eine intellektuelle

Revolution jedoch noch nicht. Die Frage ist, ob ein einiges Zentrum unter den derzeit in der Welt der Wissenschaft herrschenden Bedingungen überhaupt möglich ist.

Die enorme Zunahme an Soziologen und soziologischen Werken im vergangenen Vierteljahrhundert, die eine große Spezialisierung in einem Fach zur Folge hatte, dem es noch an der fundamentalen Theorie mangelte, könnte eine gewisse Auflösung, eine Lockerung der geringen Kohärenz bewirken, die es im vergangenen Dreivierteljahrhundert erlangte. Möglicherweise wird sich die Soziologie in Spezialfächer aufspalten, wie es bei Physik und Biologie jetzt der Fall ist, doch wird sie sich dabei nicht auf eine Grundwissenschaft wie die Chemie oder Genetik oder Physiologie stützen können. Die konstituierenden Elemente der Tradition der heutigen Soziologie haben infolge der Werke von Weber, Durkheim, Parsons u. a. einen Prozeß der Selektion und Verschmelzung erfahren. Diese Verschmelzung ist noch unvollkommen. (Sie kann auch niemals vollkommen sein, und wenn sie doch vollkommen wäre, würde es zu einem völligen Stillstand kommen.) Jedoch ist eine stärkere Verschmelzung zur Zeit eine Notwendigkeit, nicht nur aufgrund ästhetischer oder architektonischer Erwägungen, sondern vor allem, weil — ehe nicht eine Wendung zum Besseren eingetreten ist — das Wissen um die Wechselbeziehungen der verschiedenen Phänomene unserer Gesellschaft zu dürftig bleibt. Das starke Anwachsen der Zahl der Soziologen und soziologischen Werke könnte also verhindern, daß sich eine umfassende, komplexe Theorie durchsetzt; denn sie erschwert die Dominanz eines Theoretikers, der mit den Ergebnissen spezifischer soziologischer Forschung so souverän umgeht, daß er auch bei den Praktikern der unterschiedlichen und zahlreichen Spezialgebiete Anerkennung und Anhänger findet.

4.3 Selektion, Ablehnung und Verschmelzung der soziologischen Traditionen

Nimmt man „Contemporary Sociological Theories" von P. A. Sorokin zur Hand, in dem er den soziologischen Bestand der fünfzig Jahre um die Jahrhundertwende zusammenfaßte, ist man verblüfft, wie wenige der darin zitierten Namen heute noch bekannt sind, es sei denn bei soziologischen Antiquaren. Neben Weber, Durkheim, Pareto, Park und Thomas sind da Floyd Allport, Otto Ammon, Emory Bogardus, Stuart Chapin, Filipo Carli, E. de Roberty, Charles Ellwood, Franklin Giddings, Maxim Kovalevsky, E. A. Ross, Gabriel Tarde, William Graham Sumner, Alfred Vierkandt, Leopold von Wiese, L. Winiarsky und Sorokin selbst aufgeführt, wobei Sorokin sich selbst häufiger zitiert als irgendeinen anderen Autor. Was ist aus diesen Autoren geworden und aus den Ideen, für die sie sich einsetzten? Sie sind auf der Strecke geblieben.

Einige von ihnen waren denkerisch schwach und ihre Ideen sind kritischen Zeitgenossen nicht zu empfehlen. Manche von ihnen waren am falschen Ort; nur mittels ihrer Bücher konnten sie zu ihren Zeitgenossen sprechen. Sie hatten keine Studenten, oder keine, die fähig genug waren, die Anregungen aufzunehmen und das Empfangene weiter voranzutreiben. Vielleicht auch lebten sie im falschen Land und schrieben in der falschen Sprache. Einige von ihnen waren zu ihrer Zeit bekannte und angesehene Persönlichkeiten, zum Beispiel Durkheim, Weber und Park; doch die Welt wandte sich von ihnen ab.

Ende des 19. Jahrhunderts war die Soziologie voll von Ideen; sie lagen förmlich in der Luft. Praktisch alle waren auf die eine oder andere Weise von Hegel, Comte und Darwin beeinflußt. Allgemein herrschten evolutionistische und biologische Vorstellungen, allen voran die Vorstellung von einer stufenweisen Entwicklung der menschlichen Gesellschaft, — von einfachen Gesellschaften zu differenzierten, von traditionellen zu rationalen, von unaufgeklärten zu aufgeklärten, von handwerklichen zu technisierten Gesellschaften, die sich künstlich erzeugter Kraft bedienen, von wenig integrierten Gesellschaften zu hoch integrierten. Der Darwinsche Evolutionismus paßte in diese Theorie einer stufenweisen Entwicklung und machte sie plausibler. Auch förderte der Darwinismus die Tendenz, soziale Strukturen und deren Funktionen nach Kategorien zu analysieren, die bei der Untersuchung biologischer Organismen verwendet wurden. (Dieser Typus soziologischer Analyse tauchte ziemlich früh auf und hat kaum Spuren hinterlassen.) Darwins Einfluß ist auch bei Soziologen erkennbar, die, angeregt durch den „Kampf der Arten", den Phänomenen Konkurrenzkampf und Rassenkonflikt eine zentrale Stellung im Bild der Gesellschaft einräumten. Andere, ebenfalls beeindruckt von der Idee der natürlichen Selektion, maßen der sozialen Selektion und demzufolge der sozialen Herkunft und der vermuteten Vererbung der Zugehörigkeit zu den sozialen Schichten, vor allem den führenden Schichten der modernen westlichen Gesellschaften, besondere Bedeutung bei. Viele Studien versuchten zu beweisen, daß sozial relevante Eigenschaften biologisch übertragbar sind. Ein Großteil dieser Behauptungen hat substantiell keinen Raum mehr in der geltenden soziologischen Tradition.

Dennoch haben gewisse Variablen dieser Ideensysteme überlebt, z. B. die Untersuchung der Zusammensetzung der Elite und die soziale Herkunft bestimmter Berufe. Aber diesen Behauptungen ist der Nährboden längst entzogen worden und was überdauert hat, wurde nicht ohne weiteres in die gegenwärtig geltende soziologische Tradition übernommen.[30]

In diesem Zusammenhang sollten ein paar Worte zur marxistischen Soziologie gesagt werden, die zur Zeit so viele selbsternannte Verfechter hat. Die „marxistische Soziologie" als solche ist ein Amalgam des Hegelschen Evolutionismus, in das man die darwinistische Konzeption vom Kampf ums Dasein,[31] sowie eine Verallgemeinerung des Begriffes „Interesse" eingebaut hat, der noch auf der aus dem 18. Jahrhundert überkommenen Konzeption des „Grundbesitzes" beruht. Dies darf nicht dazu führen, daß man einfach die — ethnische, nationale, territoriale — „Gruppe" durch „Klasse" ersetzt, wie Ratzenhofer und Gumplowicz es taten, und ebenso wenig durch jene Art von Konflikt, der entsteht, wenn sich Menschen den Besitz seltener Objekte streitig machen. Die vorherrschende, von Weber und Durkheim übernommene Konzeption der Gesellschaft gewährt dem Konflikt, trotz gegenteiliger Behauptungen der Kritiker des „Konsensus-Modells"[32], durchaus Raum, nicht aber transzendenten Interessen, die unabhängig bestehen von dem, was der Mensch in Mangelsituationen begehrt. Diese historische Metaphysik der transzendenten Interessen konnte offensichtlich in eine Tradition nicht eingehen, die eine ihrer möglichen Verbreitungen in *Towards a General Theory of Action* erfuhr. Das gleiche läßt sich sagen in bezug auf die Unterscheidung zwischen Überbau und Infrastruktur und dem kausalen Primat der letzteren. Diese Unterscheidung beruht auf einer Auffasssung vom menschlichen Handeln, die der realistischeren, in einem Großteil unserer zeitgenössischen Soziologie weiterlebenden synthetischen Tradition zuwider läuft.

So blieb ein beträchtlicher Teil des Darwinismus und Biologismus und des metaphysischen Evolutionismus, — der, in seinen Grundgedanken hegelianischen Ursprung, mit darwinistischem Idiom jedoch „wissenschaftlicher" und somit akzeptabler gemacht worden war, — unvereinbar mit den in der kontemporären Soziologie herrschenden Traditionen. Diese Tradition ist entweder ausgestorben oder fristet ihr Leben in den Randzonen der Soziologie, immer wieder in Zweifel gezogen und herausgefordert, wenn auch mit gelegentlich bekräftigter Anerkennung. Aus dieser Tradition kommen zwar noch einige kritische Impulse, aber ihr fehlt die Kraft zu einer konstruktiven Entwicklung in einem Fach, das auf empirische Theorie — wenn auch noch so abstrakt — und auf empirische Forschung — wenn auch noch so ungenau — verpflichtet ist.

Gewisse gewichtige Elemente der Comteschen und Hegelschen Auffassungen von der sozialen Evolution haben freilich überlebt.

Das Konzept der Gesellschaft als sittliche Ordnung, in der die Individuen durch die Gemeinsamkeit ihres Handelns, durch ihr gemeinsames Selbstverständnis als Teil dieser Ordnung und aufgrund gemeinsamer Ansichten und Meinungen, die ihnen die Definition ihrer selbst und ihrer Verpflichtungen gegenüber der Gesamtheit ermöglichen, miteinander verbunden sind, gehören zum substantiell wichtigsten Niederschlag aus der Verschmelzung der verschiedenen denkerischen Traditionen des 18. und 19. Jahrhunderts. Aus Rousseaus Vorstellung vom Kollektivwillen („volonté général"), aus Hegels Denken und der hegelianischen „Theorie des Volksgeistes", aus Comtes Auffassung von anarchischer Gesellschaft und derem „kritischen", skeptischen Zustand und nicht zuletzt aus Marx' Konzeption der modernen Gesellschaft und dem Verfall ihrer sittlichen Bindungen entwickelten sich eine Reihe von weiteren Konzeptionen in bezug auf die Bedeutung von Meinungen und Ansichten — hinsichtlich der letzten Werte — und ihrer regulierenden Funktion für das menschliche Verhalten sowie als Determinante für den Grad der sozialen Integration. Auch Max Webers Typologie der sich legitimierenden Herrschaftsformen geht von der Voraussetzung der Bedeutung von Meinungen und Anschauungen, des Konsensus in Meinungs- und Glaubensfragen aus. Die Moral der Gruppe und der Gesellschaft, die Durkheims Interesse fesselte, Tönnies' „Gemeinschaft" und „Gesellschaft", die moralische Ordnung bei Park, — alle diese Ansichten über die Bedeutung des moralischen Konsensus für das soziale Handeln waren die Folge des Zusammenströmens von Traditionen, zu denen Hobbes, Rousseau, Hegel, Marx, Lazarsfeld und Steinthal und H. S. Maine u. a. beigetragen haben. Die Marxsche Konzeption der bürgerlichen Gesellschaft, die unüberbrückbar in konkurrierende, einander bekämpfende Klassen geteilt sei, Simmels Konzeption der sozialen Differenzierung durch Arbeitsteilung, Parikularinteressen und Individualisierung, das Tönniessche Konzept der „Vergesellschaftung" der modernen bürgerlichen Gesellschaft, die Hobbes Vorstellung vom Naturzustand ähnelt, in dem die Beziehung der Menschen als *„homo homini lupus"* vorherrscht, sie alle implizieren die intensive Beschäftigung mit dem Ausmaß und der Bedeutung des moralischen Konsensus. Das Problem war: wie weit verringert oder verschärft das Individuum den Konflikt zwischen Individuen oder Gruppen durch sein Handeln aufgrund bestimmter Vorstellungen von sich selbst, seinen Rechten und Pflichten? Der Konsensus wurde die Hauptvariable der analytischen (sprich theoretischen) Soziologie. Selbst jene Autoren, die dem Bild einer atomisierten Gesellschaft anhängen, gehen von diesem Konzept einer konsensualen Gesellschaft aus: sie sahen im dissensualen Wesen moderner Gesellschaften ein Phänomen, mit dem es sich zu befassen galt. Schon die Definition der modernen Gesellschaft erforderte, die Kategorie „Konsensus/Dissensus" ins Zentrum der Aufmerksamkeit zu rücken.

Der Kampf ums Dasein, eine der Variablen des soziologischen Darwinismus und Grundtheorie der „Rassenkampf"-Soziologie, konnte in die entstehende Tradition nur eingehen, weil er stets das Problem des „Konsensus-Defizits" ins Spiel brachte. Bei Ratzenhofer und Gumplowicz wurde der Rassenkampf als gegeben vorausgesetzt und stellte insofern kein Problem dar. Für die analytische Soziologie jedoch, die in den Arbeiten der europäischen und amerikanischen Begründer der Soziologie vorherrschend wurde, gab es den Konflikt noch nicht, der jedoch zu einer Variablen wurde, die erklärt werden mußte. Ebensowenig war sein Gegenteil – der Konsensus – gegeben; auch er bedurfte der Erklärung. Die ganze Erforschung der Adaptation von Einwanderern, oder der Desintegration der Familie, oder der ethnisch bedingte Konflikt und Rassentrennung, des Selbstmordes, der Anomie, der Sektenbildung, der charismatisch oder rational legalisierten Autorität, war ein Versuch zur Bewältigung dieses Grundproblems. Bestandteile anderer Konzeptionen, die man nicht assimilieren konnte, wurden als unbrauchbar fallengelassen.

Auch bestimmte andere Ideen der gegenwärtigen Soziologie waren nur möglich in Verbindung mit dem Interesse an den moralischen Überzeugungen einer Gesellschaft. Der Begriff des Charismatischen oder des Traditionellen („sacred") beruhte auf einer Erweiterung dieser Konzeption. Die Spezifizierung der Merkmale bürokratischer Autorität oder die Bewertung der Rolle der Bürokratie in der modernen Gesellschaft sind Weiterentwicklungen von Tönnies' „Gesellschaft" und der kapitalistischen Gesellschaft bei Marx. Das gleiche gilt für die Konzeptionen „Massengesellschaft", „Modernisierung" und „Organisation", die in späteren soziologischen Studien in den Vordergrund rückten. Sie sind ohne die fundamentalen Konzeptionen der kontinentalen Begründer der Soziologie zu diesem Thema undenkbar.

Diese Tradition war bereits im Aufstieg begriffen, ehe sie sich irgendwo annähernd so weit institutionalisiert hatte, wie in den letzten fünfundzwanzig Jahren. Sie war, wie Talcott Parsons in *The Structure of Social Action* darlegt, in den drei wichtigsten denkerischen Traditionen Europas, dem Idealismus, dem Positivismus und dem Utilitarismus, vorgezeichnet, und es war der Geist bedeutender europäischer Theoretiker, der sie unter den gegebenen Entwicklungsmöglichkeiten entdeckte. Die amerikanischen Theoretiker der Gründergeneration verfügten nicht über die gleiche theoretische Begabung, doch auch sie – Thomas und Park – stießen auf Wesentliches. Weder Thomas noch Park ist es je gelungen — noch haben sie es in größerem Rahmen versucht —, Elemente aus unvereinbaren Traditionen fallenzulassen. In Parks ökologischem Denken blieben stets darwinistische Fragmente erhalten. Nach seiner Entlassung aus der Universität Chikago wandte sich Thomas von der soziologischen Arbeit ab und darüber hinaus auch von dem von ihm entwickelten soziologischen Bezugsrahmen, der ihn in die Nähe von Weber und Durkheim gebracht hatte. Stattdessen fühlte er sich von einer eklektischen behavioristischen Psychologie angezogen, die im Gegensatz stand zu dem, was er vorher geglaubt hatte. Es besteht jedoch Grund zu der Annahme, daß er später den Weg zurück fand, obwohl keine Veröffentlichung das beweisen kann.

Trotz ihrer sehr geringen Institutionalisierung in Deutschland, trotz ihres Verschwindens in Frankreich, trotz ihrer zahlreichen englischen Konkurrenten wuchs diese — heute dominante — Tradition und setzte sich durch. Dank ihrer Institutionalisierung sowie des Entstehens neuer Zentren, in der sie eine stringentere Formulierung fand, triumphierte sie schließlich über ihre Rivalen in den Vereinigten Staaten, — wenn auch nicht ganz. Nachdem sie jedoch in den USA in den Mittelpunkt gerückt war, breitete sie sich, neu interpretiert und modifiziert, auch in Europa wieder aus, wo sie sich trotz einiger Widerstände in den wichtigsten europäischen Ländern fester etablierte denn je.

In welchem Ausmaß ist ihre Verbreitung und Vorherrschaft auf die Institutionalisierung zurückzuführen?[33]

Die Richtungsänderung einer Tradition und die Verschmelzung von Elementen aus verschiedenen Traditionen ist eine schöpferische Leistung, und nicht Sache einer Institution. Sie ist das Werk eines einzigen Kopfes, und kann bei sehr rudimentärer Institutionalisierung vor sich gehen. Man darf sogar behaupten, daß Institutionalisierung, so wichtig sie für die Konsolidierung, Multiplizierung und Verbreitung ist, der Richtungsänderung und Verschmelzung von Traditionen zu gewissem Grad hinderlich sein kann. Max Weber hatte zu seiner Zeit den Vorteil, daß Soziologie nicht institutionalisiert war. Er hatte Jura und Nationalökonomie studiert; an das Studium der Religion gelangte er ohne institutionelle Führung. Durkheim hatte Soziologie nicht als akademisches Lehrfach studiert. Park studierte Soziologie unter den Gegebenheiten einer sehr dürftigen Institutionalisierung, und Thomas studierte sie in Chikago zu einer Zeit, da das Fach kaum als solches existierte, obwohl ein institutioneller Rahmen dafür geschaffen worden war.

Eine Tradition vermag in einem bestimmten Stadium ihrer Existenz etwas hervorzubringen, was ihr zu früherer Zeit nicht möglich gewesen wäre. Man kann annehmen, daß die innewohnenden Möglichkeiten sich in einer gewissen Folgerichtigkeit entwickeln, und es kann durchaus sein, daß dieses Stadium zu Ende des 19. Jahrhunderts erreicht worden war, und verschiedene Menschen in verschiedenen Ländern, nachdem sie sich mit Positivismus, Utilitarismus und Idealismus auseinandergesetzt hatten, zu auffallend ähnlichen Resultaten gelangten. Die Männer, die jene Resultate hervorbrachten, nahmen praktisch keinerlei Kontakt miteinander auf. Es blieb der nächsten Generation vorbehalten, den nach der Jahrhundertwende Geborenen, Parsons in erster Linie, die Annäherungen, zu denen man unabhängig voneinander gelangt war, zu einem expliziteren und kohärenteren traditionellen Muster zu verflechten. Für die spätere Entwicklung, Konsolidierung und Verbreitung der Tradition hat das institutionelle System der Soziologie eine entscheidende Rolle gespielt.

4.4 *Exogene und endogene Traditionen und ihre exogenen Stimuli*

Von einer wissenschaftlichen Disziplin läßt sich sprechen, wenn eine Anzahl von Personen sich mit dem gleichen wissenschaftlichen Anliegen identifiziert und viele oder alle von ihr studierten Probleme Gegenstand einer Tradition sind, d. h. der Gesamtheit an schriftlicher und mündlicher Interpretation derer, die sich als Fachleute der Disziplin betrachten, oder aber aus ihr hergeleitet wurden. Eine Disziplin kann in dem Augenblick als akademisch bezeichnet werden, wenn sie in akademischen Institutionen gelehrt — d. h. untersucht und diskutiert — wird, die nach dieser Disziplin oder einer ähnlichen benannt sind. Veröffentlichen die Mitglieder der Institutionen ihre Arbeiten in Organen, die ebenfalls nach der Disziplin benannt sind, hat die Disziplin eine soziale *und* eine geistige Struktur.

In den frühen Jahren, als ihre Verfechter noch um die Etablierung ihrer intellektuellen und akademischen Würde kämpfen mußten, war die Soziologie in Deutschland, Frankreich, England und Amerika ziemlich allgemein mit der Abgrenzung des Gebietes gegenüber anderen bereits vorhandenen akademischen Disziplinen sowie mit ihrer Gliederung in Nebenfächer befaßt. Damals hatte die Disziplin der Soziologie in der Mehrzahl der Fälle noch keine soziale Struktur, und daher versuchten die Soziologen sie an Hand ihrer intellektuellen Merkmale zu definieren. Dies war insofern außerordentlich schwierig, als die Vorväter, auf die sie sich berufen konnten, von Nichtsoziologen nicht allgemein anerkannt wurden und es noch wenig an Substantiellem gab, das der eigenen

Legitimation dienen konnte. Daher argumentierten sie in jedem Fall und machten Ansprüche für die Zukunft geltend. Dies alles hat inzwischen praktisch aufgehört, zum Teil deshalb, weil die meisten Soziologen dazu übergegangen sind, ein Bündel von Problemen, Ideen und Methoden trotz ungeklärter Grenzen und heterogener Themen, Problemen und Schauweisen als zur Soziologie gehörend zu akzeptieren. Die Masse der Literatur über diese Probleme, Ideen und Verfahrensweisen, die in soziologischen Zeitschriften veröffentlicht, besprochen und produziert wird von Leuten, die sich als Soziologen bezeichnen, bestärkt sie in ihrem soziologischen Selbstverständnis. Mittlerweile wird die Soziologie von den Gebildeten innerhalb und außerhalb der Universitäten als Fach anerkannt, und auch dies hilft die Grenzen des Faches und des Berufes zu definieren, oder beschwichtigt zumindest Legitimitätsängste.

Die Definition der Soziologie an Hand ihrer sozialen Struktur und ihrer Literatur wirkt auf den Aufbau der Tradition zurück. Während Traditionen mit der Zeit voranschreiten, beruht der Aufbau einer inspirierten legitimierenden Tradition auf einer Bewegung in entgegengesetzter Richtung. Tradition ist jedoch keine mythologische Konstruktion, obwohl sei einige mythologische Funktionen ausübt. Die in die Tradition aufgenommenen Werke, — das heißt, die als Teil dieser Tradition betrachteten, — werfen die Probleme auf. Dies kann in einer Situation geschehen, da der scheinbar gültige Teil der Tradition in der allerneuesten Publikation enthalten ist, obwohl die in dieser Publikation behandelten Probleme schon früher in einem bedeutenden Werk aufgeworfen wurden, dessen Erscheinen viele Jahre zurückliegen kann. Andererseits — obwohl die Situation gar nicht so verschieden ist — können Neuerscheinungen sich fortgesetzt ausdrücklich auf ein großes Werk berufen, das viele Jahre zuvor entstanden ist. In unserer Gegenwart besteht die Soziologie aus einer Mischung dieser beiden Beziehungen zur „eigenen Vergangenheit". Bedeutsam dabei ist, daß die Soziologie heute eine weitgehend konsolidierte zentrale Tradition wie auch eine Anzahl von weniger dominanten Traditionen kennt. Diese Gegentraditionen haben eher polemischen als substantiellen Wert. So war der Behaviorismus, wie ihn George A. Lundberg in seinem Werk exemplifiziert, eine solche Gegentradition. Die „kritische Soziologie" — diese Benennung verschleiert einen intellektuell überspitzten Marxismus — ist ebenfalls eine solche Gegentradition. Was die Hervorbringung substantieller Werke von seiten ihrer Anhänger betrifft, zeigt sich, daß diese beiden Gegentraditionen wenig geistigen Nährwert besitzen, und bei näherer Betrachtung stellt sich heraus, daß ihre Anhänger bei der Auswahl der Probleme und wichtigsten operationellen Variablen der vorherrschenden

Tradition folgen. Selbst wenn man zugute hält, daß praktisch alle soziologischen Werke einen Mangel an Eindeutigkeit und Stringenz aufweisen und daß die relative Armut an Daten und die Inkohärenz der empirischen Forschung einer weitgehenden Interpretationsfreiheit Vorschub leisten, kann man nicht umhin festzustellen, daß die von den Anhängern der Gegentradition angebotenen Interpretationen sich wenig von denen der dominanten Theorie unterscheiden.

Die subsidiären Traditionen dagegen sind nicht polemischer Natur. Sie stehen in einem positiveren Verhältnis zur dominanten Tradition und werden von deren Anhängern mit mehr Sympathie betrachtet. Sie haben wesentliches zur dominanten Tradition beigesteuert, obwohl sie außerhalb dieser Tradition entstanden. Hierzu gehören die vergleichenden Religionsstudien von der Zeit Spencers an. Dank der Arbeit von Weber und Durkheim haben die Ergebnisse der vergleichenden Religionswissenschaft in der dominanten Tradition ihren Platz erhalten, obwohl sie noch immer ein autonomes Arbeitsgebiet mit einer eigenen, starken zentralen Tradition bleibt. Ferner ist hier die moderne Wirtschaftsanalyse zu nennen. Die Wirtschaftswissenschaft, angefangen bei Mill und Senior, fand mit den Schriften der europäischen Gründer ihren Weg in die Soziologie. Talcott Parsons gelang es, auch die Marshallsche Ökonomie in sie einzugliedern; seine späteren Bemühungen, auch Keynes neoklassische Wirtschaftstheorien miteinzubauen, waren jedoch weniger erfolgreich.

Sogar die Tier- und Pflanzenökologie und die landwirtschaftliche Standortlehre (von Thünen) fanden Eingang in die aufsteigende zentrale Tradition, die aber wieder verblaßte, als Chikago nicht mehr Zentrum der Soziologie war. Da diese subsidiären Traditionen niemals überzeugend und ausdrücklich von Park oder seinen Mitarbeitern oder Schützlingen integriert worden waren, gingen sie unter, was die Soziologie anbelangt, oder sie machten sich selbständig.

Die psychoanalytische Theorie der Persönlichkeit ist eine weitere Tradition, die in die zentrale soziologische Tradition einging. Einzelne ihrer Behauptungen mögen nicht stimmen: mit dem Mechanismus des Ödipus-Komplexes könnte es anders sein, als die Psychoanalyse es darstellt; das gleiche kann auf Genese und Mechanismen von Aggression, Gewissen, Angst und Verdrängung zutreffen. Nichtsdestoweniger sind die Indikatoren dieser Variablen in dem festgefügten Muster, in dem die Psychoanalyse sie darstellt, in die soziologische Tradition übernommen worden. Die Benennung und Beschreibung dieser Phänomene hat das Bewußtsein der Soziologen, ihre Wahrnehmung für sie geschärft; es hat ihre Fähigkeit, deren Bedeutung und ihr Auftreten unter bestimmten Bedingungen einzuschätzen, vermehrt.

Die soziologische Tradition ist noch andere Verbindungen mit denkerischen Traditionen außerhalb der Soziologie eingegangen, Traditionen verschiedener philosophischer Richtung, — zum Beispiel mit der Phänomenologie, der Rechtswissenschaft, der Anthropologie und ihrem Studium der kulturellen Prägeformen —, Konzepte, die in manchen Fällen gut, in anderen weniger gut integriert wurden. Bisweilen wirkten die übergreifenden Traditionen zugleich aktivierend. Manchmal schlummerten sie auch außerhalb der Soziologie lange Zeit einen Dornröschenschlaf. Hierfür das eklatanteste Beispiel ist die Wiederbelebung der Ideen Tocquevilles, seiner Konzeption der Konsequenzen der Gleichheit, seiner Darstellung der Struktur einer egalitären Gesellschaft. Tocqueville wurde nach dem 2. Weltkrieg zuerst von der politischen Wissenschaft neu entdeckt, und mit dem wachsenden Interesse an der Struktur der Nachkriegsgesellschaften wurden seine Ideen auch in die Soziologie übernommen. Raymond Aron hat Tocquevilles Gedankengänge durch seine Darstellung in *Les Étapes de la Pensée sociologique* nachträglich zum konstituierenden Element der derzeit tonangebenden soziologischen Tradition gemacht.

Soziologie und vergleichende Religionswissenschaft, Soziologie und Ökonomie, Soziologie und Kybernetik, Soziologie und Verwaltungswissenschaft — all diese Verbindungen, die sich modifizierend auf die Inhalte der heutigen Soziologie und des Bildes, das Soziologen sich von ihrer Vergangenheit machen, auswirkten, sind ihrerseits aus Verbindungen und Verschmelzungen von bedeutenden Traditionen hervorgegangen, von endogenen soziologischen Traditionen, die sich mit denkerischen, außerhalb der Soziologie entwickelten Traditionen verbanden. Sie alle aber sind substantiell. Soziologie ist jedoch nicht allein ein System substantieller Aussagen: sie bewegt sich darüber hinaus im Rahmen einer allumfassenden Tradition des Diskurses, in der man Behauptungen beweisen muß. Infolge dieses Gefühls intellektueller Verpflichtung wurden die substantiellen Traditionen der Soziologie in zunehmendem wenn auch nicht gleichem Maße mit den Traditionen beobachtender Technik und Organisation verbunden.

Es gibt eine lange und vielfältige Tradition des soziologischen Verfahrens, die sich — in der praktischen Ausübung und im Rückblick — mehr und mehr mit den wesentlichen Traditionen vermischten. Paul Lazarsfeld hat eine Art retrospektive Tafel erarbeitet, die bis auf Petty und die englischen Demographen des 17. Jahrhunderts zurückgeht. In jüngerer Zeit hat er noch Quételet als Vorläufer aufgespürt. Auch Philip Abrams hat jetzt eine zusammenhängende Darstellung vom Verlauf der „statistischen" Tradition vorgelegt. Mit jedem neuen Schritt in Richtung auf strengere Verfahrensweisen der empirischen Forschung tauchen neue Väter im Pantheon der Götter der soziologischen Tradition auf. Dies wiederum verstärkt die Bewegung der Verschmelzung.

Die Initiative zur Verbindung von endogenen mit exogenen Denktraditionen ging stets von der Soziologie aus. In diesem Sinn ist die Soziologie ein Bereich mit eigenem Schwerkraftzentrum und eigenem diskriminatorischen Fähigkeiten geworden, was zu einer fortgesetzten Erweiterung der Soziologie in bezug auf ihre Themen, auf die Differenzierung ihres analytischen Schemas und den entsprechenden interpretativen Hypothesen führte; dies hat außerdem ein Ansteigen des Standards ihrer Verfahrensweisen zur Folge.

Die als soziologisch betrachtete Tradition ist heterogen, nicht nur was ihren Kern betrifft, sondern auch in bezug auf ihre implizite Werbung des relativen Ranges der verschiedenen Strömungen. Dieser Heterogenität verdankt sie Unvollkommenheit der Assimilierung oder Integrierung der vielen subsidiären oder beitragenden Traditionen. Die verschiedenen Strömungen werden nicht von allen Soziologen gleicherweise gebilligt. Dem steht nicht nur eine unterschiedliche Wissensspezialisierung im Wege, sondern auch die Verschiedenheit der Interessen und Wertungen, was soviel heißt, daß bestimmte Soziologen diesen oder jenen Strömungen oder Spielarten von Traditionen mehr zuneigen als anderen.

Die Soziologie lebt indes nicht von ihrem geistigen Erbe allein, und ihre Anstrengungen beschränken sich nicht nur auf die Verfeinerung und Anreicherung jenes Erbes durch das Studium der sich dabei bietenden Probleme sowie auf die Eingliederung neuer Elemente aus exogenen Denktraditonen. Sie besteht nicht allein im Rahmen ihres primären institutionellen Systems, sondern innerhalb der ganzen großen Welt. Diese Welt ist ihr Gegenstand. Auch Soziologen gehören unterschiedlichen sozialen Klassen, ethnischen Gruppen, Religionsgemeinschaften und politischen Organisationen an und teilen zu gewissem Grad die Kultur dieser sozialen Systeme. Auch sie sind Mitglieder ihrer Gesellschaft und ihrer Generation und teilen in gewissem Maß deren kognitive Auffassungen und Werturteile. Auch Soziologen sind Bürger und reagieren auf die Probleme ihrer Gesellschaft. Die Institutionalisierung der Soziologie hatte die Ausbildung von Studenten für ihre Rollen in jener Welt zur Folge. Die Institutionalisierung an sich wurde beträchtlich gefördert dadurch, daß die Inhaber einflußreicher und angesehener Positionen in jener großen Welt die Überzeugung gewannen, die Soziologie könne über die Weiterentwicklung der soziologischen Tradition hinaus einen Beitrag für die Welt leisten. In den letzten Jahrzehnten trug zur Institutionalisierung der Soziologie teilsweise auch ihre Subventionierung durch Forschungsaufgaben (oder -aufträge) bei, die ihr die Auftraggeber übertrugen wie auch durch Forschungen im Rahmen öffentlicher und privater Körperschaften, die in der Praxis mit gewissen Problemen befaßt waren.

Man hat behauptet, die Soziologie wähle sich ihre Probleme und Gegenstände oft nur nach Wertgesichtspunkten *(value-relevance)* aus und nicht ausschließlich danach, wie weit sie zum Problemkreis einer Denktradition gehören. Zum Beispiel soll die von den Chikagoer Soziologen erarbeitete Studie über die Negerfrage angeblich in Reaktion auf die Probleme der Urbanisierung und Migration in Angriff genommen worden sein. Aber meines Erachtens war diese Studie mindestens ebenso wichtig wie irgendwelche Studien über Wettbewerbs-, Konflikt-, Anpassung- und Assimilationsprobleme es gewesen wären. Diese Kategorien hatte Park aufgrund seiner Beschäftigung mit Simmel, Kistiakowskỳ und Gumplowicz, mit dem Werk eines dänischen Ökologen und durch eigene direkte Beobachtungen wie durch historische Studien entwickelt. Ich halte sie immer noch für die mehr oder weniger geeigneten Kategorien für das Studium von Gruppenbeziehungen, inbegriffen der Beziehungen zwischen Weißen und Schwarzen in den Vereinigten Staaten. Vor dem 2. Weltkrieg erfuhr das Studium des Negerproblems weitere Bereicherung durch die Einführung gewisser annähernd psychoanalytischer Variablen, und es entstand eine Anzahl wertvoller Monographien in dieser Richtung. Doch mit der Verlagerung des Zentrums des institutionellen Systems der Soziologie, — zu einer Zeit, da das Negerproblem nicht weniger dringend war als zuvor, — an eine Universität, deren Tradition sich nicht speziell mit dem Thema der ethnischen Beziehungen befaßte, hörte das Negerproblem auf, Gegenstand der Untersuchung zu sein. Dies fiel zeitlich mit der Veröffentlichung von Myrdals umfangreicher Synthese der früheren amerikanischen — zu großem Teil Chikagoer — Forschung zusammen. Warum? Hatte man die analytischen Probleme von Wettbewerb, Konflikt, Anpassung, Assimilation so erschöpfend gelöst, daß sie nichts Interessantes mehr zu bieten hatten? Oder hatte die Negerfrage ihre „Problematik" für die Vereinigten Staaten verloren? Keine dieser Begündungen scheint mir akzeptabel.

Das Nachlassen des intellektuellen Interesses an der Negerfrage in den Vereinigten Staaten war das Ergebnis vieler Faktoren. Erstens hatten die neuen Studienzentren der Soziologie — insbesondere Harvard und Columbia — ihre eigenen substantiellen denkerischen Traditionen, zu denen das Negerproblem nicht gehörte. Bei Max Weber fand dieses Thema wenig Aufmerksamkeit: nur eines von elf Kapiteln seiner *Wirtschaft und Gesellschaft* ist *ethnischen Gemeinschaften* gewidmet, und auch Parsons zollte ihnen keinerlei Aufmerksamkeit bis 1960, als das Negerproblem in den Vereinigten Staaten akut wurde. Meines Wissens sind, von allerjüngster Zeit abgesehen, nicht mehr als zwei Dissertationen in Harvard über die Schwarzen verfaßt worden. An der Columbia Universität, wo eine Reihe von interessanten Dissertationen über das Negerproblem entstanden war, zum Beispiel in den 30er Jahren *Sea Island to City*, verschwand dieses Thema nahezu in der Merton-Lazarsfeld-Epoche. Mertons eklektisch analytisches Vorgehen hätte auf fast jedes Thema angewandt werden können, und ebenso wäre Lazarsfelds technische Virtuosität für die Untersuchchung des Rassenkonflikts oder der Gesellschaft sehr nützlich gewesen. Und auch in Chikago ließ, nach der erwähnten Neuorientierung und unter dem Anstoß des in Harvard und Columbia praktizierten Stils soziologischer Theorie und Forschung, das Interesse an den Negern nach. Das alte Zentrum der Soziologie verlor das Vertrauen in seine eigene Tradition.

In den 60er Jahren, als der Rassenkonflikt sich unvorhergesehen verschärfte, lebte das Studium des Negerproblems wieder auf, doch in engerem und auf jeden Fall anderem Rahmen als dem, der früher maßgeblich gewesen war. Von den neuen Meßtechniken zur Ermittlung der beruflichen Diskriminierung oder des Anteils der Negergemeinden am Nationaleinkommen und so weiter machte man zwar Gebrauch, doch die strukturellen Untersuchungen der sozialen Beziehungen zwischen Weiß und Schwarz, wie sie in der Tradition von Thomas, Park, Burgess, Franklin, Frazier, Bertram Doyle und Charles Johnson entwickelt worden waren, wurden nicht wieder aufgenommen. Das „Negerthema" der Soziologie hätte vielleicht die Periode von 1940 bis 1960 überlebt, wäre der Chikagoer Tradition eine bündige theoretische Formulierung zuteil geworden, die in das neue in Harvard entwickelte Schema einfach übernommen werden konnte. Da sie aber über fragmentarische, nur implizit kohärente Behauptungen nicht hinausgelangt war, unterlag sie im Wettbewerb. Also verschwand ihr Idiom totz der analytischen Affinität mit den neuesten Entwicklungen der soziologischen Tradition von der Szene, und damit ihr spezielles Thema. Hätte das Idiom in das neue analytische Schema Eingang gefunden, würde auch das Thema überlebt haben.

Das Auf und Ab im Studium der Negerprobleme in den USA könnte ein Anzeichen sein, daß die substantielle analytische oder theoretische Tradition von exogenen außenwissenschftlichen Vorgängen nicht berührt wurde. Der Wandel der substantiellen oder thematischen Tradition war, wie ich es sehe, weitgehend auf die

Anziehungskraft bestimmter analytischer Traditionen für spezielle Themen und Fachtraditionen zurückzuführen wie auf Veränderungen im institutionellen System der Soziologie (zum Beispiel den Verlagerungen des Zentrums). Das Wiederauftauchen des Negerproblems als soziologisches Forschungsthema war in der Tat eine Folge exogener, außer-wissenschaftlicher, mit Sicherheit nicht soziologischer Ereignisse. Ist aber das analytische System als solches von außerwissenschaftlichen Vorgängen beeinflußt worden? Antwort: es bleibt überwiegend ein Produkt der soziologischen Tradition und ihrer Ausweitung in Richtung der von der Tradition der Wirtschaftsanalyse entwickelten Soziologie (insbesondere im Werk Professor Gary Becker's und Kenneth Arrow's).

Das Studium der „Populär-" oder „Massenkultur" bietet ein weiteres Beispiel für das Wechselspiel zwischen endogenen und exogenen denkerischen Traditionen und exogenen, außer-wissenschaftlichen Vorgängen. Diese Tradition wurde von Tönnies, Simmel, Weber, Mannheim und Horkheimer entwickelt. Doch war dies eine Reaktion zum einen auf das Erlebnis des Nationalsozialismus und dessen Triumph in Deutschland, zum anderen auf die enorme Ausweitung der Untersuchungen über die Massenmedien beziehungsweise ihrer Inhalte und über die „Exposition"(„exposure": sich den Massenmedien aussetzen), die in den 50er Jahren ganz besonders das Interesse der Soziologen an der Massengesellschaft in Anspruch nahmen. Infolge von Wandlungen in den politischen Anschauungen der literarischen und der publizistisch tätigen Intelligenz in den USA, — der Desillusionierung über den Marxismus wegen seiner Identifikation mit dem Stalinismus, und der Enttäuschung über die arbeitenden Klassen, die sich nicht als Träger der Revolution und als die „Erben der deutschen klassischen Philosophie" erwiesen, — richtete sich das aktive Interesse auf gewisse Elemente der zentralen soziologischen Tradition. Die außer-wissenschaftlichen Vorgänge — Nationalsozialismus und Wirkung der Massenkultur — führten die Soziologie von ihrem Wege nicht ab; sie wurden einfach von ihr assimiliert.

Ein weiteres, im Rahmen der zentralen soziologischen Tradition entwickeltes Fachgebiet ist die von Privatunternehmern geförderte, stark unter dem Einfluß Durkheimscher und Weberscher Ideen (Anomie und Bürokratie) stehende Industrie- und Arbeitssoziologie. In den Vereinigten Staaten, — nicht aber in Großbritannien, — verlor dieses Fach mittlerweile an Anziehungskraft, wenn auch offenkundig nicht an intellektueller oder praktischer Bedeutung. Die amerikanischen Soziologen haben sich von ihm abgewandt,[34] und sind zu organisatorischen Analysen und Berufsstudien (zu medizinischer-, Wissenschafts- und Rechtssoziologie) im Sinne von Max Weber und Herbert Simon übergegangen. Das theoretische oder analytische Schema ist, wie durch die kulturelle Tradition vorgegeben, das gleiche geblieben, wurde jedoch mit neuen Daten angereichert und differenziert. Dieser Interessenwandel im Blick auf spezielle Gegenstände und Themen hängt vielleicht davon ab, wie weit für sie finanzielle Unterstützung gewährt wird, und auch davon, daß die einen mehr öffentliches Prestige genießen als die anderen, insbesondere die wissenschaftlichen Berufe. Und schließlich mag dabei mitsprechen, daß die Arbeiterklasse in Kreisen der Intelligenz an Ansehen verloren hat. Als neuestes haben die Soziologen in den USA sich wieder dem Proletariat zugewandt, aber weniger dem in Arbeit stehenden, „anständigen" Proletariat als vielmehr den Arbeitslosen, den „Armen" oder dem, was Marx als „Lumpenproletariat" bezeichnete. Dieser Wandel ist zum Teil auf Verlagerungen des öffentlichen Interesses wie der Interessen intellektueller Kreise zurückzuführen, aber eben auch darauf, welche Forschungsgelegenheiten sich aufgrund angebotener finanzieller Unterstützung bieten. Die Interessensverlagerung erfolgte freilich erst jüngeren Datums, aber bislang gibt es noch keine Anzeichen, daß sie sich auf die intellektuelle Struktur der zentralen Tradition ausgewirkt hätte.

In Großbritannien befaßt sich die stark angewachsene soziologische Forschung überwiegend mit der Arbeiterklasse und den Armen. Dies zeugt von der Stärke der britischen Tradition — die noch weitgehend von der vorakademischen Zeit der statistischen Erhebungen des 19. und beginnenden 20. Jahrhunderts bestimmt ist —, ferner auch davon, daß für diese Fachgegenstände Mittel bereitgestellt werden. Die Macht dieser im Modell englischer Sozialerhebungen wurzelnden Tradition war in England so groß, daß sich eine analytische Tradition, wie sie auf dem Kontinent und in den Vereinigten Staaten das Übergewicht hatte,kaum zu entwickeln vermochte. Aber selbst dann halten sich die wichtigsten Beiträge zur Analyse, — T. N. Marshall's *Citizenship and Social Class* und die Schriften von Michael Young und David Lockwood, — noch in der dominierenden zentralen Tradition.

Diesen wenigen, flüchtig skizzierten Beispielen können wir entnehmen, daß exogene außer-wissenschaftliche Anstöße in der Tat wesentlich dazu beitrugen, neue Fachgegenstände und Themen in den Mittelpunkt der Aufmerksamkeit der soziologischen Forschung zu rücken. Es läßt sich indes nicht behaupten, daß sie vergleichbare Wirkung auf den analytischen Bezugsrahmen der zentralen soziologischen Tradition gehabt hätten. Dieses Bezugssystem ist von außerordentlicher Kontinuität und Stabilität. Dabei bleibt es in seinen Hauptkategorien vage und mehrdeutig, und im Verlauf des vergangenen Vierteljahrhunderts ist nur wenig zu seiner Differenzierung und Vertiefung geschehen. Die wichtigsten

Neuerungen resultierten aus dem Zustrom anderer exogener geistiger Traditionen, und diese sind bis heute noch nicht systematisch in die dominierende Tradition integriert worden.

4.5 Formen soziologischer Literatur

Eine Tradition kann auf verschiedene Weise Einfluß auf eine akademische Disziplin nehmen. Zum einen kann die Produktion der jüngsten Zeit den unmittelbaren Ausgangspunkt bilden; ihr wiederum dienen frühere Produktionen als Ausgangspunkt, und so fort. Zum anderen können Arbeiten aus relativ weit zurückliegender Zeit – einer Vergangenheit mittlerer zeitlicher Entfernung – aufgrund eines ähnlichen Ausgangspunktes, den sie enthalten, oder eines Bezugssystems von Begriffen, Variablen und fundamentalen Problemen wirksam werden, in dessen Rahmen Arbeiten entstehen, die eine Reihe von weiteren resultierenden Ausgangspunkten liefern. Solche Werke sind Monumente des Faches, und zwar nicht nur als Ehrenmal, vielmehr haben sie beträchtliche Wirkung. Sie sind das, was Thomas Kuhn „Paradigmen" nennt. Doch werden sie lediglich anläßlich gelegentlicher Ehrungen angeführt. Worin beruht nun ihre erneuernde Wirkung? Im jüngsten Stadium der Tradition, denn dieses enthält das für die Entwicklung des Wissensgutes auf dem jeweiligen Gebiet Relevante, – die detaillierte Forschung, die den unmittelbaren Ausgangspunkt für das künftige Entwicklungsstadium des Faches bildet. Eine dritte Weise der Auswirkung einer Tradition besteht darin, daß man fortgesetzt auf das Monument zurückgreift.

Diese drei Arten von Beziehung zwischen kontemporärem Wer des Faches und Tradition des Faches entsprechen der Form naturwissenschaftlicher wie auch soziologischer Werke.

Die naturwissenschaftliche Arbeit besteht meist in einem kurzen Forschungsbericht oder Papier. In ihr wird eine Hypothese aufgestellt, diese zu früheren Forschungen in Beziehung gesetzt, es werden der Forschungsrahmen oder das experimentelle Verfahren sowie die Beobachtungen oder experimentellen Ergebnisse beschrieben sowie eine aufgrund der dargestellten Untersuchungsergebnisse notwendig werdende Modifizierung früherer Hypothesen oderAnsichten zum Vorschlag gebracht. Solche Arbeiten können die Form einer Monographie haben, die sich durch Originalität der Interpretation der Forschungsergebnisse auszeichnet, oder die Form von Lehrbüchern, die zusammenfassend all das enthalten, was man an Kenntnissen bei Studenten und Forschungsassistenten auf einem bestimmten wissenschaftlichen Entwicklungsniveau voraussetzen muß.

Auch in der Soziologie werden – unter Berücksichtigung der zwischen Soziologie und Naturwissenschaft bestehenden Verschiedenheiten des Verfahrens und der intellektuellen Struktur – die Werke meist in folgender Form verfaßt: als monographische Abhandlungen, die den speziellen Forschungsgegenstand beschreiben, zum Beispiel, einen bestimmten territorialen Sektor der Gesellschaft oder eine Gruppe oder eine soziale Schicht oder einen (freien, akademischen) Beruf. Bei Monographien beträgt der physische Umfang etwa 20 000 Worte oder, häufiger noch, 100 000 Worte, was dem Umfang eines Buches entspricht. (In letzteren sind erstere oft enthalten.) Sie bringen viele deskriptive Data, die analysiert werden, und schließen für gewöhnlich mit einer allgemeinen Interpretation des Phänomens und seiner Beziehung zu seiner erweiterten Umwelt. Die Monographien oder monographischen Abhandlungen heben für gewöhnlich auf ein Problem ab (auf die Beziehungen zwischen Variablen), obwohl sie nach außen hin einen bestimmten Gegenstand oder ein Thema abzuhandeln scheinen, zum Beispiel die medizinischen Berufe in einer bestimmten Gegend, ein bestimmtes Dorf oder einen Prozeß wie beispielsweise die soziale Mobilität in einem bestimmten Land. Auch gibt es Monographien, die sich mit der Lösung eines Problems auseinandersetzen. Zu Anfang wird in ihnen der Versuch unternommen, ein auffallendes Phänomen zu erklären, – zum Beispiel die spezifisch kapitalistische, vom Calvinismus geprägte Wirtschaftsgesinnung in Max Webers Schrift *Die protestantische Ethik und der Geist des Kapitalismus,* oder wie in Durkheims *Suicide* die Ursachen der verschiedenen Arten des Suizid oder in Paul Lazarsfelds *The Peoples Choice* die Wirkung von politischen Werbekampagnen auf die Wählerschaft.

Dann gibt es den Zeitschriftenartikel (das Gegenstück zum Forschungsbericht), der Überblick gibt über den derzeitigen Wissensstand bezüglich eines bestimmten Problems, der eine Hypothese aufstellt und sämtliche Data präsentiert, die über die Ergebnisse der vom Autor oder anderen gemachten Beobachtungen Aufschluß geben und die resultierende Interpretation der Data mit früheren Interpretationen in Einklang zu bringen sucht.

Ferner gibt es den Essay, der darauf abzielt, bestimmte Ideen (Konzepte, Kategorien von Prozessen, Variablen usw.) zu erhellen, zu verfeinern und zu differenzieren, ohne Zuhilfenahme von Beobachtungen, es sei denn zu illustrativen Zwecken.

Es gibt auch die theoretische Abhandlung, der es um die Darbietung „aller" Hauptbegriffe oder Variablen geht, die der Autor für soziologisch relevant hält, wie um die Aufstellung von Hypothesen über das Verhalten dieser Variablen bei unterschiedlichen Bedingungen. Hier könnte man so verschedenartige Werke wie *Wirt-*

schaft und Gesellschaft von Max Weber, *Social System* von Talcott Parsons und *Social Behavier* von George C. Homans als Beispiel anführen. Solche theoretischen Abhandlungen können sich auf niederer Ebene auch zu einer Textsammlung ausweiten, die sämtliche Begriffe und Variablen erläutert und sie mit Daten illustriert. Für diese Art Arbeit sind *Society: An Analysis* von H. M. Kingsley Davis und Wilbert Moore, *Sociology* von H. M. Johnson und *Introduction to the Science of Sociology* von Park und Burgess repräsentativ. Für gewöhnlich enthalten soziologische Lehrbücher viel deskriptives, aus Monographien und Artikeln übernommenes Material, das aber selten als unbestritten und allgemein anerkannt gilt – im Gegensatz zu naturwissenschaftlichen Lehrbüchern.

Schließlich gibt es die Essaysammlungen einzelner Autoren, eine Form, die seit Ende des 2. Weltkriegs relativ verbreitet ist. In der Tat, unter den Essaysammlungen sind einige der einflußreichsten Bücher der beiden letzten Jahrzehnte zu finden. Die Essays bestehen für gewöhnlich in Begriffsanalysen und Ausarbeitungen bestimmter Themen und sind weniger als wissenschaftliche Artikel zu bezeichnen.[35] Solche Essaysammlungen kennt man auch in den Naturwissenschaften, doch meist sind sie, als Werke überragender, lebender und nicht mehr lebender Autoren, denkwürdig in der Intention, und viele der in ihnen veröffentlichten Papers haben bereits ihre große Rolle für die Entwicklung dieser Fächer ausgespielt und ihre unmittelbare Nützlichkeit überlebt. Ihre Funktion unterscheidet sich von der soziologischer Essays insofern, als diese langlebiger sind.

Der Hauptunterschied zwischen soziologischen und naturwissenschaftlichen Wachstumsstrukturen wird aus der Funktion des essayistischen Sammelwerkes deutlich. Das wichtigste Mittel der schnellen, nicht-oralen Kommunikation ist in den Naturwissenschaften der Forschungsbericht, und in allerjüngster Zeit spielt auch der Vorabdruck diese Rolle. Der Forschungsbericht in originaler Form hat insofern für die Wissenschaft besondere Bedeutung, als er, bis er glücklich in Buchform erscheint, meist nur noch von historischem Interesse ist. Ganz anders ist es mit dem soziologischen Essay in Buchform. Der naturwissenschaftliche Vorabdruck ist notwendig wegen des Tempos, in dem heute Modifizierung und Ergänzung der Tradition vor sich gehen; der Neudruck eines soziologischen Essays hingegen ist Ausdruck der anhaltenden Dominanz einer Tradition, insbesondere der Dominanz ihrer Denksteine. Das soziologische Essay kann, da es langlebig ist, in einem Buch Aufnahme finden, wohingegen ein naturwissenschaftlicher Aufsatz seine Aufgabe innerhalb relativ kurzer Zeit nach Erscheinen erfüllt.[36] Dies ist der weit stärkeren thematischen Eingrenzung naturwissenschaftlicher Forschungstätigkeit zuzuschreiben, ferner dem größeren Konsensus, was Perzeption und Interpretation der Resultate einer bestimmten Einzelforschung betrifft, und schließlich der schnelleren Reaktion in Gestalt weiterer Untersuchungen der von ihr aufgeworfenen Probleme.

In den Naturwissenschaften zieht der Abschluß einer bestimmten Forschung auch ihre Veröffentlichung nach sich, da Wissenschaft Gemeinbesitz – einer wissenschaftlichen Gemeinde – ist, und Wissenschaft, die nicht Gemeinbesitz einer wissenschaftlichen Gemeinde wird, ist keine Wissenschaft. Veröffentlichung ist daher integraler Bestandteil einer Entdeckung. Eine Forschung, die nicht zum Fundus der Wissenschaft beiträgt, oder die nicht veröffentlicht wird ist vergebene Mühe. Wird die Veröffentlichung hinausgezögert, veralten die Forschungsergebnisse für gewöhnlich. Sie werden überholt durch Forschungsresultate anderer. Die Gefahr schnellen Überholtseins ist Wirkung der präzisen Formulierung der naturwissenschaftlichen Probleme sowie ihrer größeren Spezifizierung und Konzentration.

In der Soziologie gibt es, im Vergleich zu irgendeinem ähnlich umfangreichen naturwissenschaftlichen Gebiet, relativ wenig Beispiele für eine sehr spezifizierte Artikulierung in sukzessiv veröffentlichten Forschungsberichten. Zum Teil ist dies eine Folge der weit geringeren Spezialisierung, zum Teil aber auch der weit weniger differenzierten Arbeitsteilung. Die weniger differenzierte Arbeitsteilung in der Soziologie ist ihrerseits eine Folge a) der weit größeren Menge an naturwissenschaftlichen literarischen Publikationen, b) des damit eng verbundenen Phänomens der Vielzahl von Personen, die auf allen möglichen Spezialgebieten der Naturwissenschaften tätig sind. Aber ohne die spezifizierte Konzentration und den größeren Konsensus hinsichtlich der entscheidenden Probleme – der, anders als in der Soziologie, in den Naturwissenschaften besteht – würde die größere Anzahl von Menschen, die in einem Problem arbeiten, geringe Konsequenzen für die Lebensspanne eines Forschungsberichtes oder Aufsatzes haben. Diese stärkere Konzentration vieler Geister auf ein besonders, spezifiziert umrissenes Problem resultiert in dem bereits erwähnten schnelleren Veralten naturwissenschaftlicher Arbeiten.

Die Form eines Werkes hängt also eng mit dem Denkstil und dem analytischen Verfahren eines Faches zusammen, und ebenso mit dem Umfang und der Struktur seines institutionellen Systems.

4.6 Professionalisierung der Soziologie

Während noch um die Jahrhundertwende nur wenige in der Welt sich als Soziologen bezeichneten und noch weniger ihren Lebensunterhalt davon bestreiten konnten, gibt es heute viele Tausende, die davon leben: die Soziologie lehren oder das, was Universitätslehrpläne als Soziologie bezeichnen, die in staatlichen Dienststellen, unabhängigen Forschungseinrichtungen, in Marktforschungs- und Meinungsforschungsinstituten, in Industrieunternehmen, Krankenhäusern beschäftigt oder beim Militär zu — als soziologisch klassifizierten — Forschungszwecken eingestellt sind. Die Mehrzahl der Colleges und Universitäten in aller Welt haben der Soziologie einen Platz in ihrem Lehrplan eingeräumt, was vielen Interessenten die Spezialisierung der Qualifizierung für einen akademischen Grad in Soziologie ermöglicht. Es gibt nahezu einhundert Fachzeitschriften aller Sprachen, deren Titel oder Untertitel das Wort Soziologie enthalten. Ferner existieren etwa dreißig nationale soziologische Berufsverbände, und in manchen Ländern gibt es noch spezialisiertere berufliche Vereinigungen, die sich als Organisationen soziologischer Fachrichtungen verstehen. Die Soziologie ist zum Gegenstand eines regulären akademischen Berufes geworden.

Eine der Folgen dieser Professionalisierung zeigt sich in der Tendenz zur Homogenität. Zwar bestehen noch Unterschiede zwischen den dominanten Typen der Soziologie — in bezug auf theoretische Neigungen, Forschungsgegenständen und bevorzugten Techniken —, dennoch herrscht eine allgemeine soziologische Kultur in der Welt und ebenso, trotz Spezialisierung, in einzelnen Ländern, in denen es viele Soziologen gibt. Es stimmt, daß die englischsprachige Soziologie die Vorteile asymmetrischer Zugänglichkeit genießt: Überall in der Welt lesen Soziologen in Englisch verfaßte soziologische Schriften, während Soziologen der englischsprachigen Welt weniger Publikationen aus anderen Ländern lesen und das selbst dann, wenn sie in Englisch verfaßt sind (wie *Acta Sociologica* und *Sociologica Neerlandica*).

Bewirkt Professionalisierung — der Triumph der Institutionalisierung — eine Isolation der soziologischen Tradition von anderen akademischen oder nichtakademischen Denktraditionen? Nicht notwendigerweise. Aus sprachwissenschaftlicher Sicht hat die englischsprachige Soziologie die Möglichkeit der eigenen Isolation heraufbeschworen, und zwar durch ihre schwerfällige und unpräzise Terminologie und ihren barbarischen Stil. Aber in Wirklichkeit ist es nicht zur Isolation gekommen. Die intellektuelle Neugier der gebildeten Klassen außerhalb der Soziologie ist gewachsen, so daß sie die stilistischen Zumutungen in Kauf nehmen. Vielleicht wissen sie es nicht besser, vielleicht ist es ihnen gleich, — was auch immer der Grund dafür sein mag, die Soziologie ist trotz ihrer verheerenden literarischen Qualität Nichtsoziologen unzugänglich geworden. Es ist auch nicht einmal wahrscheinlich, daß die — zumindest in gewissem Grad – in Aussicht stehende Mathematisierung der Soziologie sie von den ebenfalls zunehmend mathematisch Gebildeten isolieren wird.

Wie weit die Soziologie für Nichtsoziologen zugänglich ist, nimmt freilich geringeren Raum in meiner Sorge um das Wachstum der Soziologie ein als die Frage, wie weit die Denktraditionen außerhalb der Soziologie für Soziologen zugänglich sind. Sollte die soziologische Tradition in ihrem heutigen, noch vor-wissenschaftlichem Zustand von anderen Denktraditionen isoliert werden, so wäre das schlimm. Doch halte ich diese Gefahr nicht für groß. Zum einen ist das Muster der dominanten Tradition noch offen; seine Festigkeit und Dauerhaftigkeit ist nicht das Ergebnis streng logischer Kohärenz. Ihre Lücken sind teilweise auf die Besonderheit der zentralen Probleme aus der Anfangszeit der Soziologie zurückzuführen wie auch auf ihre übertriebenen Generalisierungen. Unter anderem bedarf die Soziologie dringend eines ständigen Zuflusses aus anderen Geistestraditionen. Die große Anzahl an Soziologen und die Vielfalt substantieller Gegenstände, mit denen Soziologie sich befaßt, mag Gewähr bieten dafür, daß zumindest ein kleiner Prozentsatz der Soziologen auch Entwicklungen anderer Geistestraditionen in ihren Wissensschatz eingehen läßt. Ein kleiner Prozentsatz an Soziologen, die aus anderen Disziplinen kommen oder wissen möchten, was in ihnen vorgeht, werden der Soziologie neue subsidiäre Traditionen zuführen. Darüber hinaus gibt es trotz der Selbstbeglückwünschung gewisser Soziologen zur Konstituierung ihres Berufes genug andere, die sich mit dem Ererbten nicht begnügen mögen und daher für Neuerungen empfänglich sind. Die institutionelle Struktur der soziologischen Abteilungen, die Konkurrenz unter den Zentren und der Wetteifer zwischen Zentren und Peripherie werden wahrscheinlich die Weiterentwicklung des Byzantinismus in der Soziologie vereiteln.

4.7 *Dominanz der Tradition in der Entwicklung der Soziologie*

Mit zunehmender Institutionalisierung wurde die Soziologie auch produktiver. Die institutionalisierte Ausbildung hat einen Menschentyp hervorgebracht, der über gewisse Forschungstechniken, ein Mindestmaß an soziologischer Bildung und einen Ethos verfügt, der auf Forschung Gewicht legt. Die Institutionalisierung der Forschung, – das Angebot an Rollen, Geldmitteln und Einrichtungen, die Standardisierung der Forschungsmethoden sowie die intellektuelle und soziale Anerkennung dieser Forschung – trägt wesentlich zur Erweiterung des Forschungsumfangs bei. Dies gilt vor allem für die Vereinigten Staaten, trifft aber auch auf Länder zu, in denen der jetzige Forschungstyp weit jüngeren Datums ist, und unabhängig davon, ob er neu eingeführt wurde oder man eine ältere Tradition in seinem Sinn modifizierte.

Diese Wandlung ist unter dem Zeichen der „Wissenschaft" vor sich gegangen. Soziologen sind mehr und mehr davon überzeugt, daß ihr Fach zur Familie der Wissenschaften gehört; sie wünschen sich Wissenschaftlichkeit. Die ewigen Diskussionen über den Unterschied zwischen Natur- und Sozialwissenschaften sind ebenso verschwunden wie die Argumente, die bewiesen, daß die Soziologie einen rechtmäßigen Platz im System der Wissenschaften einnimmt. Die Diskussion, inwieweit die Soziologie eine Naturwissenschaft ist, ist längst kalter Kaffee. Zum Teil äußert sich das wissenschaftliche Selbstverständnis der Soziologie in der Bevorzugung der Publikationsform des Zeitschriftenartikels. Mit der Flut der Literatur wächst auch die Zahl der soziologischen Subgruppen in fast allen soziologischen Nebenfächern; ein Soziologe kann heute sein Berufsleben oder einen Großteil davon als Spezialist der verschiedensten Teilgebiete verbringen, als da sind Militärsoziologie, Alterssoziologie, Soziologie der Massenmedien, soziologische Untersuchungen der Urbanisierung, der Polizei, der Drogensucht usw. Viele Spezialgebiete gelangten zu einem eigenen Selbstverständnis mit eigenen Eliten und Gegen-Eliten, einer eigenen Kultur und bisweilen auch eigenen Zeitschriften. Die Literatur der einzelnen Spezialgebiete tendiert zunehmend zur Abgrenzung gegen andere Fächer.

Als die Soziologen „Professionelle" wurden, was sie stolz behaupteten, wurde die Spezialisierung akzeptiert, manchmal mit dem Stoizismus wie er in *Wissenschaft als Beruf* empfohlen wurde, manchmal mit dem Anschein von Selbstbeglückwünschung. Die neuen Professionellen der Soziologie sind nüchterne Realisten. Vom behaglichen Lehnstuhl wollen sie nichts wissen. Umfragen sind für sie „Instrumente", sie sprechen von „Forschungstechnologie", sie beherrschen die Sprache der Computer, sie fühlen sich über die „große Theorie" erhaben und tragen sich allzeit mit irgendwelchen Verhandlungen um Förderungsmittel für Forschungsprojekte. Sie sind im Begriff, eine Wissenschaft aufzubauen, und also solche muß sie heutzutage spezialisiert und kumulativ sein.

Aber ist sie denn kumulativ? Vor vielen Jahren habe ich mal über die Diskontinuität der soziologischen Entwicklung geschrieben. Ich dachte dabei unter anderem an die Unbeständigkeit mancher Soziologen; sie greifen einen Gegenstand auf, kultivieren ihn eine Weile und lassen ihn wieder fallen, ehe seine Entwicklung Frucht trug. Ich hatte zum Beispiel auch Humanökologie und Primärgruppenforschung im Sinn. Darüber hinaus zielte ich auf die spezifische Inkohärenz der exakten Erforschung eben derselben Variablen ab. Und dieser Typus von Diskontinuität spezialisierter Untersuchung offensichtlich der gleichen Variablen besteht relativ unvermindert noch heute, trotz der unbestrittenen größeren „Wissenschaftlichkeit" der Soziologie.

Spezialisierung hat ihre Grenzen. Diese sind ihr nicht durch die Sterilität einer hemmungslosen Einengung des Blickfelds — jenes „mehr und mehr über weniger und weniger Wissens" — gesetzt. Vielmehr sind sie aus derselben Institutionalisierung gegeben, die eine Spezialisierung ermöglichte. In allen Ländern (und zunehmend zwischen den Ländern) bilden sich intellektuelle Gemeinden, die untereinander ihre Arbeiten lesen, bisweilen sogar vor der Publikation. Alle lesen mehr oder weniger die gleiche Literatur; viele ihrer Mitglieder stehen mit denen anderer Gemeinden in Kontakt, nicht nur durch die Lektüre ihrer Schriften, sondern auch auf dem Wege der Korrespondenz und durch persönliche Begegnungen auf Tagungen und bei Besuchen. Natürlich bestehen innerhalb der spezialisierten Gemeinden Meinungsverschiedenheiten in bezug auf Methoden, Ergebnisse und Interpretation, doch versucht man, die Differenzen auszugleichen und sie künftig zu vermeiden, indem man Kategorien und Methoden standardisiert. Nichtsdestoweniger werden durch Spezialisierung die Mitglieder des einen Spezialgebietes keineswegs von denen anderer, gleichermaßen spezialisierter Fächer völlig isoliert.[37] Es gibt kein Gebiet, das sich nicht auf andere spezialisierte Gebiete auswirkte. So kann zum Beispiel der Soziologe, der sich der Alterssoziologie widmet, nicht umhin, die Literatur der Familien- und Stadt/Land-Soziologie, der Demographie, der Geriatrie, der medizinischen Soziologie und so fort zu studieren. Infolgedessen erstreckt sich der Konsensus in bezug auf Forschungsmethoden, Ergebnisse und mögliche Interpretationen über die Grenzen der Spezialistengemeinden hinweg und wird in angrenzenden Fächern geteilt. Auf diese Weise ist die gesamte Soziologie durch überlappende Sonderinteressen verbunden. Bislang hat die Sozialisierung der Soziologie nicht so weit überhand genommen, daß irgendein Fachgebiet sich vollständig aus dem intellektuellen Verband oder der soziologischen Familie in ihrer Gesamtheit zu lösen scheint, noch wird das in absehbarer Zukunft der Fall sein.

Ferner sind der Spezialisierung Grenzen gesetzt durch die Dominanz jenes institutionalisierten traditionellen Systems, das im Essay, weniger häufig in der Abhandlung seine Form findet. Schließlich ist die Institutionalisierung in Universitäten vor sich gegangen, und an Universitäten ist man stolz auf abstrakte Ideen. Wenn ein Jungakademiker als Student Soziologie belegte, so hat er eine den Soziologen gemeinsame Bildung erworben; selbst wenn er ein anderes Fach studierte und seine soziologischen Studien in einer spezialisierten Forschung aufnimmt, absorbiert er nichtsdestoweniger etwas von der soziologischen Allgemeinbildung, die überwiegend auf der dominanten Tradition und einigen subsidiären Traditionen beruht.

Die soziologische Ausbildung ist weit weniger spezialisiert als die soziologische Forschung. Ein Student muß weit mehr Literatur lesen als unmittelbar zu dem Fach gehört, in dem er forschend tätig sein will. Da Soziologie nunmehr ein akademisches Fach ist, sind die Leiter der Forschungsinstitute häufig zugleich auch Lehrer der Soziologie, das heißt, daß sie oft in Fächern unterrichten müssen, die etwas außerhalb ihres speziellen Arbeitsgebietes liegen. Auch dies hat eine verbindende Wirkung, wiewohl es noch keine vollkommene Allgemeinbildung garantiert. Der Umstand, daß Soziologie nicht mehr von Amateuren betrieben, sondern überwiegend in Universitäten gelehrt und praktiziert wird, wo „Theorie" ein gewisses Prestige genießt, bedeutet, daß die prestigeverleihenden „Klassiker" in fast allen Universitäten – mehr oder weniger gut – im Unterricht abgehandelt werden. Es gibt einen *tronc commun*, aus den Soziologen einen Teil ihrer intellektuellen Dignität beziehen: Durkheim, Weber, Parsons, Merton werden in der sehr breiten Palette der Spezialgebiete wieder und wieder zitiert.

Diese Größen werden nicht nur deshalb so oft herangezogen, weil die, die es tun, nicht gern in den Verdacht geraten möchten, nichts besseres als intellektuelle „Holzhauer und Wasserträger" zu sein; vielmehr beruft man sich deshalb auf sie, weil bei vielen Soziologen zum einen das tiefe Bedürfnis besteht, an der entstehenden Tradition teilzuhaben, und zweitens das nicht weniger tiefe Bedürfnis, die eigenen Entdeckungen und Entscheidungen durch Berufung auf gewisse Hauptvariablen wie Solidarität, Gleichheit, Unterwerfung, Autorität, Charisma, Bürokratisierung etc. zu rechtfertigen. Soziologen von heute sind gleichermaßen Schöpfer ihrer Tradition wie deren Nutznießer und Gefangene.[38]

Man darf behaupten, daß die Klassiker der Soziologie unseren zeitgenössischen Fachleuten deshalb so wichtig sind, weil die Soziologie heute noch keine richtige Wissenschaft ist. Wäre sie es, so würden die Werke der Meister im Produktionsfluß soziologischer Arbeiten aufgegangen sein und man hätte deren Errungenschaften für selbstverständlich gehalten. Weil aber die soziologische Analyse so eindeutig auf die Erhellung gewisser Hauptthemen abzielt, die noch immer in der Soziologie dominieren, haben sie ihre Bedeutung bewahrt, – zum Teil, weil die Großen sie überhaupt erst ins Bewußtsein riefen, zum Teil auch, weil das soziologische Studium sich diesen besonderen Belangen angemessen gezeigt hat. Die Effizienz einer Denktradition beruht nicht einfach auf dem Vorhandensein einer Reihe zeitloser Werke noch auf einer von Gelehrten im nachhinein chronologisch geordneten Reihe von Werken. Vielmehr ist sie dem überzeitlichen Einfluß der Werke und deren verbindender Wirkung zu verdanken. Diese Art Tradition ist in den regulären Wissenschaften wirksam, und ebenso ist sie es in der Soziologie. In den regulären Wissenschaften zeigt sich die geistige Wirkung meist ziemlich schnell — von Ausnahmen abgesehen —, indem die traditionell grundlegenden Werke im ständigen Publikationsfluß aufgehen; dabei büßen sie ihre Identität ein. Solche konstituierenden Werke liefern das konzeptionelle Rahmenwerk, aus dem sich die Forschungsaufgaben ergeben. Zugleich enthalten sie die Voraussetzungen für das nächste Stadium der Forschung: Bestimmte Hypothesen werden revidiert, abgelehnt oder bestätigt, gewisse Beobachtungen werden akzeptiert oder bedürfen einer Neuinterpretation. In der Soziologie ist die Situation ähnlich, aber auch anders.

Ähnlich ist sie insofern, als die großen Werke das konzeptuale Rahmenwerk liefern, aus dem sich die Forschungsaufgaben ergeben. Anders aber ist, daß bestimmte Untersuchungen nur noch wenig Beziehung haben zu den richtungsweisenden, sie legitimierenden Ideen und ebenso wenig zu den allerneuesten, obwohl diese sich um die gleichen Probleme in einem fortgeschritteneren Stadium bemühen. Aus dieser Situation, da „der Gegenstand als Korpus von Werken verstorbener Geistesriesen präsentiert und diskutiert, aber nur selten erweitert und ausgebaut wird, es sei denn, es erschiene ein neues Genie",[39] muß ein kontinuierlicher Prozeß treten, bei dem der nächste dort ansetzt, wo sein Vorgänger aufgehört hat.

Gerade hier liegt die besondere Schwierigkeit der Soziologie der Gegenwart. Dort anzusetzen, wo der Vorgänger endete, setzt voraus, daß man den Entwurf der von ihm untersuchten Variablen in genau der Form akzeptiert, wie er sie darstellte. Der Ansatzpunkt in der Soziologie ist schwer zu lokalisieren, da die vage Interpretation der Daten stets über die Daten hinausgeht. Die Kategorien der Interpretation, d. h. die theoretischen Konstruktionen, sind stets allgemeiner und unbestimmter als die Kategorien, die für die Zusammenstellung der Daten oder für die Beobachtung gültig waren. Die Beobachtungen wiederum variieren von einem zum anderen erheblich, und das obwohl die Forscher meinen, sie arbeiteten an dem gleichen Problem. Aus diesen oder jenen Gründen „verbessert" jeder an dem brauchbaren Entwurf der betreffenden Variablen seines Vorgängers herum. So tritt in Wirklichkeit eine etwas veränderte Variable an die Stelle der vorigen; beide repräsentieren das Gleiche, meint man, was sie in Wirklichkeit aber nicht tun. Infolgedessen wird die kumulative und stufenweise Entwicklung soziologischen Wissensgutes erschwert. Die Wurzel des Übels besteht in den „großen Ideen" von Soziologen. Zweifellos gelten sie sehr wichtigen Fragen, – sonst würden sie nicht seit so vielen Jahrzehnten das Interesse der Soziologen gefesselt haben –, doch sind sie extrem mehrdeutig und widersetzen sich gültiger Klärung.

Das über alle Grenzen soziologischer Spezialisierung hinweg verbindende Element besteht im gemeinsamen Gebrauch einer relativ kleinen Anzahl von „Schlüsselworten". Diese Einigkeit ist teuer erkauft. Die Schlüsselwörter und die Ideen, die sie einem vor Augen rufen, sind untrennbar in die soziologische Tradition verwoben, und zwar so sehr, daß sie niemals nur Dekoration sein können. Sie sind längst konstitutive Elemente der soziologischen Analyse geworden. Doch bleibt das Faktum bestehen, daß sie wie ein Alp auf dem soziologischen Denken lastet. Die Theorie als solche bezeichnet sich durch das Vorhandensein jener gewichtiger Schlüsselworte in all ihrer nebulösen und doch simplen Grandeur. Sie reichen indes nicht aus. Die Soziologie bedarf eines weit differenzierteren Kategoriensystems, eines weit differenzierteren Systems von Bezeichnungen für erkennbare Dinge. Sie muß noch viel mehr Dinge beim Namen nennen, und dies übereinstimmend und auf verständliche Weise. Die Ungenauigkeit in der Unterscheidung zwischen „Konzepten" und „Indikatoren" muß durch Steigerung und Verfeinerung der Vielfalt der „Konzepte" verringert werden.

Diese Situation ist eine Folge der Besonderheiten der Institutionalisierung der Soziologie und des Stroms ihrer Traditionen. Sowohl in Frankreich wie in Deutschland wurde die Soziologie inoffiziell entwickelt, und in einer Form, in der sie zur Zeit ihrer Entstehung ins akademische System keinen Eingang fand. (In Frankreich wurde unmittelbare und naheliegende Institutionalisierung im Kreis um Durkheim dem gängigen institutionellen Universitätssystem nicht eingegliedert.) Die beiden großen Gründer der Soziologie lehrten in humanistischen Fakultäten und bedienten sich einer Technik der Beweisführung, wie sie in der philosophischen und historiographischen Tradition üblich war. Anders als die Naturwissenschaften, bei denen Theorie und empirische Forschung in enger und reziproker Verbindung entwickelt wurden, ging die dominante Tradition der Soziologie nicht aus einer solchen Verbindung hervor. Wie Durkheim in der Frage des Suizides und Weber bei der Abhandlung von Selektion und Adaptation des Industriearbeiters und des ostpreußischen Landarbeiters vorgingen, zeigt deutlich, daß sie sich der Notwendigkeit einer genauen Beweisführung für ihre Theorien bewußt waren. Die Tatsache, daß der größte Teil ihrer Werke solcher Beweisführung entbehrt, verrät die Macht der Tradition, der sie entstammten. Das gleiche Mißverhältnis ergab sich in den Vereinigten Staaten, obwohl zentrale wie subsidiäre Traditionen sich gleichzeitig institutionalisierten. Trotz dieser simultanen Institutionalisierung konnten sie noch nicht integriert werden. Unter Merton und Lazarsfeld an der Columbia University wurden sie in der Zeit von Ende der 40er bis in die 60er Jahre solcher Integration näher gebracht als anderswo, aber auch dort war sie nur lose und unvollkommen. Die Lücke zwischen Theorie und Empirie besteht weiter, und es ist kaum abzusehen, wie sie zu schließen wäre. Dennoch *muß* sie geschlossen werden.

Anmerkungen

[1] Zu „Beobachtungen" gehören auch solche, die man aus zweiter und dritter Hand übernimmt, — von Informanden, aus Dokumenten und Druckwerken.

[2] Bei den politischen Wissenschaften sah es nicht viel anders aus. Die geistigen Quellen der heutigen akademischen politischen Wissenschaft waren weit heterogener als die der Soziologie. Bentham, Constant, James und John Stuart Mill, Tocqueville, Ostrogorski, Bagehot, Bryce et. al. waren nicht beruflich an einer Universität in Lehre und Forschung tätig. Hegel hingegen zu Beginn des Jahrhunderts hatte einen Lehrstuhl inne, desgleichen Ende des Jahrhunderts T. H. Green, A. L. Lowell, J. W. Burgess, Jellinek, Gaetano Mosca, Woodrow Wilson und Léon Duguit.

[3] Spencers „Deskriptive Soziologie" spielte keine Rolle für seine Anerkennung als Altvater der Soziologie. Sie hat sich in ihrer späteren Form sehr weit von seinen Ideen entfernt und läßt erst jüngst eine teilweise Wiederzuwendung zu Spencer erkennen.

[4] Da die EPHE nicht von Professoren beherrscht wurde, war es Durkheim möglich, junge Männer in seinen Kreis zu ziehen, die sich auf andere Disziplinen vorbereiteten. Dies wäre in Deutschland unmöglich gewesen. Hier hätte ein Ordinarius nicht daran gedacht, sich mit einem Studenten abzugeben, der nicht sein Schüler zu werden versprach. Und ein Student wiederum hätte seine Karriere nicht aufs Spiel gesetzt, indem er außerhalb des Fachgebietes, das er sich gewählt hatte, bei einem anderen Ordinarius mitwirkte. Auch französische Professoren waren eifersüchtig, und auch in Frankreich war ein Student von der Protektion des Professors abhängig. Nichtsdestoweniger vermochte Durkheim dennoch junge Männer anzuziehen, die nicht die soziologische Laufbahn einschlagen wollten und letztlich doch einen anderen Beruf antreten mußten. Vielleicht ist dies der Macht der geistigen Persönlichkeit Durkheims zuzuschreiben gewesen sowie der Tatsache, daß es in den Fächern, die seine Anhänger studierten, so geringe

Chancen gab, daß nicht einmal Unterwürfigkeit gegenüber dem amtierenden Professor berufliche Vorteile mit sich gebracht hätte.

[5] Zwar unternahmen von Wieses Schüler einige Feldstudien, siehe *Das Dorf als soziales Gebilde,* Kölner Vierteljahreshefte für Soziologie, Beiheft I (1928). Was dabei herauskam war nichts anderes als eine Illustration der Begriffe der *allgemeinen Beziehungslehre.* Dr. Willy Gierlichs, ein Schüler von Wieses, unterrichtete in einer Polizeischule. Auch dieser erste Schritt zur Institutionalisierung der Soziologie in angewandter Form führte zu nichts, da von Wiese den sterilsten Teil der Simmelschen Soziologie zu entwickeln versuchte. Weder die Konzeption der „formalen Soziologie" noch die des *Zu- und Auseinander* bildeten fruchtbare Ausgangspunkte, und von Wiese verfügte nicht über die imaginative Kraft, das wenige aus ihnen herauszuholen, was in ihnen steckte.

[6] Im Index der *International Encyclopaedia of the Social Sciences* finden sich zwei Hinweise auf Hobhouse, achtundfünfzig auf Durkheim und vierundsechzig auf Weber.

[7] Westermarck, dessen eigenes Werk der Tradition der deutschen Völkerkunde verpflichtet war, hatte einen Schüler, der das Fach veränderte: Malinowski. Und was er machte wurde Anthropologie.

[8] Unter Institutionalisierung ist die Eingliederung in ein akademisches System und nicht nur die Einführung in eine einzige Universität zu verstehen. Institutionalisierung steigert die Intensität des Selbstbewußtseins; auch ergeben sich mehr Ausgangspunkte für in einem solchen System ausgebildete Studenten.

[9] Talcott Parsons verbrachte ein Jahr an der London School of Economics, ehe er, ebenfalls für ein Jahr, nach Heidelberg ging. Hobhouse, dessen Seminar er besuchte, erweckte keinerlei Resonanz in ihm. Alles, was er später dazu sagte, bestand in dem von ihm zitierten Ausspruch Crane Brintons': „Wer liest heute noch Herbert Spencer?" Weber hingegen, der bereits fünf Jahre tot war als Parsons nach Heidelberg kam, machte tiefen Eindruck auf ihn, der ein ganzes Leben lang andauerte. Es versteht sich von selbst, daß Institutionalisierung allein nicht entscheidend für die geistige Wirkung ist. Sowohl in Deutschland als auch in England war die Soziologie, jeweils auf andere Weise, akademisch nur wenig institutionalisiert. Sicherlich spielen auch die geistige Macht, die Bedeutungsschwere eines Problems, seine Verzweigtheit, die Überzeugungskraft des Arguments (Erkenntnis, Logik, Beweise) sowie die magnetische Wirkung der Rhetorik eine wichtige Rolle. Dennoch beweist die Tatsache, daß Weber trotz seiner Größe und seines universalen Ruhms keinerlei Wirkung in Deutschland hervorrief, daß der Faktor der Institutionalisierung eine wenn auch nicht zwingende, doch meiner Meinung nach eine bedeutende Variable ist.

[10] Die umfangreichste, in England vorgenommene Erhebung dieser Art war Charles Booths siebzehnbändiger Bericht über *Life and Labour of the People of London.* Den Höhepunkt erreichte die Tradition mit den *Reports* der Kommission für öffentliche Armengesetzgebung sowie in den Werken einiger bedeutender, an öffentlicher Gesundheit, Wohn- und „sanitären Verhältnissen" interessierter Beamter. Praktisch keines

dieser Werke entstand unter akademischer Leitung. Die Sozialerhebungen der Jahrhundertmitte erfolgten durch Regierungsbeamte. Mayhews' *London and the London Poor* war das Werk eines Journalisten, und Booth finanzierte und dirigierte als wohlhabender Reeder seine Erhebung aus eigenen Mitteln. Auch Rowntree war ein vermögender Geschäftsmann ohne Verbindung zu Universitäten.

Der *New Survey of London Life and Labour* von 1920 entstand zwar unter Leitung der London School of Economics, hatte jedoch nichts mit dem Department of Sociology der London School zu tun. Außerdem handelte es sich nur um ein vorübergehendes Unternehmen. Als die Untersuchung fertiggestellt war, löste sich die Organisation auf, die sie durchgeführt hatte. Es mag hier auch darauf hingewiesen werden, daß das an der London School of Economics gebildete Population Investigation Committee seine wichtigen Arbeiten über Demographie und soziale Selektion völlig unabhängig von der Department of Sociology durchführte. Es diente nicht der Ausbildung und Rekrutierung von Berufssoziologen, ausgenommen die von Professor David Glass, der damals Geograph war und erst nach dem 2. Weltkrieg ins Department of Sociology kam. Das Department of Social Research, das nach dem Krieg ins Leben gerufen wurde, bestand völlig separat vom Department of Sociology, stellte aber wenigstens eine Institutionalisierung der Sozialforschung dar.

[11] Ebenso verfuhr in Yale William Graham Sumner. Er gelangte auch nie darüber hinaus, und da seine Studenten Nichtgraduierte waren und kein weiteres Interesse an Soziologie hatten, entwickelte Yale sich erst viele Jahrzehnte später zu einem bedeutenden soziologischen Zentrum.

[12] Thomas hatte die Semester 1888—89 an den Universitäten Berlin und Göttingen studiert, ehe er sich als Ph. D.-Anwärter an der Universität Chikago immatrikulierte. Denn während seiner Studienzeit in Deutschland existierte die Chikagoer Universität noch nicht.

[13] Fraglos kannte er die Ideen von Tönnies über *Gemeinschaft und Gesellschaft*, noch nahm er weder in seiner Dissertation *Masse und Publikum*, noch in seinen autobiographischen Schriften auf Tönnies Bezug. Jedoch brachte er in *The Introduction to the Science of Sociology* (Chicago: University of Chicago Press, 1921), SS. 103—105 einen Abschnitt aus Tönnies' *Die Sitte* (1913).

[14] Norbert Elias: *Über den Prozeß der Zivilisation*, 2 Bde., (Basel, Verlag von Falken, 1938); Hans Gerth: *Die sozialgeschichtliche Lage der bürgerlichen Intelligenz in Deutschland um die Wende des 18ten Jahrhunderts;* Wilhelm Carlé: *Weltanschauung und Presse;* Jakob Katz: *Die Judenassimilation in Deutschland.* Die letzteren drei erschienen lediglich als Dissertationen.

[15] Westermarcks Lehrstuhl war 1907—1930 nur während des Ostertrimesters eines jeden Jahres besetzt.

[16] Walton Hamilton unterrichtete, ehe er nach Amherst ging, wo Talcott Parsons zu seinen Schülern gehörte, an der University of Texas, abseits vom Druck der konventionellen Wirtschaftstheorie. Es sollte jedoch anerkannt werden, daß die Johns Hopkins University in Balti-

more schon früh eine Rolle bei der Einführung des deutschen Historismus in die USA spielte. Aber Johns Hopkins war, ehe die Universität von Chikago gegründet wurde, *die* neue Universität Amerikas. (Simon N. Patten läßt sich nicht in das oben dargestellte Bild einfügen.)

[17] Auch die Wissenschaft des „heroischen Zeitalters" sollte einmal aus dieser Perspektive betrachtet werden. Vom Genie ihrer Hauptakteure abgesehen, verdankt sie ihre Weiterentwicklung zum Teil der informellen Organisation einer lose verbundenen Gesellschaft. Das persönlich angesprochene, dem Vortragenden bekannte Auditorium bleibt ein bedeutender Faktor der kontemporären Wissenschaft. Daß die Publikation von Büchern und Artikeln sich offensichtlich an eine fast völlig anonyme Leserschaft richtet, heißt nicht, daß ihr Inhalt sich in alle Richtungen und unabhängig von den Intentionen ihrer Autoren verbreitet.

[18] Es ist wenig wahrscheinlich, daß italienischen Historikern Webers *Agrarverhältnisse im Altertum* und *Römische Agrargeschichte*. . . nicht bekannt gewesen seien.

[19] Alexander von Schelting behandelte Max Webers Ideen mit einer in Deutschland einzigartigen Präzision und Ausführlichkeit. Jedoch habilierte er sich erst nach dem Ende der Weimarer Republik (1933) und erhielt im Exil einen Lehrauftrag an der Columbia University, noch vor der durch Merton und Lazarsfeld ausgelösten Renaissance. Nach Jahren der Armut in der Schweiz und kurzer Tätigkeit als Extraordinarius für Soziologie in Zürich starb er, ohne Wirkung zu hinterlassen, und der soziologische Teil seiner Studie über die russische Intelligenzschicht blieb unvollendet.

[20] Webers methodologischer Ansatz und seine These von der protestantischen Ethik waren die einzigen Aspekte seines Werkes, mit denen sich deutsche Gelehrte in den 20er Jahren auseinandersetzten. Jaspers und Rickert, die Webers Anschauungen noch am nächsten kamen, waren ausschließlich an seinen methodologischen Schriften interessiert, ebenso Schelting vor seiner Zeit im Exil. Die protestantische Ethik wurde von Historikern eingehend diskutiert, doch kam der Soziologie davon wenig zugute.

Es muß auch erwähnt werden, daß die Nachwirkung der Weberschen Gedankengänge nicht nur deshalb so schnell verblaßte, weil es an jeglicher Form bewahrender intellektueller Institutionalisierung fehlte, sondern auch infolge von Mannheims verborgener Ambivalenz, seines verborgenen Ringens um eine klare Abgrenzung seiner Ideen gegenüber denen von Scheler, Marx und des deutschen Idealismus.

[21] Die Verbreitung von Max Webers Ideen in Amerika war zum Teil ein Verdienst von Frank Knight, der als erster eine Arbeit Webers ins Englische übersetzte. Die englische Fassung der Wirtschaftsgeschichte erschien unter dem Titel *General Economic History* (1927). Knight war ein ungewöhnlich scharfsinniger und subtiler Wirtschaftstheoretiker, der die Grenzen der neoklassischen Theorie wie auch die fundamentalen Schwächen der „institutionalistischen Nationalökonomie" erkannt hatte. Mitte der 30er Jahre leitete Knight ein Seminar über die ersten Kapitel von *Wirtschaft und Gesellschaft*, an dem ich teilnahm, und in

dem der Text des Werkes Zeile für Zeile durchgenommen wurde. Auch Melchior Palyi hatte damals einen Lehrauftrag in Chikago; er war Webers Assistent in München gewesen, und nach dessen Tod erarbeitete er gemeinsam mit Professor Hellmann den Text von *Wirtschaftsgeschichte* und mit Marianne Weber den von *Wirtschaft und Gesellschaft.* Palyi förderte mein Studium Max Webers, doch entdeckt hatte ich Weber bereits durch Tawney, Troeltsch und Burkharin.

[22] Mit der weiteren Laufbahn der Weberschen Soziologie werde ich mich später noch befassen.

[23] Eine Form von Institutionalisierung fand die Durkheimsche Tradition in den Lehrbüchern der bürgerlichen Ehtik an den staatlichen Gymnasien Frankreichs. Doch anstatt Soziologen anzuwerben, wirkten sie abschreckend auf Personen, die eventuell Soziologen geworden wären, wie zum Beispiel Raymond Aron, der sich durch diese Form der Darbietung von den Durkheimschen Ideen abgestoßen fühlte. Er wurde erst Anfang der 30er Jahre, als er nach Deutschland ging, durch die Begegnung mit Max Weber kuriert.

[24] Zwar übte Durkheim über Radcliffe-Brown einen erkennbaren Einfluß auf die englische Sozialanthropologie aus, doch hatte die von Radcliffe-Brown und Malinowski inspirierte Sozialanthropologie bis vor kurzem nur sehr geringe Beziehung zur englischen Soziologie.

[25] Es dürfte hier interessieren, daß Max Weber kurze Zeit vorher die deutsche Version des gleichen Problems studierte, — die Auswirkung der Einwanderung polnischer Landarbeiter in die ostelbischen Güter. Nichts läßt darauf schließen, daß der eine von der Arbeit des anderen wußte.

[26] Thomas' *Source Book for Social Origins* enthält keinen Beitrag von Durkheim; die zweiundvierzig Seiten lange Bibliographie weist lediglich auf zwei Artikel von Durkheim hin.

[27] Ich war mit Park kurz nach seinem Abgang von der University of Chicago recht gut bekannt und habe mich oft mit ihm unterhalten, oder vielmehr, ich hörte ihm zu. Doch nie hat er Durkheim oder Weber auch nur erwähnt, obwohl er wußte, daß ich mit europäischer Soziologie mehr oder weniger gut vertraut war. Ich habe auch seine letzten Vorlesungen im Febrauar 1934 an der Chikagoer Universität gehört. Während er auf Bagehot, Tarde, Sighele und alle möglichen anderen Werke zu sprechen kam, wurde Durkheim wortlos übergangen. Jedoch brachte er in seinem Buch *Introduction to the Science of Sociology* zwei Auszüge aus Durkheim.

[28] Wie Elton Mayo zu seinem Interesse an Durkheim kam, weiß ich nicht genau, — vielleicht via Radcliffe-Brown oder Lloyd Warner.

[29] Auch Durkheim schenkte ausländischen Autoren, die sich als Soziologen bezeichneten, keine Beachtung, ebensowenig den französischen Möchtegern-Soziologen. Doch machte er von ethnographischen Arbeiten aus Deutschland, England und zum Teil auch aus den Vereinigten Staaten ausgiebig Gebrauch. Für sein *Les Formes élmentaires de la religion* bildet Baldwin Spencers und F. J. Gillens Werk über die Stämme Zentralaustraliens faktisch die Grundlage.

[30] Ich weise hier auf die Abseitigkeit der heutigen „Elite-Studien" hin. Mitunter versucht man solche Bemühungen — wenig überzeugend — zu legitimieren, indem man sie mit dem Thema Macht und Autorität verbindet, oder mit dem „Kreislauf der Eliten", der bislang ebensowenig in der zeitgenössischen Soziologie heimisch werden konnte.

[31] Diese von Ratzenhofer und Gumplowicz ausgearbeitete Variante der Darwinschen Tradition lebte noch lange über Albion Small, W. I. Thomas und Robert Park weiter. Die Ähnlichkeit dieses Konfliktkonzepts mit dem Wettkampf der Arten in der Tier- und Pflanzenwelt hatte große Wirkung auf die Chikagoer Soziologie. Darüber hinaus wurde Arthur Bentley merklich davon beeinflußt, und über ihn wieder die amerikanische politische Soziologie.

[32] Eine charakteristische Aussage dieser Art findet sich in Ralf Dahrendorf, „Wege aus Utopia", Gesammelte Schriften, Bd. 1.

[33] Es muß daran erinnert werden, daß es ein geistiger Prozeß ist, der sich institutionalisiert, und daß die Darstellung dieses Prozesses sich mit der Schilderung des institutionellen Rahmens, innerhalb dessen er vorsichgeht, noch nicht erschöpft. Die Verstandeskraft sieht sich allein mit den Problemen konfrontiert. Probleme mögen mittels unterschiedlicher Mechanismen erkannt werden. Sie können in Werken enthalten sein, in denen ein forschender, fragender Intellekt sie entdeckt, — entweder aufgrund eigener Wißbegier oder indem er auf selbst gebahnten Pfaden durch ein nur unzureichend bekanntes Gebiet voranschreitet. Die Werke selbst sind mit anderen Werken und Autoren verbunden, auf die in ihnen verwiesen wird. Auch ohne die Hilfe des derzeitigen Institutionalisierungsstandes von Lehre, Bibliotheken und wissenschaftlichen Gesellschaften könnte ein forschender Intellekt, verfügt er über den Spürsinn eines indianischen Pfadfinders, quer durch ein relativ unorganisiertes Europa ihm Gleichgesinnte finden. Nichtsdestoweniger war dies vor der Institutionalisierung in Universitäten und wissenschaftlichen Zeitschriften weit schwieriger.

[34] Während der Wirtschaftsdepression der 30er Jahre wurden sehr interessante Untersuchungen über die Wirkungen der Arbeitslosigkeit in individueller und familiärer Hinsicht durchgeführt. Als statt Massenarbeitslosigkeit wieder nahezu Vollbeschäftigung herrschte, wurden solche Studien von der soziologischen Forschung wieder fallengelassen.

[35] Die Essaysammlung ist etwas anderes als der Reader, der in der Soziologie mehr die Form eines wissenschaftlichen Lehrbuches anstatt des herkömmlichen Kompendiums von Darlegungen bestimmter Begriffe und erläuternder Daten hat. Der Reader als Lehrbuch besteht für gewöhnlich aus einer Sammlung von Forschungsberichten, die zuvor als Artikel in Fachzeitschriften erschienen. Anders als die Autoren von naturwissenschaftlichen Lehrbüchern fassen ihre Herausgeber nicht das vorhandene Wissen in seiner Auswirkung auf bestimmte Probleme zusammen. Sie führen einfach die Quellen an — nämlich Fachaufsätze —, die dann in wissenschaftlichen Lehrbüchern interpretierend zusammengefaßt werden.

[36] Die heute unter Sozialwissenschaftlern weithin beliebte Gepflogenheit, Schriften in Form von Vervielfältigungen, Fotokopien oder Xero-

graphien zu verbreiten, ist nicht als Bemühung aufzufassen, die übrige sozialwissenschaftliche Gemeinde über die erreichten und verifizierten Resultate zu informieren, sondern eher als das Gegenteil. Der vervielfältigte Aufsatz ist vielmehr eine erste Version, und ihre Verbreitung erfolgt in der Absicht, Kritik hervorzurufen. Sie ist das Eingeständnis, daß das Angebotene nur provisorischen und versuchsweisen Charakter hat.

[37] Einer der Gründe für die Sterilität eines Großteils der experimentellen Sozialpsychologie liegt darin, daß sie ein isoliertes „Spezialfach" geworden ist, das sich damit zufrieden gibt, innerhalb der Grenzen zu bleiben, die durch die Gleichsetzung von Menschen mit Tauben gesteckt werden.

[38] Eine der Schwierigkeiten besteht darin, daß wir uns nur Variationen von Themen der Großen der Soziologie des 19. und 20. Jhd. vorstellen können. Die Tatsache, daß die Konzeption der nach-industriellen Gesellschaft ein Amalgam der Beiträge von Saint Simon, Comte, Tocqueville und Weber ist, beweist, daß wir uns auf einem vagen Gebiet im Kreise drehen, dessen Grenzen schwerer zu durchbrechen sind, als sie sein sollten.

[39] s. A. H. Halsey, *Encounter* (April 1970).

Paul F. Lazarsfeld

III. Eine Episode in der Geschichte der empirischen Sozialforschung: Erinnerungen

Einleitung

Autobiographische Notizen sind der Aufzeichnung wert, wenn wenigstens eine der drei folgenden Bedingungen gilt: der Autor ist ein Mann von hohem Verdienst *(Einstein; Churchill)*; der Autor war aufgrund seiner Position in Kontakt mit vielen Personen von Rang oder Zeuge bedeutsamer Ereignisse (Auslandskorrespondenten); oder der Autor kann dank äußerer Umstände als ein „Fall" betrachtet werden, in dem sich eine interessante Situation oder Entwicklung spiegeln.

Biographien der letzteren Spielart waren seit eh und je ein Instrument der Sozialforschung. Kritische Situationen wie extreme Armut, Konflikt zwischen verschiedenen Kulturmustern, Konzentrationslager haben sich durch das Medium persönlicher Aufzeichnungen der Forschung zugänglich machen lassen. Im allgemeinen sind dabei die empirischen Unterlagen eben nicht von dem Wissenschaftler erstellt, der Schlußfolgerungen daraus zieht: der Beobachter und der Analytiker spielen ihre je eigene Rolle. In dem vorliegenden Aufsatz wird versucht, beide Beiträge zu vereinigen. Ich bezeichne mich als fachlich ausgebildeten Zeugen.

Was aber habe ich beobachtet? Ich nehme an, daß man mich hier anhören möchte, weil ich an zwei Entwicklungen beteiligt war: der Ausdehnung der institutionalisierten Sozialforschung an amerikanischen Universitäten und der Ausbildung eines Forschungsstils, der sich in vielen Instituten durchgesetzt hat. Beide Entwicklungen lassen sich aus meinen frühen Erfahrungen in Europa herleiten. Meine Aufgabe wird es also sein, in diesem Aufsatz so klar wie möglich die einzelnen Schritte, die sozialen und psychologischen Mechanismen zu erklären, mittels derer die europäische Grundlage meines fachlichen Werdegangs ins Spiel gebracht wurde, nachdem ich 1932 in die Vereinigten Staaten übersiedelt war.

Das allgemeine Thema dieses Aufsatzes läßt sich verhältnismäßig leicht formulieren. Als ich mein Studium begann, wurden die Sozialwissenschaften in Europa von philosophischen und spekulativen Gedankengängen beherrscht. Aber es bestand schon ein Interesse an konkreterer Arbeit. Das zeigt sich beispielsweise darin, daß Ferdinand Tönnies, der lange Jahre als Präsident der Deutschen Soziologischen Gesellschaft amtierte, in diesem Verein eine Sektion für Soziographie einrichtete. Ohne formale Beziehungen zu dieser Sektion entwickelten sich auch meine eigenen Forschungsinteressen in dieser empirischen Richtung. Zur gleichen Zeit wurde das intellektuelle Klima in den USA von Behaviorismus und Operationalismus beherrscht. Und doch machten sich auch hier die Interessen einer Minderheit bemerkbar; das spiegelte sich, zum Beispiel, in einer durch den Social Science Research Council veröffentlichten Studie über die Verwendung persönlicher Dokumente, und in dem intensiven Interesse an intervenierenden Variablen und Attitüden[1].

In dieser Situation wurde durch mich eine Liaison hergestellt. Leute, die sich auch in den weniger vordergründigen Entwicklungen der amerikanischen Sozialwissenschaften auskannten, freuten sich über den Kontakt mit einem europäischen „Positivisten". Während in Europa die Entwicklung der Sozialwissenschaften durch den Aufstieg Hitlers unterbrochen wurde, konnten sich in den Vereinigten Staaten erste Anfänge weiterentwickeln, differenzieren und verfeinern. Diese Ansätze in den USA verlangten nach neuen institutionellen Formen. In dieser Entwicklung konnte ich aufgrund meiner Erfahrungen und Interessen eine eigene Rolle übernehmen. Die Beiträge, die ich in diesem Zusammenhang beisteuerte, wären offensichtlich auch ohne mich geleistet worden. Aber die Übertragung von Ideen kann nicht ohne Zwischenträger vor sich gehen, und es war mein persönliches Glück, daß ich dazu gehören konnte.

Das Verfahren, mit dessen Hilfe ich hier Rechenschaft über meine Erfahrungen ablegen will, läßt sich meines Erachtens auf alle beschreibenden Daten anwenden, seien sie persönlicher oder kollektiver Natur. Wäre ich gezwungen, die folgende Darstellung mit einem wissenschaftlichen Etikett zu versehen, so würde ich sie als Beitrag zur Erforschung von Neuerungen im Hochschulwesen kennzeichnen. Ich habe Dokumente in den Text mit aufgenommen, damit der Leser sich selbst ein Bild über Einzelfragen machen und greifbare historische Unterlagen selbst auswerten kann. Gleichzeitig habe ich versucht, dieses Material systematisch mit einigen allgemeinen Vorstellungen, mit integrierenden Bezügen zu verbinden, die – so hoffe ich – für die Erforschung von Innovationen von Interesse sind. Dieses Vorgehen erlaubt mir, den Schwerpunkt auf die Analyse als solche zu legen und hilft mir, die Frage nach dem Gewicht der Neuerungen zurückzustellen.

Vor nicht allzu langer Zeit habe ich bei passender Gelegenheit meine Kollegen dazu gedrängt, sie sollten die Arbeit der Sozialwissenschaftler „von den Entscheidungen her untersuchen, die den Ergebnissen zugrunde liegen; im übrigen spricht nichts dagegen, daß sich die Autoren selbst an dieser entstehungsgeschichtlichen Auslegung beteiligen. Wir scheuen uns zu sehr vor intellektuellen Autobiographien"[2].

I. Zeitlicher Ablauf der Ereignisse

In dem Leben, das man in Wien nach dem I. Weltkrieg führen konnte, waren drei Umstände entscheidend für die folgende Geschichte: das politische Klima; Interesse an dem, was damals „Psychologie" genannt wurde; und die Beschäftigung mit dem, was heute „Erklärung" genannt wird.

Ich war aktives Mitglied der Sozialistischen Studentenbewegung, die sich zu der Zeit immer mehr in der Defensive gegenüber der wachsenden Welle des Nationalismus fand. Wir zerbrachen uns den Kopf darüber, warum unsere Propaganda erfolglos blieb und wollten psychologische Studien durchführen, um diesen Fehlschlag zu erklären. Ich erinnere mich an eine Formel, die ich damals aufstellte: eine beginnende Revolution muß die wirtschaftlichen Verhältnisse auf ihrer Seite haben (Marx); eine siegreiche Revolution braucht vor allem Ingenieure (Sowjetunion); eine erfolglose Revolution bedarf der Psychologie (Wien).

Soziologie wurde an der Universität noch nicht gelehrt, wenn man von den Vorlesungen des Sozialphilosophen Othmar Spann absieht[3]. Meine Bezugsgruppe fand sich in dem Zirkel um Alfred Adler, dessen Position im Vergleich zu Freud einen stark soziologischen Akzent trug. Er hatte viele Anhänger in der Lehrerschaft und Einfluß auf die Reformbewegung im Schulwesen, die von der sozialistischen Stadtregierung in Gang gesetzt worden war.

Das Bildungswesen zog damals viel Aufmerksamkeit auf sich. Als Schüler — längst vor dem Eintritt in die Universität, im Alter von 18 Jahren — versuchte ich, im Umgang mit meinen Mitschülern zugleich die Ideen der deutschen Jugendbewegung wie auch sozialistische Propaganda anzubringen[4]. Nachdem ich erst Student geworden war, hielt ich mich an die alten Regeln: ich war jetzt „zu alt", um den Revolutionär zu spielen und so wurde ich zu einem Amateur-Erzieher. Ich suchte mir Stellen als Betreuer in sozialistischen Jugendlagern und gab Nachhilfestunden für Arbeiterkinder an höheren Schulen. Alles dies war Teil meines Bemühens, den Geist des Sozialismus zu verbreiten[5].

Intellektuell wurde ich vor allem durch eine Gruppe von Autoren beeinflußt, die in den Naturwissenschaften und in der Wissenschaftslogik großes Ansehen genoß: Ernst Mach, Henri Poincaré und Einstein. Mich beeindruckte die Vorstellung, daß bloße „Klärung" zu Entdeckungen führen sollte. Der euklidsche Satz über die Parallelen war nicht Wahrheit, sondern ein Axiom; es lag kein Sinn in dem Satz, daß ein Ereignis auf dem Mond und ein anderes auf der Erde sich zur gleichen Zeit ereignen. Alle Überlegungen, die später als „Explikationen" bekannt wurden, konnten mich faszinieren. Und dieses Interesse mündete häufig in die Überzeugung, daß Information darüber, „wie man etwas macht", im Mittelpunkt der Bildungsarbeit stehen müsse. Als ich als Student in der Arbeiterbildung tätig war, hielt ich oft Vorträge darüber, wie man eine Zeitung liest: Was ist eine Nachrichtenagentur? Wie berücksichtigt man die Quellen der Meldungen? Worauf sollte man in den verschiedenen Ländern achten? Einer von Alfred Adlers engsten Mitarbeitern gab eine Reihe von kleinen Broschüren heraus, in denen dessen Ideen auf einige Gebiete inhaltlich angewendet wurden. Ich schrieb meinen Beitrag unter dem Titel „Hinter den Kulissen der Schule". Meine zentrale Idee war, daß man viele Angstgefühle vermeiden könne, wenn in den Familien erkannt würde, wie Schulen organisiert sind: wie Zeugnisse zustandekommen, wie Lehrer sich in ihrem Verständnis des Schülers unterscheiden, usw.[6]. In dieser Zeit hatte ich so gut wie keinen Kontakt zu dem „Wiener Kreis", obwohl dessen Hauptfiguren sich schon in Wien fest niedergelassen hatten. Die offensichtliche Entsprechung zwischen dem oben Beschriebenen und den Lehren des Wiener Kreises erklärt sich wahrscheinlich stärker aus dem gemeinsamen Hintergrund als aus direktem Einfluß.

In einer bürgerlichen Familie verstand sich von selbst, daß man zur Universität ging, selbst wenn die familiären Finanzen nicht so gut standen. Für jemanden, der wie ich aktiv am politischen Leben beteiligt war, empfahl sich als Studienziel ein Doktorat in den Staatswissenschaften, eine Art von juristischem Diplom mit einem starken Akzent auf Wirtschaftswissenschaften und Politischer Theorie. Aber für mich war die Mathematik ein Anziehungspunkt von kaum minderer Wirkung. Und ich hörte mehrere Jahre lang Vorlesungen in beiden Disziplinen. Es ist fast als Zufall zu bezeichnen, daß ich schließlich in angewandter Mathematik promovierte. Unmittelbar nach den Prüfungen begann ich an einem Gymnasium meine Lehrtätigkeit in Mathematik und Physik.

Während ich noch studierte, wendete sich mein Interesse an den Sozialwissenschaften in eine neue Richtung: entscheidend dafür war die Berufung zweier berühmter Psychologen an die Wiener Universität. Bis dahin war dort keine Psychologie im eigentlichen Sinne gelehrt worden. Das änderte sich, als Charlotte und Karl

Bühler im Jahr 1923 nach Wien kamen und damit beauftragt wurden, ein neues Institut aufzubauen. Karl Bühler, der wissenschaftlich gesehen die führende Rolle spielte, hatte als junger Mann durch seine Psychologie des Denkens zu einer tiefgreifenden Revolution in der experimentellen Psychologie beigetragen. Seine Frau Charlotte, die erheblich jünger war als er, wurde auf die Stelle eines außerordentlichen Professors berufen und übernahm die faktische Geschäftsführung des Instituts. Ich beteiligte mich an den frühen Seminaren und wurde nach einer gewissen Zeit gebeten, eine Vorlesung über Statistik zu halten.

Im Laufe der Zeit dehnte sich meine Arbeit an der Universität aus. Ich führte auch Veranstaltungen in Sozialstatistik und psychologischer Statistik durch. Damals bekam ich eine kleine Vergütung, die mir jedoch in keiner Weise erlaubt hätte, meine Stelle am Gymnasium aufzugeben. Trotzdem spürte ich immer stärker den Wunsch, ganz zum Psychologischen Institut überzuwechseln und, etwa um das Jahr 1927, faßte ich schließlich den Plan, in dem Institut eine Abteilung für Sozialpsychologie zu errichten. Das würde mir ermöglichen, so rechnete ich mir aus, Auftragsforschung durchzuführen und auf diese Weise mit einem kleinen, aber für den allgemein niedrigen Lebensstandard ausreichenden Einkommen zu leben. Diese Idee nahm dann Gestalt an in Form eines unabhängigen Forschungszentrums (Wirtschaftspsychologische Forschungsstelle, eine Bezeichnung, die allgemein die Anwendung von Psychologie auf soziale und wirtschaftliche Probleme ausdrückt), als dessen Präsident Karl Bühler fungierte. Von da an leitete ich die angewandten Studien dieses Zentrums, führte Veranstaltungen an dem Universitätsinstitut durch und betreute Dissertationen. An dem Forschungszentrum arbeitete eine Reihe von Studenten, deren Dissertationen auf Datenmaterial aus dem Zentrum aufbauten[7].

Charlotte Bühler verwendete ihre Zeit zu gleichen Teilen auf die Psychologie von Kindern und von Jugendlichen. Im letzteren Gebiet arbeitete ich eng mit ihr zusammen. Sie hatte eine Reihe von Studien über junge Menschen in der Adoleszenz veranlaßt, und mir wurde eine Fallstudie über *Jugend und Beruf* übertragen. Diese Studie wurde 1931 veröffentlicht. Sie enthielt Beiträge von anderen Mitgliedern des Instituts wie auch einige von mir. Ein Großteil des Sammelbandes bestand aus einem Aufsatz von 90 Seiten, in dem ich die gesamte Literatur über Berufswahl zusammenfaßte, die seinerzeit greifbar war. Gleichzeitig veröffentlichte ich wissenschaftliche Arbeiten, die sich mit statistischen Problemen und – in verschiedenen sozialistischen Zeitschriften – mit Problemen der Industriesoziologie und politischen Soziologie befaßten.

Meine Vorlesungen über Statistik wurden als „Handbuch für Lehrer und Psychologen" veröffentlicht. Damit war, nach meinen Informationen, das erste Lehrbuch über Pädagogische Statistik in Europa erschienen; es wurde an mehreren Universitäten ausgiebig verwendet[8].

Um 1930 begann ich, die Forschungsarbeit über Marienthal zu organisieren, ein Dorf im Süden Wiens, dessen Bevölkerung fast ohne Ausnahme arbeitslos war[9]. Meine beiden wichtigsten Mitarbeiter waren Hans Zeisel, jetzt Professor an der Universität Chikago, und Marie Jahoda, jetzt Professor an der Sussex Universität in England (Marie Jahoda unternahm später noch bedeutsame Arbeiten über arbeitslose Jugendliche im Auftrag des Völkerbundes und des Internationalen Arbeitsamtes in Genf). Die Studie über Marienthal zog die Aufmerksamkeit des Beauftragten der Rockefeller-Stiftung in Paris auf sich, und 1932 erhielt ich ein Stipendium der Stiftung für eine Reise in die USA. Im September 1933 kam ich in den Vereinigten Staaten an[10].

Während des ersten Studienjahres in den Vereinigten Staaten beteiligte ich mich an mehreren Forschungsprojekten und besuchte die wenigen Universitätsinstitute, an denen Sozialforschung gelehrt wurde. Im Februar 1934 wurde die österreichische Verfassung von der Konservativen Partei außer Kraft gesetzt, der Sozialistischen Partei die Zulassung entzogen und ein Faschismus nach italienischem Muster eingeführt. Meine Stelle im höheren Schulwesen wurde gestrichen und die meisten Mitglieder meiner Familie in Wien wurden ins Gefängnis geworfen. Aber meine etwas unbestimmte Position an der Universität blieb formal erhalten. Das gab den verständnisvollen Vertretern der Rockefeller-Stiftung einen Vorwand für die Verlängerung meines Stipendiums um ein weiteres Jahr; sie brauchten somit nicht gegen die Regel zu verstoßen, daß ein Stipendiat eine sichere Stelle vorweisen können mußte, auf die er nach Ablauf des Stipendiums zurückkehren konnte.

Als mein Stipendium im Herbst 1935 zu Ende ging, beschloß ich, in den USA zu bleiben. Mit der Hilfe von Robert Lynd, Professor für Soziologie an der Columbia Universität erhielt ich in New Jersey beim Staatlichen Verwaltungsamt für Jugendliche, dessen Zentrale an der Universität von Newark untergebracht war, eine Beschäftigung als Inspektor in der Arbeitsbeschaffung für Jugendliche. Im Herbst 1936 wurde an dieser Universität eine Forschungsstelle eingerichtet, deren Leitung ich übernahm. Diese Einrichtung war nach Art des früheren Instituts in Wien angelegt und wird in Verbindung damit unten näher besprochen.

Im Jahr 1937 ließ die Rockefeller-Stiftung an der Universität Princeton ein großes Forschungsprojekt anlaufen, das die Auswirkungen des Rundfunks auf die Gesellschaft untersuchen sollte. Ich wurde als Direktor dieser neuen „Forschungsstelle für Rundfunkforschung" eingesetzt, die im Jahr 1939 an die Columbia Universität verlagert wurde. Für ein Jahr war ich dort als Lehrbeauftragter tätig und 1940 wurde ich dort zum außerordentlichen Professor und damit zum ständigen Mitglied der Fakultät für Soziologie ernannt. Die Stelle für Rundfunkforschung wurde später in das Institut für Angewandte Sozialforschung umgewandelt. Seine Existenz war in der ersten Zeit dauernd gefährdet, aber 1945 wurde es in die allgemeine Universitätsstruktur eingegliedert. Ich bin seither an der Columbia Universität geblieben und habe meine Tätigkeit im Institut und in der Fakultät fortgeführt.

II. Ein Forschungsstil und seine vermuteten Wurzeln

Ich werde bei meiner Beschreibung der Grundlagen des neuen Forschungsstils auf zwei Quellen zurückgreifen: Veröffentlichungen, die während meines Aufenthalts in Österreich in deutscher Sprache erschienen und Beiträge, die ich unmittelbar nach meiner Ankunft in den Vereinigten Staaten publizierte, um die Arbeit in Wien einem neuen Publikum vorzulegen. Man könnte sagen, daß ich diese Bemühung hier fortsetze, allerdings mit zusätzlichen Erklärungen. Ich werde meine Bemerkungen auf drei Faktoren konzentrieren, die mir entscheidend erscheinen: eine ideologische Komponente, das intellektuelle Klima und bestimmte persönliche Eigenschaften:

(1) *Die ideologische Komponente.* Die politische Motivation zeigt sich am deutlichsten darin, daß das Thema Soziale Schichtung alle wichtigen Veröffentlichungen beherrscht, die von mir in Österreich erschienen sind. Meine Arbeit über *Jugend und Beruf* hebt hervor, daß die damals blühende Literatur über die Psychologie des Heranwachsens sich auf Jugendliche der mittleren Schichten beschränkt; das Buch wollte Aufmerksamkeit auf die Probleme der Arbeiterjugend lenken, die damals mit 14 Jahren ihr Arbeitsleben begannen. Die gesamte Studie ging von einer scharfen Unterscheidung zwischen diesen beiden Gruppen aus[11].

Die Diskussion der „proletarischen Jugend" war verschränkt mit einer sozialpsychologischen Umdeutung des Konzeptes „Ausbeutung". Meine These war, daß die Arbeiterjugend durch den frühen Beginn ihres Arbeitslebens um die stimulierende Erfahrung gebracht wurde, die den Jugendlichen aus den mittleren Schichten in dieser Lebensphase vorbehalten blieb. Der Arbeiter konnte sich darum nicht wirksam entfalten und so war es leicht, ihn auf eine sozial minderwertige Position zu beschränken. Dieses Motiv erscheint auch wieder in den Forschungsarbeiten über Marienthal: Arbeitslosigkeit hatte zur Folge, daß die „wirksame Lebensbeherrschung" der Arbeitslosen eingeschränkt wurde. Der häufig zitierte Artikel von Genevieve Knupfer, „Portrait des Schwächeren"[12], entstand aus einer 1947 abgeschlossenen Dissertation an der Columbia Universität, in der zum erstenmal Angaben über soziale Schichtung aus Meinungsumfragen zusammengestellt wurden. Hier lag der Akzent auf dem niedrigen Niveau der Erwartungen und Zielvorstellungen und auf dem engen „Lebensraum" der unteren Einkommensgruppen[13]. Die Argumentation war praktisch identisch mit der, die jetzt die ideologische Grundlage für das „Mobilisierungsprogramm für Jugendliche" in New York abgibt. Man könnte einen interessanten Vergleich zwischen meinem Buch und dem Artikel anstellen, den Herbert Gans in dem neulich erschienenen Sammelband über die Anwendung der Soziologie veröffentlicht hat[14], obgleich ich überzeugt bin, daß hier keine direkten Übernahmen vorliegen. Ein wichtiger Unterschied liegt darin, daß Gans Aktionen in der örtlichen Gemeinde in den Vordergrund stellt, während in der früheren Veröffentlichung der Akzent auf den verzögerten Beginn des Arbeitslebens und auf den Wandel im Erziehungswesen gelegt wurde.

Diese starke Berücksichtigung der Schichtungsverhältnisse und der sozialen Relevanz der Adoleszenz in der Arbeiterjugend hat sichtbar marxistischen Charakter. Eine andere Spur solcher Beeinflussung ist nicht ganz so offensichtlich, aber leicht nachzuweisen. In *Jugend und Beruf* wurde mit ganz besonderem Stolz auf die Bedeutung der objektiven Faktoren für individuelle Reaktionen hingewiesen. Verschiedene Tabellen zeigen, daß die Berufsstruktur deutscher Städte wie auch Veränderungen in der wirtschaftlichen Konjunktur sich in den beruflichen Zielvorstellungen der Arbeiterjugend niederschlagen. Ich konnte auch Ergebnisse darüber beibringen, daß der konfessionelle Hintergrund der Familien einen Einfluß auf die Berufswahl der Jugendlichen aus mittleren Schichten ausübt[15].

In dieser frühen Veröffentlichung findet sich daneben ein anderer Schwerpunkt, den wir heute Durkheim zuschreiben würden, obwohl ich ganz sicher bin, daß ich damals von diesem noch nichts wußte. In der Einführung zu dem Bericht über Marienthal legte ich Wert auf die Feststellung, daß wir „das arbeitslose *Dorf* untersuchen wollten, nicht den einzelnen Arbeitslosen". In einem anderen Satz heißt es, daß wir darum keine Persönlichkeitstests durchführen würden, ohne daß eine nähere Begründung angegeben wurde. Aber die Implikation war offenkundig: daß die Sozialstruktur wichtiger ist als individuelle Variationen.

Ein weiterer Niederschlag des politischen Klimas begegnet uns in der Betonung von Entscheidungsprozessen. Im Austromarxismus setzte man seine Hoffnung auf Erfolg in Wahlkämpfen, nicht auf die kommunistische Karte der Gewaltanwendung; darum interessierte man sich sehr für Wahlverhalten. Hier lag auch die Quelle für eine ziemlich merkwürdige und folgenreiche funktionale Verdrängung. Die Universität Wien gab sich damals dogmatisch konservativ und ein Universitätsangehöriger wäre damals schlecht beraten gewesen, wenn er sich an eine objektive Erforschung von Wahlentscheidungen gemacht hätte. Bewußt wählte ich mir darum damals als Ersatz eine andere Fragestellung: Wie entwickelt der Jugendliche planvolle Vorstellungen über seinen zukünftigen Beruf? Mit der Hilfe von Studenten wurde eine Reihe detaillierter Fallstudien zusammengetragen; aber dann stand ich vor dem sattsam bekannten Problem, wie das Material ausgewertet werden sollte.

Viele Monate lang war ich unschlüssig darüber, wie ich verfahren sollte, bis ich schließlich, auf etwas merkwürdige Weise, die Lösung fand. Unter den Studenten war eine junge Frau, die die Aufmerksamkeit eines der ersten anerkannten Experten für Marktforschung auf sich zog. Er benötigte damals einige Interviewgebnisse aus Österreich und wegen der besonderen Ausbildung dieser Studentin (die später zu meiner Hauptmitarbeiterin in der Studie über Marienthal wurde) bat er sie, einige Interviews darüber durchzuführen, warum die Verbraucher verschiedene Sorten von Seife kauften. Marktforschung war im damaligen Österreich unbekannt, und sie erzählte mir von diesem Auftrag als einer Art Kuriosität. Ich sah sofort eine Verbindung zwischen dieser Information und meinem Thema. Offensichtlich war doch mein Problem, daß sich der Entscheidungsprozeß über längere Zeit erstreckte, während derer sich eine Reihe von Nebenwirkungen und Rückwirkungen ergaben. Wenn ich also statistische Analyse mit der Beschreibung ganzer Auswahlabläufe verbinden wollte, dann mußte ich mich, wenigstens vorläufig, auf besser bearbeitbares Material konzentrieren. Das Methodenproblem, das ich im Auge hatte, würde sich mit Hilfe von Material über Konsumentenentscheidungen erheblich leichter lösen lassen.

Dies war der Ausgangspunkt für meine Wiener Marktstudien: die sich ergebende methodologische Äquivalenz von sozialistischen Wahlentscheidungen und dem Kauf von Seife[16].

Aber ich hatte aus diesem Fall der Analyse von Berufswahl genug gelernt, um in *Jugend und Beruf* noch eine politische Lektion vortragen zu können. Die Implikationen für allgemein gesellschaftliche Planung lagen auf der Hand: die meisten Jugendlichen besitzen keine festen Berufspläne und würden darum nichts dagegen haben, wenn man sie an die Hand nähme – würden vielleicht sogar ganz gern an die Hand genommen – und auf eine bestimmte Berufswahl gelenkt; es sollte also leicht sein, die Zuwachsquoten, die im Rahmen eines zentral erstellten Wirtschaftsplanes für die einzelnen Berufe angestrebt werden, zu realisieren.

(2) *Das intellektuelle Klima.* Ich habe schon auf einige Episoden hingewiesen, die mich zur empirischen Forschung geführt haben. Wenn man einmal von dieser Entwicklung ausgeht, muß nun noch die besondere Form erhellt werden, die meine Annäherung an die Sozialforschung in dem damaligen Arbeitsklima in Europa annahm; die Besinnung auf dieses Klima, in dem ich meine ersten fachlichen Arbeiten verrichtete, wird einiges zur Klärung der Rolle beitragen, die ich später in den Vereinigten Staaten spielen sollte.

In dem eben errichteten Psychologischen Institut in Wien hatten die Bühlers damit begonnen, verschiedene Ansätze zu integrieren. Diese Bemühungen spiegeln sich am ehesten in der bedeutsamen Veröffentlichung Karl Bühlers, *Die Krise der Psychologie.* Er hatte Berühmtheit erlangt als introspektiver Psychologe, und er kannte sich auch aufgrund seiner breiten philosophischen Ausbildung gut in den Traditionen der Kulturphilosophie aus, insbesondere in den Überlegungen von Karl Dilthey; außerdem hatte er während einer Reise in die Vereinigten Staaten Fühlung mit anerkannten Behavioristen aufgenommen. Sein Buch enthält den Versuch, diese drei Quellen psychologischen Wissens zu analysieren: Introspektion; Interpretation von kulturellen Produkten, wie Kunst, Folklore, Lebenserinnerungen und Tagebücher; und die Beobachtung von Verhalten. Aber der Schlüssel zum Denken von Karl Bühler war immer wieder sein Ziel, über einzelne Ansätze oder Wissensansammlungen hinauszugehen und eine breitangelegte Verschränkung von Konzepten zu erreichen.

Ich kann heute schwer sagen, ob ich durch diesen ökumenischen Geist beeinflußt worden bin, aber ich habe sicher keine Gelegenheit versäumt zu zeigen, daß sogar „triviale“ Studien zu wichtigen Ergebnissen führen können, wenn sie richtig gedeutet und zusammengefaßt werden, wobei ich unter „wichtig“ eine höhere Stufe der Verallgemeinerung verstehe. So habe ich einmal eine Reihe unserer Studien aus der Verbraucherforschung dadurch zusammengefaßt, daß ich aus jeder das Konzept eines „proletarischen Konsumenten“ herauszulösen versuchte. Dieser Konsument ist:

„... im psychologischen Bereich weniger mobil, weniger aktiv, eher mit Hemmungen belastet. Der Radius, innerhalb dessen er Geschäfte in seine Wahl für mögliche Käufe einbezieht, ist kleiner als sonst. Er kauft häufiger im kleinen Laden. Seine Eßgewohnheiten sind unbeweglicher und weniger durch saisonale Änderungen bestimmt. Als Teil dieser Minderung wirksamer Lebensbeherrschung interessiert er sich nur für die allerwichtigsten Eigenschaften der Ware; Anforderungen an die Qualität, an die äußere Erscheinung und andere Eigenschaften der Ware nehmen in ihrer Häufigkeit und Spezifität im selben Maße ab, wie wir mit Konsumenten aus unteren Sozialschichten zu tun haben."

Eine der Studien, die zu dem Konzept des „proletarischen Konsumenten" beitrugen, beschäftigte sich mit der Bevorzugung von bitterer im Vergleich zu süßer Schokolade. Verbraucher aus unteren gesellschaftlichen Schichten zeigten Präferenzen für die letztere (und bevorzugten im allgemeinen auch süßliche Duftnoten, grelle Farben und viele andere starke Appelle an die Sinnesorgane). Im übrigen zeigte diese gleiche Analyse, daß man leicht an einer wichtigen Beobachtung vorbeigehen kann. Der Generaldirektor des Unternehmens, das die Studie in Auftrag gegeben hatte, trat dem Aufsichtsgremium des Wiener Forschungsinstituts bei und bescheinigte der Studie schon anläßlich der ersten Sitzung mit einiger Emphase, daß sie den Umsatz der Schokolade produzierenden Abteilung in die Höhe getrieben habe. In Wirklichkeit waren aber die Ergebnisse der Studie noch nicht vorgelegt worden. Ich konnte mir damals darauf nur den Reim machen, daß er uns mit dieser Notlüge seinen guten Willen zeigen wolle. Heute weiß ich, was wirklich geschehen war: ich hatte den „Hawthorne Effekt" übersehen; die Abteilung für Schokoladenproduktion hatte derartigen Anteil an der Studie genommen, daß sie einfach mehr leistete und umsetzte.

Im ganzen betrachtet, wurde der Kaufakt zunehmend als eine besondere Erscheinungsform eines Problems betrachtet, das in der europäischen humanistischen Tradition einen sehr hohen Stellenwert einnahm: Handlung[17], Aktion. Bühler selbst hatte eine grundsätzliche Abhandlung über Sprache als speziellen Typ des Handelns veröffentlicht[18], und als ich nach meiner Ankunft in den Vereinigten Staaten über die österreichischen Studien berichtete, geschah dies in Begriffen von Handeln, Handlung[19]. In meinem Beitrag „Der psychologische Aspekt der Marktforschung" (1934) finden sich ein halbes Dutzend Seiten über „die Struktur des Kaufaktes", Zeichnungen und neue Begriffe („Akzentuierung der Motivation"), die sich mit — wenn ich so sagen darf — interessanten Beispielen über den Kauf von Seifen und Pullovern ablösten.

Meine zentrale Idee war, daß „das Kaufhandeln ausdrücklich manifestiert wird und daß sich in ihm verschiedene Phasen und Elemente unterscheiden lassen". Der Trend in Richtung auf die Ableitung einer „theoretischen Betrachtungsweise" aus spezifischen Forschungsdaten läßt sich an Hand des folgenden Zitats belegen:

„Bei den Begriffen ‚zeitlicher Entscheidungsverlauf', ‚antizipierte Eigenschaften des Kaufgutes', ‚relative Stellung zu früheren Kaufakten' handelt es sich um bloße Beispiele dessen, was allgemein als ‚psychologische Koordinaten' eines Kaufaktes bezeichnet werden könnte." Mir scheint, daß einer der hervorragendsten Beiträge von Psychologen zu den Problemen der Marktforschung in der sorgfältigen und vollständigen Erforschung der Struktur eines Kaufaktes liegt, damit wir uns darauf vorbereiten können, in einer speziellen Studie den möglicherweise besonderen Eigenschaften einer bestimmten Ware nachgehen zu können."

Es wäre unvertretbar gewesen, einen Bericht auf Prozentangaben zu beschränken: daß soundsoviel Prozent der Leute das eine oder andere über einen Gegenstand dachten oder in einer bestimmten Weise handeln. Es mußte vielmehr darum gehen, die verschiedensten Ergebnisse zu einer kleinen Zahl „integrierender Konzepte" zusammenzufassen. Gleichzeitig war jedoch auch eine zweite Aufgabe zu lösen: auch die Methoden, mit deren Hilfe eine solche Vertiefung erreicht werden konnte, mußten in aller Deutlichkeit expliziert werden[20]. In einem Artikel, den ich 1933 publizierte und in dem ich meine österreichischen Erfahrungen zusammenfaßte, stellte ich vor allen Dingen die folgenden vier Regeln heraus und belegte sie reichlich mit Beispielen:

a) zu jeder Erscheinung sollten objektive Beobachtungen wie auch introspektive Berichte vorliegen,

b) statistisches Material und Fallstudien sollten in angemessener Weise miteinander verbunden werden,

c) Durchschnittsinformationen sollten durch entwicklungsgeschichtliche Informationen über den Forschungsgegenstand ergänzt werden,

d) „natürliche" Daten sollten mit „experimentellen" Daten kombiniert werden. Als experimentelle Daten betrachtete ich vor allen Dingen Antworten auf Fragebogen und Berichte, die auf Aufforderung zustande gekommen waren, während ich unter natürlichen Daten vor allem das verstand, was heute „indirekte Messung" genannt wird – Daten, die sich aus dem Ablauf des alltäglichen Lebens ergeben, ohne daß das Forschungspersonal in die Produktion der Daten eingreift.

Bloße Beschreibung war nicht genug. Wer hinter die Dinge kommen wollte, mußte eine Vielzahl von Angaben über den Forschungsgegenstand erheben — genauso, wie die genaue Beschaffenheit eines Gegenstands in weiterer Entfernung nur dadurch bestimmt werden kann, daß man ihn von verschiedenen Seiten und Richtungen betrachtet. Wahrscheinlich war ich mir nicht immer voll bewußt, welche Regeln der Wiener Forschungstradition im Laufe ihrer Entwicklung jeweils zugrunde lagen. Aber ihre Struktur lag hinreichend nahe unter der Oberfläche, so daß ich sie mir vor Augen führen konnte, als ich dann Zeit genug hatte, in den Vereinigten Staaten über meine Arbeit in Europa nachzudenken.

Die Versuche, eine Theorie integrierender Konzepte, ihrer logischen Beschaffenheit und ihrer Formierung zu entwickeln, ergaben sich auch aus dem Wunsch, empirische Arbeit zu rechtfertigen. Ich kannte damals noch nicht die verschiedenen Beiträge, in denen Tönnies versucht hatte, die Vorstellung von „Soziographie" in die Tradition der deutschen Soziologen einzuführen. Es wäre heute interessant, diese beiden Entwicklungen einmal im einzelnen zu vergleichen. Einige zeitgenössische Kritiken beanstanden an der Umfrageforschung, daß sie einseitig und zu beschränkt sei; dabei verweisen sie auf den korrumpierenden Einfluß der Columbia-Tradition[21]. Demgegenüber tut man gut daran, sich zu vergegenwärtigen, daß in dieser Tradition von Anfang an betont wurde, wie wichtig es sei, sich unterschiedlicher Ansätze zu bedienen. Mit solcher Rechtfertigung ist es wie mit der Hausarbeit: sie hört nie auf.

(3) *Die persönliche Gleichung.* Um das persönliche Element kommt man nicht herum. Warum war ich eigentlich so überzeugt davon, daß eine Mischung von „Einsicht" und quantifizierender Methoden für die Sozialwissenschaften so entscheidend sei? In meiner Einleitung zu *Marienthal* stellte ich die Dinge fast so dar, als ob diese Mischung so etwas wie eine moralische Pflicht sei. Auf der einen Seite war ich dort mit den Statistiken über Arbeitslosigkeit kritisch ins Gericht gegangen, auf der anderen hatte ich mich gegen die beiläufige Beschreibung der Lebensverhältnisse von Arbeitslosen in den Zeitungen und in der Literatur gewandt. Dann stellte ich fest:

„Was uns vorschwebte, war eine Methode der Darstellung, die die Verwendung exakten Zahlenmaterials mit dem Sicheinleben in die Situation verband. Dazu war folgendes notwendig: wir hatten so engen Kontakt mit der Bevölkerung Marienthals zu gewinnen, daß wir kleinste Einzelheiten ihres Lebens erfahren konnten; und zugleich mußten wir jeden Tag so erfassen, daß er objektiv-formulierbar wurde; schließlich war das Ganze in solchen Zusammenhang zu bringen, daß alle Details sich als Ausdruck einer möglichst kleinen Zahl von Haupttatsachen übersehen ließen.[21a]

Man tut gut daran, sich die Formulierung dieser Sätze näher anzuschauen. Sie enthalten die nachdrückliche Aufforderung, eine methodologische Mission zu übernehmen. Wie alle Missionare hielten wir es nicht für notwendig, weitere Rechtfertigungen dafür beizubringen, was uns die Stimmen auftrugen. Aber unsere Position hatte etwas Überzeugendes. In einem Anhang über die Geschichte der soziographischen Methoden, den Hans Zeisel der Studie über Marienthal beifügte, brachte er auch eine sechsseitige Besprechung des „American Survey". Er wies darauf hin, daß in den an der Universität Chikago durchgeführten Studien aus irgendeinem undurchsichtigen Grund keine statistische Analyse des Datenmaterials erfolgte. Bei seiner Durchsicht der Veröffentlichungen hatte er nur wenige Beispiele einer Quantifizierung komplexer Sozialmuster entdecken können. Seine Besprechung endet mit den folgenden Bemerkungen, in denen sich das eben erwähnte Programm widerspiegelt:

„Es ist kaum verkennbar, daß auch der amerikanischen Soziographie die Synthese zwischen der Statistik und dem Inventar der Merkmale noch nicht vollends geglückt ist. Dort wo die adäquate Begriffsbildung ihren Höhepunkt erreicht, etwa im 'Polnischen Bauer', fehlt die Statistik völlig – und die statistischen Surveys lassen zuweilen einen bedenklichen Schematismus erkennen."[21b]

Ich bin nicht in der Lage, dieses Interesse an einer Quantifizierung komplexen Materials auf irgendeinen äußeren Anstoß zurückzuführen, der zur damaligen Zeit wirksam gewesen wäre. In dieser Situation muß der Historiker nach idiosynkratischen Erklärungen suchen; und diese bieten sich in großer Fülle an. Ich erinnere mich heute noch an die Erregung, die mich befiel, als ich in einem Buchladen ein Streudiagramm aus einer der ersten deutschen Studien über Korrelationsrechnung erblickte. Wenige Jahre später zeigte mir der deutsche Soziologe Andreas Walter eine ökologische Karte, die er von einem Besuch in Chikago mitgebracht hatte – und mir ging es wie vor dem Buchladen. Am folgenreichsten war die folgende Episode: im Alter von 25 Jahren hörte ich, wie einer der Anführer der Sozialistischen Arbeiterbewegung Antworten auf Fragebogen vorlas, die er verteilt hatte. Er zog individuelle Zitate heran, um das Elend des Fabriklebens zu beschreiben. Ich fragte ihn sofort, warum er keine Auszählung vorgenommen habe; er war verdutzt und übergab mir die Antworten auf seine Fragebogen. Ich nahm eine statistische Analyse vor, die später zur Grundlage einer meiner ersten Beiträge wurde. Außerdem berichtete ich darüber in einem der ersten Seminare, die von den

Bühlers veranstaltet wurden und zog ihre Aufmerksamkeit auf mich[22].

Diese allgemeine Tendenz wurde durch meine spätere Arbeit für Charlotte Bühler verstärkt. Ihre hauptsächlichen Arbeiten zur Kinderpsychologie nahmen eine Mittelposition zwischen dem Amerikaner Gesell und Schweizer Piaget ein. Die berühmt gewordenen Beobachtungen des letzteren entstammen seinen halbexperimentellen Studien über einige wenige Kinder, die ihn dann zu seinen weitgreifenden Entwicklungstheorien führten. Gesell dagegen machte sehr detaillierte statistische Beobachtungen, ohne irgendwelche Verallgemeinerungen daraus abzuleiten. Die hohe Reputation Charlotte Bühlers beruhte auf einer Theorie der Phasen, die sie mit statistischen Beobachtungen „untermauerte". An einer bestimmten Stelle wurde ich durch ihre Position in einer Weise beeinflußt, die noch weitreichende Folgen zeigte. Für meinen Sammelband *Jugend und Beruf* hatte ich eine große Zahl von Daten aus verschiedenen Quellen so zu koordinieren, daß ein System von Konzepten mit großer Kohärenz dabei entsteht. Diese Arbeit gefiel ihr, und sie zeigte sich auch zugänglich für die These, daß man bei der wissenschaftlichen Auseinandersetzung mit Problemen der heranwachsenden Jugend zwischen deren Sozialschichten (Arbeiterjugend, Jugend aus mittelständischen Schichten) unterscheiden müsse. Aber der Stil, in dem der Abschnitt über die proletarische Jugend geschrieben war, wurde von ihr scharf beanstandet. Ich steckte in der Tat an den Stellen, wo von der Ausbeutung durch die bürgerliche Gesellschaft die Rede war, voller Anteilnahme, und der mahnende Ton in diesem Teil der Arbeit unterschied sich sehr von dem Rest des Textes. Diese Tatsache ließ sich nicht bestreiten, und schließlich schrieb ich eine neue Version. An den Argumenten wurde nichts verändert, aber die Formulierung geriet weniger kritisch als vielmehr beschreibend und naturalistisch. Ich zweifele heute nicht daran, daß diese Begebenheit meine späteren Veröffentlichungen beeinflußt hat und daß hier ein Faktor zu suchen ist, der zu der Auseinandersetzung über die Rolle der Soziologie beitrug, die von C. Wright Mills angeführt wurde.

III. Die Organisation der Sozialforschung

Die Haupteigenschaften eines Forschungsinstitutes sind heute wohlbekannt. In den wesentlichen Aufgabenbereichen besteht eine Arbeitsteilung zwischen dem Entwurf und dem Vortesten von Fragebögen, der Analyse von Tabellen und dem Entwurf von

Berichten. In der Koordinierung und Anleitung solcher Arbeiten liegt eine intellektuelle und bürokratische Herausforderung. In dem Institutsleiter begegnet uns allem Anschein nach eine neue Art von Professional, für den neulich einmal der Begriff des „akademischen Managers" geprägt wurde. Die Natur der Arbeit verlangt eine stärker hierarchische Beziehung zwischen den beteiligten Professionals als in einem Fachbereich oder einer Fakultät.

Im Rahmen dieser Memoiren stellt sich die Frage, wie wir in den späten zwanziger Jahren auf diese Art Organisation verfielen. Nach meiner Überzeugung ist dies teilweise darauf zurückzuführen, daß ich selbst und viele meiner Mitarbeiter in der sozialistischen Partei und in der Jugendbewegung Erfahrungen in Gruppenarbeit gesammelt hatten; was mich anbetrifft, so würde ich vermuten, daß diese Arbeitsorganisation einen Ersatz für politische Aktivitäten darstellte. Aber Charlotte Bühlers Beispiel war sicherlich von Einfluß. Sie hatte eine geradezu preußisch zu nennende Fähigkeit, die Tätigkeit vieler Leute an verschiedenen Orten zu koordinieren. Einige fühlten sich durch sie ausgebeutet, aber ich akzeptierte sie wegen ihrer guten Ausbildung und Hilfestellung.

Man weiß heute auch vieles über die Probleme, die sich bei der Finanzierung solcher Institute stellen. Mit Hilfe von Bettelgängen bei öffentlichen Einrichtungen und der Privatindustrie muß Geld beschafft werden. Dies war vor vierzig Jahren erheblich schwieriger, da es damals keine Stiftungen gab, keine steuerlichen Erleichterungen und, alles in allem, Forschung als Institution nur von wenigen anerkannt wurde. Man war von einigen wenigen Leuten abhängig und befand sich in einer andauernden finanziellen Krise. Ich gründete einen Beirat für das Institut, der sich aus Vertretern aller politischen und wirtschaftlichen Gruppen Wiens zusammensetzte[23].

Während dies heute alles selbstverständlich erscheint, wurde es damals mit einiger Überraschung aufgenommen. Dieser Eindruck läßt sich einem Dokument entnehmen, das in mehrerlei Beziehung interessant ist. Die führende Zeitschrift in der deutschsprachigen Soziologie wurde damals von Leopold von Wiese in Köln herausgegeben. Ehe diese Zeitschrift im Jahre 1934 von der Hitler-Regierung eingestellt wurde, schrieb von Wiese in der letzten Nummer eine ziemlich ausführliche Besprechung unserer Studie über Marienthal. Wie viele andere Professoren in der Soziologie und in den Wirtschaftswissenschaften benutzte auch von Wiese die langen Osterferien, um mit Studenten Feldstudien in Fabriken oder Dörfern zu veranstalten (aus einer dieser Studien entstand die Veröffentlichung von Wieses, *Das Dorf*[23a]). In seiner Besprechung stellte von Wiese anerkennend den Unterschied zwischen dieser Tradition und unserer, der stärker organisierten Unternehmung heraus.

„Meine eigenen Versuche müssen vorläufig rein pädagogisch-didaktischer Natur bleiben; sie können nur erreichen, daß in den kurzen neun oder zehn Pfingsttagen die bei den Bewohnern in kleinsten Gruppen einquartierten Studierenden Anregungen und erste Anleitungen erhalten, von denen ich hoffe, daß sie sich bei späteren größeren Arbeiten nützlich erweisen. Bei dem Wiener Versuch aber konnten sich vorher theoretisch geschulte, wissenschaftlich fortgeschrittene Beobachter längere Zeit ganz der Aufgabe widmen, sachlich wertvolle Ergebnisse zu liefern, die über den Schulungszweck von Studierenden hinausragen."[23b]

Von Wiese nahm an, daß dieses breiter angelegte System durch Geldmittel ermöglicht wurde, die den Bühlers über ihre amerikanischen Kontakte zugänglich geworden waren. In Wirklichkeit spielten solche Mittel nur eine verhältnismäßig kleine Rolle. Die Befragten erhielten eine Entschädigung für die von ihnen aufgewendete Zeit aus Geldern, die wir durch die Sammlung alter Kleider in Wien zusammengebracht hatten. Die Beaufsichtigung und die Auswertung des Materials geschah durch Kollegen, die ihre Zeit von sich aus dafür opferten. Daneben hatten wir eine kleine Geldsumme zur Verfügung, die uns vom zentralen Gewerkschaftsrat zur Verfügung gestellt worden war.

Von Wiese trug zwei kritische Einwände gegen unsere Methoden vor. Er beanstandete die Verwendung des Begriffes „psychologisch" für Arbeiten, die er im wesentlichen für soziologische hielt; ihm war die Wiener Universitätsstruktur unbekannt, auf die ich oben angespielt habe. Zu unserer grundsätzlichen Position, wie sie in der Einführung zu *Marienthal* dargestellt ist, meinte er folgendes:

„Andererseits würde mir der Programmpunkt: ‚alle Impressionen wieder zu verwerfen, für die keine zahlenmäßigen Belege zu finden sind', als eine zu große Konzession an die Statistiker erscheinen. Erfreulicherweise war man aber in der Anwendung dieses Grundsatzes doch nicht allzu ängstlich".[23c]

Die komplexe Reaktion von Wieses scheint mir ein besonders klares Zeichen dafür zu sein, daß die deutsche Soziologie eine neue Wendung nehmen wollte, als sie durch politische Ereignisse praktisch völlig unterdrückt wurde.

Das Forschungsinstitut in Wien bestand aus einer Kette von Improvisationen, und die wichtigsten Elemente einer Forschungsorganisation entwickelten sich nur allmählich. Obwohl durch eine Reihe äußerlicher Formalitäten zusammengehalten, wurde das Institut nie zu einer in sich gefestigten Einrichtung. Erst als ich zur Universität Newark überwechselte, konnte ich die verschiedenen Komponenten, die ich alle gleichzeitig im Sinn hatte, zu einer Art Entwurf für eine in sich fest gefügte Institution zusammenfügen. Trotzdem stand am Anfang meiner amerikanischen Arbeit reines Chaos.

Im Sommer 1935 mußte ich nach Wien zurück, um meine Einreiseerlaubnis als Student gegen ein Einwanderungsvisum umzutauschen. Kurz nach meiner Rückkehr, im Oktober 1935, schrieb mir Robert Lynd, daß die Wohlfahrtsbehörden in New Jersey zehntausend Fragebögen von Jugendlichen zwischen vierzehn und fünfundzwanzig Jahren gesammelt hatten; es handelte sich dabei um ein Projekt des Staatlichen Verwaltungsamtes für Jugendliche. Nun wurde jemand gesucht, der das Erhebungsmaterial analysieren konnte. Man wandte sich an Kingdon, der damals gerade Rektor der Universität Newark geworden war. Die Universität war eine kleine Einrichtung, die von Kingdon zu einer akademischen Ausbildungsstätte für die sozial unterprivilegierten Jugendlichen des Verwaltungsbezirks Essex in New Jersey ausgebaut werden sollte[24]. Kingdon verfiel auf die sehr vernünftige Idee, daß ein aus Mitteln der Verwaltungsbehörde bezahlter Forscher gleichzeitig auch an seiner Universität einige Lehrveranstaltungen über Forschung abhalten könne. Lynd hatte mich für diese Stelle vorgeschlagen. Ich nahm dankbar an.

Kingdon und ich kamen von Anfang an gut miteinander aus. Schon beim ersten Gespräch schlug ich vor, daß die Aufgabenstellung erweitert werden solle und daß dieses Projekt als Anstoß für ein „Forschungszentrum an der Universität Newark" dienen könne, das nach meinem Vorschlag unverzüglich zu gründen sei. Es lag auf der Hand, daß die Universität selbst keine Geldmittel dazu beisteuern konnte. Nur indirekte Unterstützung, in Gestalt von Arbeitsräumen, stand uns zur Verfügung. Es war meine Aufgabe, das Zentrum durch Auftragsbeschaffung und die entsprechenden Beihilfen am Leben zu halten. Später allerdings sah Kingdon sich eher in der Lage, finanziell zu helfen: er konnte Gelder der Wohlfahrtsbehörden für diejenigen arbeitslosen Studenten beschaffen, für die ich mir Arbeitsaufgaben einfallen ließ.

Nach einigen Monaten wurde diese Situation formal festgeschrieben. Am 19. Juni 1936 erhielt ich von Kingdon einen offiziellen Brief, geschrieben im Namen des universitären Aufsichtsgremiums, durch den ich regelrecht angestellt wurde. In diesem Brief schrieb Kingdon: „Hiermit kann ich Ihnen mitteilen, daß Ihnen für die Laufzeit von zwölf Monaten die Stelle des geschäftsführenden Direktors des Forschungszentrums an der Universität Newark angeboten wird, und zwar vom 21. Mai 1936 bis zum 21. Mai des folgenden Jahres. Wir gehen davon aus, daß das Grundgehalt für diese Stelle mit $ 4800 angesetzt wird, daß jedoch die Universität nur zur Zahlung der Hälfte dieser Summe verpflichtet ist, während die andere Hälfte dieses Gehaltes aus anderen Quellen zu finanzieren bleibt. Als vereinbart soll gelten, daß diese Summe in gleichen Monatsraten von $ 200 ausgezahlt werden wird. Weiterhin ist vorgesehen, daß ein Teil der Arbeitszeit, die für die Universität Newark vorbehalten bleiben sollte, auf Lehrveranstaltungen verwendet werden kann. Schließlich gilt als vereinbart, daß die erbetene Beteiligung am Lehrbetrieb nicht über acht Wochenstunden hinausgehen soll."

Ich möchte vermuten, daß es sich bei diesem Brief um das erste Dokument handelt, in dem für den Leiter eines Forschungsinstituts eine geteilte Beschäftigung mit Forschungsaufgaben und Lehrveranstaltungen geregelt wird. Leider wird auch heute noch in vielen Universitäten vorausgesetzt, daß der Institutsdirektor für sein Gehalt teilweise selbst sorgen muß[25].

Damals gab es viele arbeitslose Studenten und ich mußte laufend neue Aufgaben erfinden, um sie zu beschäftigen. Dank meiner Kontakte zur Marktforschung kam ich an die Auflagenziffern von ungefähr zwanzig Zeitschriften in den hundert größten Städten der Vereinigten Staaten heran. Wir kombinierten diese Zahl mit Angaben aus der Bevölkerungsstatistik und wirtschaftsstatistischen Informationen, und publizierten dann einen Beitrag über das „Zeitschriftenprofil" dieser Städte. Das Manuskript wurde später in einem der ersten Hefte der neu gegründeten Zeitschrift *Public Opinion Quarterly* veröffentlicht (1937)[26]. Gleichzeitig baute ich das Netz meiner Kontakte zu anderen Einrichtungen aus. Die Schulaufsichtsbehörde für die Schulen in dem Verwaltungsbezirk Essex gab eine Studie über Schulprobleme in diesem Bezirk in Auftrag, auf deren Grundlage wir mehrere statistische Einzelstudien publizierten. Die Verwaltung für Arbeitsbeschaffung nahm damals ein Projekt in Angriff, in dem, von Philadelphia aus koordiniert, der Einfluß des technischen Wandels auf die Arbeitslosigkeit untersucht werden sollte. Ich drängte darauf, man solle mich im Rahmen dieses Projektes die Stadt Millville in New Jersey, einen Ort mit sehr umfangreicher Glasproduktion, untersuchen lassen. In Millville war, nach Ablösung der Mundblas-Technik durch Maschinen und nach der Verlagerung des größten Unternehmens nach Ohio, fast die gesamte erwerbstätige Bevölkerung arbeitslos geworden. Diese Studie wurde wegen vorzeitiger

Erschöpfung der Geldmittel nie zu Ende geführt, sie erlaubte mir aber, in den Jahren 1935 und 1936 die Anfänge eines festen Stabs von Mitarbeitern aufzubauen. Außerdem kam mir das Institut Max Horkheimers dadurch zu Hilfe, daß es einen Teil seiner Arbeit am Zentrum in Newark abwickelte und uns für deren Beaufsichtigung bezahlte. Das bekannteste Ergebnis dieser gemeinsamen Bemühungen liegt vor in dem Buch von Mirra Kumarovski, *The Unemployed Man and his Family* (1940).

Im Frühjahr des Jahres 1937 schrieb ich einen offiziellen Bericht an das Aufsichtsgremium der Universität Newark, in dem ich das Konzept unseres Forschungszentrums zu erklären suchte. Ich wollte den Wert einer solchen Institution für die Universität im ganzen demonstrieren und zeigen, daß sie finanziell auf eigenen Füßen stehen konnte. Ich trug damals vor, daß die Ziele der Feldstudien am Forschungszentrum der Universität Newark im einzelnen darin lägen, daß:

„Forschungs- und Ausbildungsmöglichkeiten für die Studenten bereitgestellt werden,

neue Forschungsmethoden entwickelt werden,

Forschungsergebnisse veröffentlicht werden,

das Verständnis der Behörden von Newark für die sozialen und wirtschaftlichen Probleme der Stadt verbessert wird,

ein Beratungsdienst für die sozial und wirtschaftlich tätigen Einrichtungen in der Stadt bereitgestellt wird,

Beschäftigungsmöglichkeiten und Einkommen für Studenten beschafft werden,

Geldmittel für die Fortsetzung und Ausweitung der Forschungstätigkeit des Instituts zusammengebracht werden, um die Universität als solche am Ort und im ganzen Land bekannter zu machen."

Mein Argument war, daß der Nutzen des Forschungszentrums auf verschiedene Weise gerechtfertigt werden konnte. Jeden Monat wurden Gehälter bis zur Höhe von $ 1500 an Studenten und Doktoranden der Universität ausgezahlt; in dieser Summe waren keine Gelder der Wohlfahrtsbehörden enthalten und so durfte man behaupten, daß diese Einkommenschancen allein durch die Existenz unseres Instituts entstanden waren. Seine Arbeit wurde in mehr als tausend Zeitungsartikeln angesprochen. „Das Forschungszentrum und damit auch die Universität von Newark sind durch den Institutsleiter in einer Anzahl von Kommitees auf regionaler und nationaler Ebene vertreten". Ich führte dann zehn Forschungsprojekte an, die damals bearbeitet wurden. In diese

Aufzählung schloß ich all das ein, woran ich selbst beteiligt war, einschließlich einer Reihe von mir veröffentlichter Artikel und kommerzieller Studien, in die ich als persönlicher Berater verwickelt war[27].

Mit Ablauf des Jahres 1936 war das Forschungszentrum in Newark als eine Art Kuriosität bekannt geworden. Eines Tages erschienen Everett Hughes und Robert Park, um uns einen Besuch abzustatten; allerdings war ich mir damals der darin liegenden Ehrung nicht ganz bewußt. George Lundberg (Bennington) und John Jenkins (Cornell) schickten mir Studenten zu Ausbildungszwecken, unter ihnen Edward Suchman, der als Mitarbeiter bei mir blieb, bis er zu Samuel Stouffer ins Kriegsministerium ging. Aber das wichtigste Anzeichen für das wachsende öffentliche Interesse an unserem Institut lag darin, daß ich im Frühjahr 1937 für die Stelle eines Forschungsleiters für das erste größere Forschungsprojekt über Massenkommunikation in Betracht gezogen wurde, das seinerzeit von der Rockefeller-Stiftung gefördert werden sollte[28].

Für den ganzen Ablauf dieser institutionellen Entwicklung war typisch, daß wir uns auch mit der Methodologie der Forschung beschäftigten. Das ergab sich natürlich zum Teil aus meinem persönlichen Interesse an „Explikation"[28a], auf das oben schon hingewiesen wurde. Aber ich bin gleichzeitig davon überzeugt, daß eine intrinsische Beziehung zwischen der Methodologie und der Organisation von Forschung besteht. In meiner Präsidentschaftsrede vor der amerikanischen Soziologengesellschaft habe ich diesen Punkt noch einmal in einer Weise aufgegriffen, die vielleicht übertrieben scheint, die jedoch das Wesentliche über dieses Verhältnis ausdrückt. Auch wenn man nur eine kleine Forschungsgruppe anleitet, so merkt man doch sehr deutlich, wie verschieden die einzelnen Forschungsoperationen sind und wie notwendig es ist, alle Einzelschritte zu einem zusammenhängenden Ergebnis zu integrieren. Einige Mitarbeiter verstehen es hervorragend, detaillierte Befragungen vorzunehmen; andere haben eine besondere Begabung für den Umgang mit statistischen Tabellen; wieder andere glänzen bei der Suche nach möglichen Beiträgen aus der Literatur. Die verschiedenen Regeln für solche Arbeiten müssen explizit gemacht werden: jeder muß wissen, was von ihm erwartet wird und wie sich seine Aufgaben zu der Arbeit der anderen verhalten. Die Verteilung der Aufgaben an die verschiedenen Mitarbeiter wird darum schnell zur methodischen Explikation. Diese Überlegung verläuft möglicherweise analog zu dem besonderen wissenssoziologischen Argument, das von Marxisten eingesetzt wird, wenn sie behaupten, daß sich neue Produktionsmittel oft in neuen Arten intellektueller Analyse widerspiegeln.

Was ich bisher erläuterte, läßt allerdings die Frage offen, warum eine in Wien entwickelte Organisationsform auch in den Vereinigten Staaten relativ schnell anerkannt und verbreitet wurde. Zum Zweck der Deutung muß ich noch einmal auf die zwei Jahre meines Stipendiums eingehen, das mir 1932 zugesprochen worden war.

IV. Atlantischer Transfer – Wegweiser

Der Einfluß europäischer Intellektueller auf die Vereinigten Staaten läßt sich auf verschiedene Weise erforschen. Zum einen kann man ein bestimmtes Problemgebiet in seinem Zustand vor und nach der Ankunft bestimmter Personen vergleichen. Ein anderer Ansatz verlangt, daß man den Kontakten des betreffenden Emigranten nachspürt und festhält, inwieweit in amerikanischen Publikationen oder aber in Mitteilungen, die eigens zu diesem Zweck erbeten wurden, auf den Emigranten Bezug genommen wird. Zum dritten kann man prüfen, wie der Emigrant selbst die Situation gesehen hat. Was hatte er sich zum Ziel gesetzt und mit welchen Erfahrungen trat er an? Da die meisten Biographien über Leute geschrieben werden, die nicht mehr leben, entsteht für diejenigen, die sich noch zu Lebzeiten äußern können, eine Art Verpflichtung, näher darzulegen, wie sie von ihrem eigenen Standpunkt aus eine Kette von Ereignissen gesehen haben.

Die Vorstellung von einem Zeugen mit Expertenstatus, auf die in der Einleitung hingewiesen wurde, erweist sich in diesem dritten Ansatz als ganz besonders nützlich. Er berichtet von seinen konkreten Erfahrungen und versucht gleichzeitig, System hineinzubringen, damit die Episoden im Rahmen übergreifender Zusammenhänge dargestellt werden. Aber man sollte den Leser daran erinnern, daß auch die anderen Beteiligten als Zeugen mit Expertenstatus betrachtet werden können[29]. Der Historiker könnte zusätzliche Dokumente zutage fördern, andere Beteiligte befragen, und zu Schlußfolgerungen kommen, die sich von den meinen stark unterscheiden. Hier läßt sich kein endgültiges Urteil fällen; es kann sich immer nur um Interpretationen dessen handeln, was man auch „Strategie" nennen könnte; dazu gehören die Aktionen, die der einzelne mehr oder weniger bewußt und planmäßig vorgenommen hat, aber auch die allgemeinen Beweggründe, von denen seine Reaktionen und Wahlakte ausgingen sowie schließlich die Beschaffenheit der Gesamtsituation, selbst wenn der einzelne zur jeweiligen Zeit sich darüber nicht im klaren war. Vielleicht sollte man am besten von „latenter Strategie" sprechen[30].

Eine solche Analyse kann bei den „Wegweisern" beginnen. Was wußte der Betreffende von dem neuen Land vor seinem Besuch? Wohin wandte er sich zuerst? An welchen früheren Erfahrungen orientierte er sich anfangs am ehesten?

Ich kann meine Erfahrungen anhand dreier Entwicklungen beschreiben, die zunächst getrennt verliefen, aber dann ineinander mündeten: mein andauerndes Interesse an Forschung über Arbeitslosigkeit, mein Interesse an zusätzlichem Wissen über amerikanische Forschungsmethoden und mein Interesse an einer Förderung des Wiener Forschungsinstituts durch die Gründung institutioneller Kontakte mit entsprechenden Einrichtungen in den Vereinigten Staaten.

Das Projekt über Marienthal hat in den Vereinigten Staaten eine gewisse Aufmerksamkeit auf sich gezogen. Diese Beachtung war über zwei Anstöße ausgelöst worden. Zum einen hatte ein amerikanischer Psychologe, der in Wien einen Teil des Materials eingesehen hatte, nach seiner Rückkehr in der Zeitschrift *Nation* einen Artikel mit dem Titel „When Man Eats Dog" geschrieben. Zweitens hatte Charlotte Bühler anläßlich des internationalen Psychologenkongresses, der 1932 in Deutschland abgehalten wurde, veranlaßt, daß auch ich einen Vortrag hielt. Ich berichtete über die ersten Ergebnisse, worauf eine Reihe prominenter Amerikaner, darunter Gordon Allport, Otto Klineberg und Goodwin Watson zu mir kamen, um weitere Einzelheiten zu erfahren. Sie gehörten auch zu denjenigen, die ich nach meiner Ankunft in den Vereinigten Staaten als erste besuchte[31].

Zu Beginn meines Stipendienaufenthalts hatte die nationale Verwaltung für Notstandshilfe (FERA) gerade ihre erste Forschungsabteilung ins Leben gerufen. Mit Hilfe der Rockefeller-Stiftung kam eine Vereinbarung zustande, nach der ich als Volontär arbeiten sollte. Zu diesem Zweck zog ich nach Washington und traf dort einige Soziologen, die als Regierungsberater tätig waren. Sie gehörten zu der damals offiziellen Gruppe von Empiristen, die wenig später die Soziologische Forschungsgesellschaft gründeten, die als Speerspitze für ihren Einfluß in der Amerikanischen Gesellschaft für Soziologie dienen sollte. Diese Leute arbeiteten vor allem mit bevölkerungsstatistischem und ähnlichem Material. Aus einem bestimmten Anlaß erwarb ich mir in dieser Gruppe den Ruf, eine besondere Art von Forschungstechnik zu beherrschen. Die FERA stand kurz vor der Veröffentlichung einer Studie, die einen deutlichen Zusammenhang von Arbeitslosigkeit und Ausbildungsstand auswies. Ich wies in diesem Zusammenhang darauf hin, daß diese Korrelation in Wirklichkeit durch das Alter als Einflußfaktor zustandegekommen sein könnte; heute käme jeder auf diese Idee. Das Datenmaterial wurde in dieser Richtung noch einmal ausgewertet und es zeigte sich in der Tat, daß die Variable „Alter" die wichtigere war: die schlecht ausgebildeten Leute gehörten zu höheren Altersgruppen und hatten eine höhere Quote von Arbeitslosigkeit. Dieser Vorfall hatte die Mitarbeiter der FERA beeindruckt. Als ich im Frühjahr des Jahres 1934 einige Zeit in Chikago verbrachte, richteten sie dort eine kleine Rechenabteilung ein, damit ich ihnen dort bei der multivariaten Analyse ihrer Erhebungen über Arbeitslosigkeit behilflich sein konnte.

Während dieser Zeit besuchte ich einige der wenigen Stellen, an denen Lehrveranstaltungen über empirische Sozialforschung angeboten wurden. Ich besuchte die Universität von Rochester um dort Luther Fry, den Verfasser des ersten Buches über Methoden der Sozialforschung kennenzulernen. Ich übernahm für mehrere Wochen eine seiner Vorlesungen und organisierte ein Forschungsprojekt zu der Frage, wie Entscheidungen über Kinobesuche zustandekommen[32].

Ich betrachtete mich damals nicht als Soziologe, und besuchte keine regionalen oder nationalen Kongresse für Soziologie, obwohl mein Stipendium die notwendigen Geldmittel dafür hergegeben hätte. Ich muß sogar zugeben, daß ich damals nur eine vage Vorstellung von der Situation der Soziologie in den Vereinigten Staaten besaß. Ich ging für einige Wochen nach Chikago, aber dies in erster Linie, um mit Arthur Kornhauser zu arbeiten, einem berühmten Mann in der Angewandten Psychologie. Ich kann mich an keine anderen denkwürdigen Begegnungen dort erinnern, mit der Ausnahme eines Mittagessens bei L. L. Thurstone, dem ich mit dem größten Respekt gegenübersaß. Ich bin sicher, daß ich in diesem ersten Jahr Samuel Stouffer nicht getroffen habe. Ganz besonders deutlich ist mir von diesem Besuch in Erinnerung, daß damals vom Landtag eine Untersuchung gegen den Lehrkörper der Universität Chikago angestrengt worden war; und ich weiß noch genau, wie sehr ich von Robert Hutchins (seinerzeitiger Rektor der Universität) beeindruckt war.

Im soziologischen Fachgebiet hatte ich damals vor allem Kontakt mit Robert S. Lynd. Da ich seine Veröffentlichung über *Mitteltown* kannte, gehörte er zu denjenigen, die ich sehr bald aufsuchte. Er widmete mir sehr freigiebig seine Zeit und seinen guten Rat. Wie bedeutsam die Rolle war, die er während der ersten zehn Jahre meines Aufenthaltes in den Vereinigten Staaten für mich spielte, wird im folgenden noch sehr deutlich werden[33].

Während dieser ganzen Zeit beschäftigte mich jedoch am meisten die Situation des Forschungsinstitutes in Wien. Als ich abreiste, stand es äußerst schlecht um seine Finanzierung. Diese Situation wurde nach dem Putsch der Dollfuss-Regierung noch schlechter, denn sie hatte die Tätigkeiten und Mitarbeiter des Institutes — möglicherweise zu Recht — im Verdacht, gegen die Regierung gerichtet zu sein. Meine große Hoffnung war, amerikanische Forschungseinrichtungen oder Wirtschaftsunternehmen dafür zu interessieren, dem Forschungsinstitut in einigen seiner Arbeiten mit Geldmitteln beizuspringen. Ich verbrachte darum einen guten Teil meiner Zeit mit Leuten, die in der Marktforschung tätig waren. Leider ist es mir nie gelungen, Hilfsaktionen für das Wiener Institut in Gang zu setzen, aber meine Anstrengungen waren für mich persönlich sehr folgenreich. Die ganze Entwicklung nahm ihren Anfang, als einige der Psychologen unter meinen Gesprächspartnern die Vermutung äußerten, daß ich mich für eine bestimmte Neuigkeit sehr interessieren würde:

Um das Jahr 1930 hatten eine Reihe berühmter amerikanischer Psychologen, unter ihnen E. L. Thorndike und J. M. Cattell, eine gemeinnützige Organisation gegründet, die sie als Psychologisches Unternehmen (Psychological Corporation — PSC) bezeichneten. Diese Gruppe wollte einerseits der angewandten Psychologie zu größerer Ausbreitung unter den Wirtschaftspraktikern verhelfen, andererseits den Psychologen in der Universität größere Forschungsmöglichkeiten und vermutlich auch höheres Einkommen verschaffen. Als ich davon erfuhr, setzte ich mich sofort mit dem Forschungsleiter des PSC in Verbindung und stellte mich ihm zur Verfügung. Damals beruhte die amerikanische Marktforschung noch auf ziemlich simplen Auszählungsverfahren. Ich nahm jedoch an, daß das PSC wegen der akademischen Zugehörigkeit seiner Gründer die gleiche Forschungsposition beziehen werde wie das Wiener Institut. Diese Vermutung bestätigte sich jedoch nicht. Das PSC mußte versuchen zu überleben, und seine Forschungstätigkeit bestand aus einfachen Erhebungen unter Verbrauchern, wie sie auch von kommerziellen Instituten durchgeführt wurden. Ich betrachtete es, ich möchte fast sagen, als meine Mission, das PSC von solcher Routinearbeit abzubringen und zur Pionierarbeit zu ermuntern. Ich entwarf darum eine Reihe von Projekten, in denen danach geforscht werden sollte, warum Leute dieses oder jenes tun. Aber meine Bemühungen hatten keinen Erfolg. Der Direktor des PSC, der eine Position des strikten Behaviorismus und den Wunsch vertrat, Geld zu verdienen, meinte kritisch, meine Fragebogen seien zu lang. Ich meinerseits hielt ihm auch öfters die Anekdote von der Frau entgegen, die einen Hund kaufen wollte. Sie war peinlich überrascht darüber, daß die Hunde um so mehr kosten sollten, je kleiner sie waren. Schließlich stellte sie die Frage, was sie denn wohl bezahlen müsse, wenn sie keinen Hund kaufe. Wie man sich denken kann, sanken meine Beziehungen zu dem PSC nach einer Weile auf den Nullpunkt[34]. Dies waren die wichtigsten Wegzeichen, an denen sich meine ersten Tätigkeiten in den Vereinigten Staaten ausrichteten. Sie gingen einher mit einer Anzahl von persönlichen Kontakten, die einen wichtigen Teil im Ablauf des Transfers darstellten, den ich hier beschreiben möchte. Diese Kontakte lassen sich nur in Begriffen der Interaktion beschreiben. Es wird geradezu erforderlich sein, wechselseitige Bezüge herzustellen zwischen den Tendenzen, die meines Erachtens in den Vereinigten Staaten dominant waren und, andererseits, bestimmten Verhaltensmustern, die ich aus Europa mitgebracht hatte.

V. Atlantischer Transfer – Latente Strategien

Als Berater des Psychologischen Unternehmens waren eine Reihe jüngerer Psychologen tätig, und wir bildeten eine Art „Jungtürken-Opposition". In dieser Gruppe traf ich mich besonders häufig mit Rensis Likert, der damals als Assistenzprofessor an der Universität von New York tätig war. Er interessierte sich zunehmend für komplexe Marktstudien nach dem Wiener Muster, und ich hebe immer noch sehr sorgsam die Übersetzung auf, die Likert von einer unserer Studien über den Teemarkt angefertigt hatte, um sie auch den Studenten zugänglich zu machen. Likert wurde schließlich zum feurigen Befürworter von unstrukturierten Interviews, die wir in Wien ebenso wie statistisches Material als Unterlage benutzt hatten[35]. In einer anderen Begegnung traf ich auf John Jenkins, der in Cornell die Angewandte Psychologie vertrat. Er entwickelte Interesse an unseren komplexen Tabellen mit mehr als zwei Variablen. Ich hatte in Wien ein hektographiertes Handbuch für Studenten zusammengestellt, *Umgang mit Zahlen*[36], dessen Titel ich einem schon im 18. Jahrhundert erschienenen Buch von Adolf von Knigge, *Umgang mit Menschen* entlehnt hatte. Jenkins fertigte eine englische Übersetzung meines Handbuches für die Studenten an. Ich verbrachte den Sommer 1934 bei ihm in Ithaca und wir beschäftigten uns mit der Frage eines neuen Stils in der Angewandten Psychologie. An der Universität von Maryland gründete er später eine Fakultät, die sich speziell mit diesem Thema befaßte.

Zur gleichen Zeit zog meine Arbeit die Aufmerksamkeit der kleinen Clique von hervorragenden Marktforschern aus kommerziellen Instituten auf sich. Vor allem Dank der Bemühungen von Percival White, der schon früh ein Lehrbuch über Marktforschung veröffentlicht hatte, wurde ich zu Vorträgen eingeladen und an

Komitees der eben gegründeten Amerikanischen Marketing-Vereinigung beteiligt. Die Vereinigung wollte ein Standardwerk herausbringen, *The Techniques of Marketing Research*, und ich wurde beauftragt, vier Kapitel beizusteuern. In einem dieser Kapitel finden sich Bezüge zur Tiefenpsychologie, und man ist sich heute darüber einig, daß hier die Anfänge der Motivationsforschung zu suchen sind. In Hochschulen für Wirtschaftsfragen griff man immer wieder auf dieses Buch zurück. Als ich später für unsere Arbeit in der Rundfunkforschung um Kooperation werben mußte, erwies sich als nützlich, daß ich auf meine Beteiligung an diesem Buch hinweisen konnte.

Damals wurden in die kommerziellen Marktstudien zum erstenmal auch politische Fragen aufgenommen. Um 1935 entwickelte sich die Umfrageforschung zu einer selbständigen wirtschaftlichen Tätigkeit, deren Ergebnisse für Soziologen und Psychologen von Interesse waren. Während die ersteren sich recht entgegenkommend zeigten, konnte man dies von den letzteren nicht behaupten. Der Grund dafür lag in der Tatsache, daß das Geschäft mit den Umfragen zu sehr in den Bereich der Psychologen mit niedrigem akademischen Status oder auch der „Angewandten Psychologie" einbrach[37]. Meine Bekannten in der Soziologie dagegen waren ganz Ohr, wenn ich von meinen Abenteuern in der Welt der Marktforschung erzählte.

Gegen Ende meines ersten Stipendienjahres hatte ich ein Netz von persönlichen und institutionellen Kontakten geknüpft, das sich über einen relativ engen Bereich fachlicher Tätigkeit spann. Es war aus dem Bemühen um Hilfeleistung für das Wiener Institut entstanden, an das ich zurückkehren wollte. Aber die politischen Ereignisse in Österreich ließen in mir immer stärker den Wunsch aufkommen, in den Vereinigten Staaten zu bleiben. Im Herbst 1937 begann ich dann, meine Kontakte daraufhin zu prüfen, ob sich aus ihnen wohl Arbeitsmöglichkeiten in den USA ergeben könnten. Für mich kam dabei nur eine Arbeit in Verbindung mit einer Universität in Frage. Aber die Tatsache, daß ich einen Fuß im akademischen und einen im kommerziellen Lager hatte, gab mir einen gewissen Spielraum, der sich mit dem folgenden Beispiel belegen läßt.

An der Universität Pittsburgh bestand seinerzeit ein Forschungsinstitut, das von dem in der erziehungswissenschaftlichen Forschung weithin bekannten W. W. Charters gegründet worden war. Ich verbrachte zwei Monate an diesem Institut für Einzelhandelsforschung, das zur Zeit meines Aufenthaltes von David Craig geleitet wurde. Mit ihm zusammen organisierte ich eine Reihe von Projekten über Themen „Wie die Frauen in Pittsburgh entscheiden, wo sie ihre Kleider kaufen" oder „Wie die Autofahrer in Pittsburgh zu ihrer Benzinmarke finden" (die erstgenannte Studie verschaffte mir einmal eine Einladung bei Edgar Kaufman, einem dortigen Großindustriellen, und die zweite brachte mich in wiederholten Kontakt mit Paul Mellon). Damals wurde in Washington gerade ein großer Verband der wichtigsten Kaufhäuser gegründet; der Präsident dieses Verbandes fragte bei mir an, wen man wohl als Forschungsdirektor für diese Organisation empfehlen könne und berief dann auf meinen Rat hin David Craig. Gegen Ende meiner Stipendienzeit trat Craig von seinem Posten in Pittsburgh zurück und zog nach Washington. Ehe er abreiste, sorgte er dafür, daß ich eine befristete Anstellung an seinem Institut bekam. Die Sitzung, auf der der Aufsichtsrat darüber entscheiden sollte, hatte noch nicht stattgefunden, aber Craig schrieb mir eine entsprechende Mitteilung auf dem Briefbogen des Instituts, und dies erwies sich als ausreichend, um von dem amerikanischen Konsul in Wien ein Einwanderungsvisum zu bekommen.

Ich möchte alle diese Mechanismen, die im Ablauf des Transfers wirksam wurden, unter der ausgreifenden Vorstellung von einer *latenten Strategie* zusammenfassen. Es wäre offensichtlich unangemessen, sich hier auf den Gedanken der bewußten Manipulation zu beschränken. Alles dies sieht vielmehr so aus, als ob mit unbewußter Wachsamkeit zufällige Situationen auf eine latente Zielvorstellung bezogen worden sei. Aber nicht einmal dies genügt als Erklärung. Man muß wohl noch ein „libidinöses" Element hinzurechnen, durch das alle diese Dinge um ihrer selbst willen mit Genuß geschahen. Man könnte fast sagen, daß ich von der Zwangsvorstellung verfolgt wurde, mit möglichst vielen Studien verbunden sein zu wollen, und ich benutzte jede Gelegenheit, um der bestehenden Liste ein neues Projekt hinzuzufügen. So besorgte ich mir beispielsweise schnell die Mittel, die notwendig waren, um den Anpassungsprozeß bei den neun europäischen Stipendiaten der Rockefeller-Stiftung, also bei meiner engsten Gruppe, erforschen zu können. Die Fragebogen, die ich bei dieser Gelegenheit benutzte, stehen heute noch zur Verfügung und dürften von einigem historischen Interesse sein[39].

Wie zwischen Dispositionen und Situationen allgemein, so bestehen auch zwischen latenten Strategien und offener Zielansprache wechselseitige Einflüsse. Latente Strategien haben zur Folge, daß man in seiner Umgebung nur ganz bestimmte Ausschnitte wahrnimmt, und sie kristallisieren sich, werden in demselben Maße präziser, bewußter, wie sie in einer sich verlängernden Reihe von Ereignissen ihre Verwirklichung finden. Aber wie kommt es zu einem vergleichsweise hohen Grad von Verwirklichung? Hier muß ich auf Vorstellungen wie die von der „strukturellen Vereinbarkeit" zurückgreifen. Sowohl die Umgebung wie auch der Lebensstil des Einwanderers folgen einem bestimmten Muster. Die Bestandteile dieser Muster können sich ergänzen, und dies war bei mir zum Teil der Fall. So habe ich schon in der Einleitung Beispiele für meine quantitativen Interessen vorgestellt. Diese Interessen, die unter der Disziplin einer strengen Ausbildung an Systemvorstellungen standen, fügten sich gut in einige Entwicklungen ein, die in Amerika eben anliefen. Vielleicht sollte ich noch zwei Beispiele für diese strukturelle Vereinbarkeit anführen. Am ersten Beispiel erweist sich die beschützende Rolle einer persönlichen Eigenheit, am zweiten demonstriert sich der Nutzen einer tangentialen Annäherung an die Erfüllung üblicher Wünsche.

In einem Brief nach Wien, von dem ich heute noch eine Durchschrift besitze, berichtete ich während meines ersten Stipendienjahres, daß „ich mehr Spaß daran finde, mich mit Leuten der ‚zweiten Linie' zu treffen. Wenn ich neu irgendwohin komme, mache ich einen Besuch bei den Großkopfeten, um ihnen meinen Respekt zu zeigen, aber dann gehe ich zu den Leuten, die mich anerkennen und bei denen ich mich wohlfühle."[40] Ohne es zu wissen, entging ich damit gewissen Vorbehalten, die damals in den Vereinigten Staaten gegenüber Ausländern ziemlich weit verbreitet waren; die Ausländer waren nicht sehr zahlreich, und es ist verständlich, daß die Amerikaner ihnen gegenüber ambivalente Gefühle hegten. Als Lynd im Jahre 1935 versuchte, mir zu einem Job zu verhelfen, scheint er einem seiner Briefpartner mitgeteilt zu haben, daß ich nicht sehr jüdisch aussähe; ich kenne die Antwort des anderen, der an Lynd zurückschrieb, daß er Erfreuliches über mich gehört habe, aber die Auskünfte Lynds in dem einem Punkt richtigstellen müsse: „Man sieht Lazarsfeld doch deutlich an, welcher Rasse er zugehört." Im Jahre 1936 schrieb Hadley Cantril an Lynd, daß er einen Forschungsleiter suche, der in der Art der Ausbildung meiner entspreche, im Erwerb dieser Ausbildung jedoch weniger weit „gestreut" habe. Daß in seinem Zusatz ein Hinweis auf meine ausländische Herkunft steckte, konnte man aus dem Lob schließen, das er wenig später der ersten, dem Thema Rundfunk gewidmeten Ausgabe des *Journal of Applied Psychology* zollte[41]: „Die beiden Beiträge, die mir besonders gut gefielen, stammen aus der Feder des Herrn Direktors selbst; sie zeigen sehr schön, welchen Entwicklungen man auf die Spur kommen kann, wenn man die Statistiken mit Intelligenz anwendet[42]." Also selbst dort, wo er meinem Anliegen Beifall spenden wollte, schlichen sich Hinweise auf meinen Status als Ausländer ein.

Als ich Theodor W. Adorno, der eben erst aus Deutschland in die Vereinigten Staaten gekommen war, als Mitarbeiter in das Projekt über Rundfunkforschung holte, mußte ich wiederholt darauf hinweisen, daß er sich noch nicht auskannte. Wir werden darauf später zurückkommen; an dieser Stelle möchte ich nur festhalten, daß meine eigene Reaktion bezeichnend war. Ich verwahre heute noch ein Memorandum vom 7. März 1938, das sich an Cantril und Frank Stanton richtete, die beide als Direktoren dem Projekt vorstanden. Über die Erfahrungen, die ich in der Woche meines Umgangs mit Adorno sammeln konnte, berichtete ich:

„Er sieht genauso aus, wie man sich einen geistesabwesenden deutschen Professor vorstellt, und er benimmt sich so fremdartig, daß ich mir selbst wie ein Mitglied der Mayflower-Gesellschaft vorkomme. Wenn man allerdings erst einmal sich mit ihm unterhält, äußert er enorm viele interessante Ideen. Wie jeder, der hier neu ankommt, versucht er, alles umzukrempeln, aber wenn man ihm zuhört, klingt das meiste ganz vernünftig."

Noch im Jahr 1941, als ich meine Stellung an der Columbia Universität erhielt, mußte Samuel Stouffer gegen dieses Gespenst antreten. Sein Brief an die Berufungskommission stellt eines der bedachtesten Dokumente solcher Hilfestellung dar, die ich je in den 28 Jahren zu Gesicht bekommen habe, während derer solche Auskünfte an mich selbst gerichtet worden sind. Stouffer schrieb in dem Brief:

„Trotz der Tatsache, daß er seit mehr als sieben Jahren in diesem Lande lebt, sieht er noch unverkennbar wie ein Ausländer aus und spricht mit starkem Akzent. Das fordert die Vorurteile einiger Leute gegen ihn heraus, und ich glaube, daß ihre Vorbehalte gegen ihn noch größer werden, weil sie der Meinung sind, daß er gelegentlich arrogant auftrete. In Wirklichkeit ist kaum jemand bescheidener als Paul, aber es ist richtig, daß er eine ziemlich umständliche deutsche Art hat, wenn er sich zu einem Thema äußert; daraufhin wird vielfach angenommen, daß in Wirklichkeit nicht so viel an einem Thema ist, wie die Schwierigkeiten beim Zuhören zunächst vermuten lassen würden. Ich kann mir vorstellen, daß solche Kritiker gelegentlich Recht behalten, aber ich kann auch aus Erfahrung versichern, daß dieser Bursche jede Menge Goldadern aufzuweisen hat."

Es machte Stouffer offensichtlich verlegen, auf solche Dinge einzugehen, und so karikiert er sich mit seiner etwas protzigen Formulierung am Ende lieber selbst.

Ich bringe diese Beispiele, um irgendwie die Stimmung dieser Zeit zu beschreiben, eine Stimmung, die sich bemerkenswert von der

Gegenwart unterscheidet, in der man im akademischen Leben und in den freien Berufen die Intellektuellen von ausländischer Herkunft „im Dutzend billiger" haben kann[42]. Aber selbst unter den damaligen Umständen fand ich mich nicht sehr beeinträchtigt, denn ich kam gar nicht auf die Idee, mich um eine akademische Position von hohem Rang zu bewerben. Ich war mir sicher, daß ich, wenn ich für mich einen Platz in den Vereinigten Staaten finden wollte, etwas Ähnliches zu unternehmen haben würde wie die Gründung des Wiener Forschungsinstitutes.

Dies bringt mich zu dem zweiten Beispiel für das Konzept von der strukturellen Vereinbarkeit. Zur gleichen Zeit, als ich in den Vereinigten Staaten ankam, hatte das Problem, wie man die empirische Sozialforschung in die Universität einführen könne, Konturen angenommen. Es lag auf der Hand, daß man einen neuen Institutstyp brauchte; alle Ansätze dazu waren bisher ohne Erfolg geblieben[43]. Dieser Mangel war zum Teil dadurch verursacht, daß Leute fehlten, deren Erfahrung und berufliche Zielvorstellungen sie in den Stand versetzten, solche Institute zu gründen und zu leiten. Mit anderen Worten: Es fehlte an „Institutionenbildnern" (*institution men*)[44].

Ich habe mich immer für die besonderen Leute interessiert, die eine entscheidende Rolle bei akademischen Neuerungen gespielt haben. Immer wieder habe ich versucht zu zeigen, daß solche Innovationen auf Personen zurückverfolgt werden können, die in zwei Welten leben, aber in keiner der beiden eine fraglose Existenz führen. Zu den besten historischen Beispielen zählt Wilhelm von Humboldt aus der am Rande des Geschehens liegenden Stadt Weimar, der zum niederen preußischen Adel zählte und 1807 die Universität Berlin gründete. Ein anderer Fall begegnet uns in Guillaume Budé, der Anschluß bei den französischen Humanisten suchte, aber auch Zugang zum Hof Franz I. besaß und sein Leben damit verbrachte, in Opposition zu der anti-humanistischen Sorbonne die Entwicklung des Collège de France zu fördern (1515 bis 1550).

Bei den Institutionenbildnern handelt es sich um einen Sonderfall einer wohlbekannten soziologischen Erscheinung: der randständigen Person, die Teil zweier verschiedener Kulturen ist. Sie lebt unter gegenläufigen Einflüssen, die sie in verschiedene Richtungen drängen. Je nach ihren Begabungen und den äußeren Umständen wird aus ihr vielleicht ein Revolutionär, ein Surrealist, ein Verbrecher. In einigen Fällen verwandelt sich ihre Marginalität möglicherweise in die Antriebskraft für die Bildung von Institutionen; die Institution, die sie aufbaut, bietet ihr Schutz und hilft ihr zur gleichen Zeit, ihre eigene Identität zu verdichten. In meinem Fall kann man von einer allgemeinen Konvergenz in Richtung auf institutionelle Neuerung sprechen. Unter den widrigen wirtschaftlichen Umständen in Österreich und angesichts einer starken Welle von aufbrechendem Antisemitismus wäre eine normale akademische Karriere fast unmöglich gewesen. Als ich in die Vereinigten Staaten kam, war ich weder als Person bekannt, wie einige der einwandernden Physiker, noch war ich Teil einer bekannten Schule, wie die Psychoanalytiker und Gestaltpsychologen. (Der Status eines Rockefeller-Stipendiaten war im Anfang eine gewisse Hilfe; aber nach einiger Zeit machte auch ich den sprichwörtlichen Wandel durch, in dessen Verlauf man vom hervorragenden Ausländer zum unerwünschten Fremden wird.) Auf der positiven Seite dieser Bilanz steht, daß ich — zumindest peripher — einer Reihe von Wissenschaftsbereichen angehörte, zwischen denen sich Verbindungen anbahnten: Sozialwissenschaften und Mathematik, Interesse an Grundlagen und Anwendung, Europäische und Amerikanische Orientierung. Es scheint naheliegend, daß die Karriere, die aus einer solchen Konfiguration entstehen würde, sich eher auf dem Umweg über institutionelle Neuerung entfalten würde als wenn sie unmittelbar auf individuellen Aufstieg angelegt worden wäre.

Die Dinge kamen schließlich dadurch ins Rollen, daß ich die Institutsleitung übernahm, auf die ich oben schon eingegangen bin und über die in den folgenden beiden Abschnitten noch einiges zu sagen sein wird. Dabei werde ich öfters darauf zurückkommen, daß man in dieser Funktion notwendigerweise vernünftige Risiken auf sich nehmen muß, um einerseits Neuerungen einzuführen, die von anderen als Abweichungen empfunden werden, und um andererseits ein Übermaß an Konflikt mit den geltenden Normen zu vermeiden. In diesem Zusammenhang möchte ich gerne diesen Abschnitt mit einer Bemerkung über das Risiko zu Ende gehen lassen, das ich als Folge des Entschlusses auf mich nehmen mußte, in die Vereinigten Staaten zu übersiedeln. Wie erwähnt, war ich nach Wien zurückgegangen, um dort aufgrund der mir versprochenen Anstellung am Institut für Einzelhandelsforschung an der Universität Pittsburgh ein Einwanderungsvisum zu beantragen. Einen Tag nach Aushändigung meines Visums erhielt ich ein Telegramm von Craig, in dem er mir mitteilte, daß er aus Pittsburgh wegziehe, weil er den Posten eines Forschungsdirektors beim Verband für den Einzelhandel übernommen habe; meine Anstellung würde sich verzögern, bis sein Nachfolger sie bestätigen könne. Die rechtliche Grundlage für mein Visum war also etwas zweifelhaft geworden und, was wichtiger war, ich konnte nach meiner Ankunft in den Vereinigten Staaten nicht mit einer festen Arbeit rechnen.

Ich hatte vorgehabt, die Rockefeller-Stiftung darüber zu informieren, daß ich nach Pittsburgh gehen wollte. Nach den Vorschriften der Stiftung mußte man nach Beendigung des Stipendiums nach Hause zurückkehren, aber angesichts der Situation in Österreich konnte ich bei ihr ziemlich sicher mit Verständnis rechnen. Jetzt allerdings befielen mich starke Zweifel, ob eine amerikanische Stiftung sich noch mit Reiseplänen einverstanden erklären würde, die gegen staatliche Vorschriften verstießen, denn nun besaß ich nicht einmal die Garantie einer festen Beschäftigung durch einen amerikanischen Arbeitgeber. Ich brauchte entweder einen Job oder eine Bürgschaftserklärung eines amerikanischen Staatsangehörigen, der mich gegebenenfalls unterstützen würde.

Verständlicherweise erinnere ich mich an jede Einzelheit der wenigen Tage und Nächte, in denen ich mich entscheiden mußte. Ich hatte noch Anspruch auf eine Monatsrate meines Stipendiums. Im allgemeinen verbrachten die europäischen Stipendiaten ihren letzten Monat auf Reisen in Europa; damit sollte so eine Art Wiederanpassung erreicht werden. Ich entschloß mich schließlich, ganz auf eigene Faust zu handeln, und kaufte mir von diesen letzten 150 Dollars eine Dritteklassefahrkarte auf einem billigen amerikanischen Schiff. Und so kam ich in New York an wie ein klassischer Einwanderer, ohne einen Pfennig. Einige Wochen später begann ich mit der Arbeit, die zu der Gründung des Forschungsinstitutes an der Universität von Newark führte.

VI. Das Rundfunkprojekt in Princeton

Das akademische Jahr 1936/1937 in Newark verbrachte ich fast gänzlich mit der Beschaffung von Lehrmitteln, mit der Überwachung von Studien und der Ausbildung von Mitarbeitern.

Irgendwann im Frühjahr erfuhr ich, daß die Rockefeller-Stiftung sich anschickte, ein großes Forschungsprojekt über die Auswirkungen des Rundfunks auf die amerikanische Gesellschaft zu finanzieren. Das Projekt wurde bei der Stiftung von Marshall bearbeitet, der in Mittelalterlicher Geschichte ausgebildet war. Man suchte einen Forschungsleiter, und die Stelle wurde einer Reihe von Leuten angeboten, die in ihrer Karriere schon fortgeschritten waren. Ich interessierte mich ebenfalls für eine Anstellung, sah jedoch keine Möglichkeit, meine Unterlagen anzubringen. Dabei hatte ich einige Erfahrungen in der Rundfunkforschung. In den Jahren 1930 und 1931 hatte unser Wiener Institut für den Österreichischen Rundfunk eine großangelegte Erhebung über Hörerwünsche vorgenommen[45]. Eine meiner jüngeren Kolleginnen in Wien an der

Fakultät für Psychologie, Herta Herzog, hatte unter meiner Betreuung als Dissertation die Replikation einer früheren englischen Studie durchgeführt: Personen mit unterschiedlichen sozialen Merkmalen verlasen über den Rundfunk eine Geschichte, und durch Fragebogen, die an die Hörer verteilt wurden, konnte man herausfinden, welche Schlußfolgerungen über soziale und andere Eigenschaften von den Hörern aus der Stimme und der Sprechweise gezogen wurden[46].

Während meines Stipendienaufenthaltes hatte ich die Forschungsabteilungen der größten Rundfunkstationen besucht und mich mit Frank Stanton angefreundet, damals einer der jüngeren Mitarbeiter an dem Columbia Broad Casting System. Ich wußte, daß er irgendwie etwas mit den Plänen der Rockefeller-Stiftung zu tun hatte, aber ich kannte ihn wiederum nicht gut genug, um ihn um seine Hilfe zu bitten. Man erzählte sich, daß das Projekt in akademischen Kreisen vor allem von Hadley Cantril unterstützt werde, der einige Jahre vorher mit Gordon Allport ein Buch über die Psychologie des Rundfunks veröffentlicht hatte. Ich hatte Cantril im ersten Abschnitt meines Stipendiums während meiner Besuche in Harvard kennengelernt und war sehr beeindruckt von ihm. Wir hatten uns jedoch wenig gesehen und in jedem Fall wäre es für mich peinlich gewesen, ihn direkt anzusprechen.

Wie in jener Zeit so oft, war Robert S. Lynd mein wichtigster Verbindungsmann. Cantril wandte sich an ihn mit der Frage, ob er jemanden für die Forschungsleitung vorschlagen könne; er deutete an, daß dieser Kandidat wie ich ausgebildet sein solle, erwähnte jedoch gleichzeitig, daß er mir als Person mit Vorbehalten gegenüberstehe. Lynd versuchte, die Zweifel Cantrils zu zerstreuen, und gab seine Empfehlung für mich ab.

Im Juli 1937 reiste ich für sechs Wochen nach Europa, um meine Eltern zu besuchen und eine Reihe anderer persönlicher Angelegenheiten zu erledigen. Während ich mich in einem Bergdorf aufhielt, erhielt ich ein Telegramm von Cantril, in dem er mir die Forschungsleitung anbot; sie war verbunden mit dem fast märchenhaften Gehalt von 7000 Dollars, „zwei Jahre oder vielleicht vier, Hauptsitz Princeton". Ich telegraphierte zurück, daß ich an diesem Angebot sehr interessiert sei, aber eine Reihe von Fragen zur Diskussion stellen wolle, die ich in einem folgenden Brief unverzüglich spezifizieren würde. Mit Datum vom 8. August 1937 schrieb ich an Cantril einen zwei und eine halbe Seite langen, einzeilig geschriebenen Brief, der sich mit einem Schreiben gleicher Länge von ihm an mich, mit Datum vom 9. August 1937, kreuzte. Cantril drängte mich, die Forschungsleitung zu übernehmen und beschrieb das Projekt.

„... die Universität Princeton, genauer ihre Hochschule für Öffentliche und Internationale Angelegenheiten, hat eine Forschungsbeihilfe von Dollar 33.500 – pro Jahr für zwei Jahre – oder die Gesamtsumme von Dollar 67.000 erhalten, um ein Projekt durchzuführen, das Stanton und ich zur Untersuchung bestimmter Probleme in der Rundfunkforschung entworfen haben ..."

Die hier erwähnte Summe war in der Tat viel Geld. Das inhaltliche Ziel des Projektes wurde wie folgt beschrieben: „Wir wollen schließlich dazu kommen, die Rolle des Rundfunks im Leben verschiedener Typen von Hörern zu bestimmen, den psychologischen Stellenwert des Rundfunks und die verschiedenen Gründe, warum die Leute gerne Radio hören. Die Rockefeller-Stiftung, in der Person von John Marshall, ist zu der Überzeugung gekommen, daß dies eine neue Art von Forschungsprojekt sei, um an einige der Ursachen heranzukommen, die schon so lange vernachlässigt worden sind."

In dem Brief wurde betont, daß die Zwecksetzung mit Absicht allgemein gehalten sei, damit man im Rahmen dieser Fragestellung unterschiedliche Forschungsprojekte durchführen könne. Man kann aus dem obigen Zitat eine beachtliche Verwandtschaft mit der Wiener Tradition herauslesen; in der Tat hatten Cantril und sein Lehrer Allport die Arbeit von Charlotte Bühler immer aufmerksam verfolgt. In einem anderen Teil des Briefes wurde die Bedeutung der Methoden betont:

„Nach unseren Vorstellungen wäre die Voraussetzung, daß zunächst zwei Jahre lang an methodischen Problemen gearbeitet wird, d. h. daß wir hoffen, Methoden zu entwickeln, die schließlich uns oder andere in den Stand versetzen würden, definitive Antworten auf diejenigen Fragen zu erarbeiten, die uns interessieren."
Die Hoffnung auf „definitive Antworten" war typisch für die optimistische Stimmung dieser Zeit. Heute, nach dreißig Jahren zusätzlicher Forschung über Massenkommunikation haben die meisten von uns das Gefühl, daß wir noch immer gerade am Anfang stehen. In Cantrils Brief wurde die Erwartung ausgedrückt, daß das Forschungsprojekt noch weitere zwei Jahre fortgesetzt werden könne, und in dieser Hinsicht wurde sein Zutrauen durch die späteren Ereignisse gerechtfertigt.

Von meinem Standpunkt aus gesehen, war der Inhalt des Projektes nicht zentraler Gegenstand der Diskussion. Ich hatte das Forschungsinstitut in Newark ins Leben gerufen, und mein Problem war, welche Auswirkungen der neue Vorschlag auf das Institut haben würde. So erklärte ich Cantril erst einmal, was es mit diesem Institut auf sich hatte.

„Ich habe das Forschungsinstitut in Newark aus zwei Gründen aufgebaut. Einmal lag mir daran, die Leitung für eine große Vielfalt von Projekten zu übernehmen, so daß ich erwarten durfte, daß meine Erfahrung in Methoden von Jahr zu Jahr steigen würde; und darin liegt, wie Sie wissen, mein zentrales Interesse in der Forschung. Außerdem wollte ich versuchen, Gruppen jüngerer Studenten in genau dieser Art von Forschungsverfahren auszubilden, die ich selbst entwickeln wollte. Zum ersten Punkt kann ich sagen, daß das von ihnen vorgeschlagene Projekt meinen Wünschen aufs schönste entgegenkommt. Rundfunk ist ein Thema, an dem sich eigentlich jede Art von Forschungsmethode zufriedenstellend ausprobieren und anwenden läßt."

Ich zitiere diese relativ lang geratene Bemerkung, weil sie uns erlaubt, den rückblickenden Bericht zu prüfen, den ich im vorigen Abschnitt vorgelegt habe: die Formulierung, die ich dort wählte, unterscheidet sich kaum von der obigen. Nach diesen allgemeinen Angaben stellte ich Cantril dann zwei Fragen. Die erste lautete:

„... Läßt es sich einrichten, daß zumindest ein Teil des Projektes als eine Art Ausbildungseinrichtung benutzt werden könnte?"

Die zweite Frage trifft den Kern dessen, was im Rahmen meiner Vorstellung von dem Institutionenbildner und seiner Einstellung beschrieben wurde. Ich gestand Cantril, daß mich der Gedanke an den Zusammenbruch des Instituts in Newark beunruhige, weil dieser Zusammenbruch wohl unausbleiblich sein würde, wenn ich mich in Newark beurlauben ließe, um das neue Projekt zu leiten. Ich erklärte meine Empfindungen so:

„Ich versuche immer, was ich auch mit der Institution unternehme, mich mit dieser Institution zu identifizieren – einer Institution, die nach und nach vielleicht die Würde erwirbt, die ich selbst aus Gründen schicksalhafter Bestimmung und vielleicht auch der Persönlichkeit kaum anstreben kann."

Der Rest meines Briefes enthält Argumente zugunsten der Lösung, die ich vorschlug: das Projekt der Rockefeller-Stiftung solle als zusätzliches Unternehmen des Institutes in Newark durchgeführt werden. Wenn man überlegt, daß der Haushalt dieser Einzelstudie mehr als dreimal größer war als der Gesamtetat des Institutes, ist man kaum überrascht, daß Cantril meinen Vorschlag ziemlich absurd fand. Er antwortete mir mit einem Brief, der freundlich und beredt abgefaßt war. Aber in der eigentlichen Sache war er völlig unnachgiebig.

„Aus Ihrem Vorschlag über eine Verbindung mit dem Forschungsinstitut in Newark kann, so fürchte ich, nichts werden. Es tut mir leid, daß Sie das Geld nicht von Newark aus einwerben konnten, aber es handelt sich hier um eine dieser etwas merkwürdigen amerikanischen Beihilfen an eine 'Institution', und es wäre ganz ausgeschlossen, diese Arbeit irgendwo anders auszuführen."

Nach meiner Rückkehr aus Österreich setzte ich mich sofort mit Cantril in Verbindung, um mit ihm über den institutionellen Aspekt zu verhandeln. Für einen Institutionenbildner ist auch charakteristisch, daß ich die Unverletzlichkeit der Regeln nicht allzu ernst nahm. Ich kann mich an die Einzelheiten dieses Treffens nicht mehr erinnern; aber ich kann es rekonstruieren: Cantril und Stanton suchten einen Forschungsleiter, und es war ihnen wahrscheinlich klar, daß sie mich in zuviel innere Unruhe stürzen würden, wenn sie mich zwingen würden, das Institut in Newark als mein Standquartier aufzugeben. Jedenfalls war Cantril schließlich bereit nachzugeben. Ich besitze noch die Abschrift eines Briefes, den ich am 9. September 1937 an Lynd in seinem damaligen Sommeraufenthalt schrieb, um ihm diese Entwicklung zu erklären. Wenn ich heute diesen einzeilig geschriebenen Brief von vier Seiten lese, muß ich über den Machiavellismus schmunzeln, den ich mir damals, obgleich nur im Prinzip, zuschrieb. Alles spricht dafür, daß Cantril es damals nicht für wert hielt zu überlegen, ob er darüber lächeln oder sich ärgern sollte – nachdem er sich vergewissert hatte, daß die Interessen des Untersuchungsobjektes und der Universität Princeton in angemessener Weise berücksichtigt würden. Die wesentlichen Teile dieser Vereinbarung, die einen Wendepunkt für den Rest meiner Geschichte darstellt, gab ich in Einzelheiten an Lynd weiter. Cantril hat sich darauf eingelassen, so schrieb ich an Lynd,

„daß die faktische Projektleitung bei dem Forschungsinstitut in Newark liegen würde und daß man von mir nicht mehr verlange als daß ich gelegentlich nach Princeton komme. Über meinen persönlichen Verbleib in Newark hinaus hat Cantril zugestanden, daß alle Geldmittel, die für Forschungsarbeiten in einem städtischen Gebiet ausgegeben werden müsse, von Newark aus angewiesen werden können; das bedeutet, daß ich eine Reihe von Leuten für spezielle Studien anstellen könnte. Praktisch beinhaltet diese ganze Vereinbarung also, daß dem Forschungsinstitut eine riesige Aufgabe zugefallen ist."

Mein dringender Wunsch, alle meine persönlichen Tätigkeiten einer einzigen Institution mit einer klaren Identität zugute kommen zu lassen, muß wohl in einer kurzen Abschweifung eigens besprochen werden. Ich habe später versucht, auch meine Mitdirektoren dazu zu überreden, diese Politik allgemein zu übernehmen. In einem Memorandum an Cantril und Stanton, das am

8. Februar 1938 geschrieben wurde, drängte ich beide, ihre „anderen" Aktivitäten mit der Forschungsstelle für Rundfunkforschung in Princeton zu verbinden:

„Ich meine, daß wir alle unsere früheren Tätigkeiten oder jetzigen Arbeiten außerhalb des Forschungsprojektes im größtmöglichen Maß benutzen sollten, um das Projekt selbst zu fördern ... Ich nehme alles, woran ich in den vergangenen Jahren gearbeitet habe, und nenne es jetzt ‚Rundfunk' ... Vom Projekt aus gesehen, ist Frank wegen all der Unterlagen und Verbindungen, die er uns zur Verfügung stellen kann, eine sehr gute Investition. Ich bin mir ganz sicher, daß Hads frühere und gegenwärtige Arbeit in der gleichen Weise genutzt werden könnte, wenn er sich mit mir in der Philosophie einig wäre, zu der ich mich hier bekenne. Die Arbeit würde ihm und seinen Studenten hier trotzdem zugute kommen: sie wird dann im Rahmen des Projektes veröffentlicht anstatt in einer Zeitschrift."

Angesichts der vielen Arbeitsaufgaben meiner damaligen Mitdirektoren, von denen einer Präsident einer sehr gut ausgestatteten Forschungsstiftung und der andere Präsident des Columbia Broadcasting System wurde, fiel mein Vorschlag nicht gerade auf fruchtbaren Boden. Niemand war bereit, ihn aufzugreifen[47].

Im Herbst des Jahres 1937 wurde eine Verbindung zwischen den Universitäten von Princeton und Newark geschaffen. Sie erhielt ihre formale Bekräftigung, als ich zum Research Associate an der Universität Princeton ernannt wurde. Die großzügige Formulierung des Rockefellerprogramms erlaubte mir, mich mit jedem beliebigen Forschungsgegenstand zu befassen, solange er nach meiner Auskunft eine zumindest oberflächliche Verbindung zu Rundfunkproblemen besaß. Daraus ergab sich allmählich ein Wandel in der gesamten Situation. In wachsendem Maße bezog sich meine Tätigkeit auf die Forschungsstelle in Princeton; Newark wurde mehr und mehr zu dem Ort, an dem ich mich nur noch physisch aufhielt. Die Zahl meiner Mitarbeiter war immer noch recht gering und ihre Zusammensetzung vom Zufall abhängig; ich mußte darum viele der frühen Veröffentlichungen selbst schreiben. Um diese Verhältnisse etwas zu tarnen, erfand ich ein Pseudonym, Elias Smith, das ich bei drei oder vier Veröffentlichungen über die frühen Forschungsprojekte verwendete. Inzwischen dürfte es niemanden mehr überraschen, daß ich es für richtiger hielt, die Institution als solche ins Rampenlicht zu rücken statt meine Liste von Veröffentlichungen zu verlängern[48].

Im Frühjahr des Jahres 1938 war allen Betroffenen klargeworden (außer vielleicht mir selbst), daß die Forschungsstelle in Princeton mein eigentliches Standquartier geworden war und daß sie ein eigenes institutionelles Leben entwickelt hatte. Wir nahmen Beihilfen von anderen Geldgebern an und schlossen ausführliche Vereinbarungen mit anderen Forschungseinrichtungen, um Material für Sekundäranalysen in die Hand zu bekommen. Parallel zu diesem Anstieg in der funktionalen Autonomie der Forschungsstelle vollzog sich ein Abstieg der Universität von Newark, die bald danach zusammenbrach. Irgendwann im Sommer des Jahres 1938 — und es ist vielleicht bezeichnend, daß ich mich auf die Einzelheiten nicht mehr besinnen kann — hatte Kingdon das Gefühl, daß er unsere Räume für bessere Zwecke brauchen könne, und er bat uns auszuziehen. Zu dem Zeitpunkt war Edward Suchman schon zu einer Art Geschäftsführer aufgestiegen. Es kam uns nie in den Sinn, nach Princeton zu ziehen; die Zahl der Forschungskontakte, die wir in New York City aufgebaut hatten, war dazu schon zu groß. Suchman erhielt den Auftrag, in New York nach passenden Räumen Ausschau zu halten und im Herbst des Jahres 1938 wurde die Forschungsstelle von Princeton zum Union Square in New York City verlegt, wo wir im Haus Nr. 14 einige Räume anmieteten.

VII. Die Forschungsstelle für Rundfunkforschung — Arbeitsprogramm und Forschungspolitik

Eine ins einzelne gehende Beschreibung der Tätigkeiten der Forschungsstelle in Princeton würde weit über die Absicht der vorliegenden Ausführungen hinausgehen. Ich werde statt dessen eine Reihe von Ereignissen und Beobachtungen anführen, die meine spätere Arbeit in den Vereinigten Staaten beeinflußten. Im nächsten Abschnitt werde ich mich dann mit Begebenheiten beschäftigen, die ein gewisses Licht auf die Forschungsbeziehungen zwischen Europa und den Vereinigten Staaten werfen.

1. Meine Mitdirektoren Cantril und Stanton trafen sich mit mir regelmäßig im Abstand von mehreren Wochen, um die laufende Arbeit zu planen und zu besprechen. Sie ließen mir allen Spielraum für Entscheidungen und sorgten für viele wertvolle Kontakte; und ich sorgte durch einen ständigen Strom von Mitteilungen dafür, daß sie laufend informiert blieben. Die Durchschriften vieler solcher Mitteilungen sind aufbewahrt worden und andere sollten sich in den Archiven noch ausfindig machen lassen. Vielleicht wäre es eines Tages der Mühe wert, diese Dokumente durchzusehen, um sich ein Bild davon zu machen, wie ein Institutsdirektor in jenen Tagen die Dinge in Gang hielt. Ich tat mein möglichstes, um Probleme zu antizipieren oder deren Ausbruch

zu verhindern. In diesem Zusammenhang prägte ich den Satz, daß es für einen Institutsdirektor wichtiger sei, sich den Kopf zu zerbrechen als die Hände zu rühren. Außerdem blieb ich mir bewußt, daß ich als frisch angekommener Einwanderer meine Autorität großenteils dem guten Willen meiner beiden Mitdirektoren verdankte, die beide in der amerikanischen Umwelt tiefer verwurzelt waren als ich.

Cantril war ganz zu Recht strikt in Dingen der Haushaltsführung, denn die Universität hielt sich an ihn als den Verantwortlichen. Ich machte ihm das Leben nicht gerade leicht, weil ich oft über die bewilligten Gelder hinausging; ich war mir sicher, daß ich das Defizit aus anderen Quellen überbrücken könne. Dies Verfahren funktionierte im großen und ganzen gut, aber dies ist vielleicht der richtige Augenblick, um eine Schwäche im Bild des Wissenschaftlers als Manager anzusprechen, das ich anderen von mir geboten hatte. Solange wie ich die Entwicklungen selber steuerte, gelang es mir immer irgendwie, den Forschungshaushalt auszugleichen, obgleich mir dieses Kunststück oft nur um Haaresbreite glückte. Aber in Situationen, in denen ich das Jonglieren oder die Beschaffung neuer zusätzlicher Mittel nicht fortsetzen konnte, wurden die Dinge doch komplizierter. Als ich beispielsweise Wien verließ, um mein Stipendium in den Vereinigten Staaten anzutreten, entstanden anscheinend viele finanzielle Schwierigkeiten. Ich erhielt zahlreiche Briefe, insbesondere von den Bühlers, in denen man mich beschimpfte, weil ich Leute in finanzielle Verlegenheiten gebracht hatte. Viele der konkreten Hinweise in diesen Briefen sind mir heutzutage unverständlich; aber ich kann nicht bestreiten, daß ich eine ziemlich chaotische Situation hinter mir zurückgelassen hatte, auch wenn die Summen nach den heutigen Maßstäben vergleichsweise klein wirken mögen. In finanziellen Dingen kann die Doktrin des „vernünftigen Risikos" ganz besondere Probleme mit sich bringen[49].

2. Obwohl der Etat des Forschungsprojektes damals relativ groß erscheinen mochte, stellte sich bald heraus, daß die Mittel nicht ausreichten, um in erheblichem Umfang Primärmaterial zu beschaffen. In dem Plan, wie er ursprünglich von Cantril und Stanton ausgearbeitet worden war, waren sie davon ausgegangen, daß erhebliche Zeit für Laboratoriumsexperimente verwandt werden sollte. Aber vielleicht aufgrund meiner Ausbildung spielten Experimente eine relativ kleine Rolle, nachdem ich erst einmal zum Direktor gemacht worden war. Man könnte fast sagen, daß darum aus einer Zwangslage heraus ein Großteil unserer Arbeit auf einem Verfahren beruhte, das ich später als *Sekundäranalyse* bezeichnete. Von Gallup besorgten wir uns Umfragen, in denen

vergleichende Fragen über Zeitungslektüre und Rundfunkhören gestellt worden waren, und machten zusätzliche Analysen. Eine unserer wichtigsten Materialquellen waren die Bewertungen von Sendeprogrammen durch die Hörer, die damals nur dazu dienten, die Anziehungskraft verschiedener Programme zu vergleichen; wir unterwarfen dieses Material einer neuerlichen Analyse, um den Einfluß sozialer Unterschiede herauszuarbeiten; dabei verwendeten wir, wie auch heute noch, die Buchstaben A, B, C, D, um den sozioökonomischen Status der Informanten zu beschreiben[50].

Die Sekundäranalyse der Programmbewertungen schlug eine Brücke zu meinen eigenen Interessen an sozialer Schichtung. In einem Memorandum vom 8. Februar 1938 an meine Mitdirektoren entfaltete ich eine Reihe von Themen, die in einem Großteil unserer späteren Arbeit wiederauftauchen.

„In Berichten der Gemeinsamen Analyse von Rundfunksendungen finde ich immer wieder, daß die wirtschaftlich unterschiedlich gestellten Gruppen durchgängige Unterschiede im Rundfunkhören aufweisen. Die Häufigkeit des Rundfunkhörens steigt von A nach C und fällt dann bei der D-Gruppe (an dieser Stelle waren Tabellen eingefügt)."

Man wird sich vielleicht heute darüber wundern, daß wir damals in solchen Unterschieden eine Überraschung sahen. In der guten Wiener Tradition bot ich sofort einige Hypothesen als Erklärung an.

„Ich halte es für möglich, daß die Verringerung der Quoten für die B-Gruppe im Verhältnis zur C-Gruppe auf den höheren Bildungsstand der gehobenen Gruppe zurückzuführen ist und darauf, daß mehr Geldmittel für andere Arten von Unterhaltung zur Verfügung stehen. Auch könnte sein, daß in der C-Gruppe ein stärker entwickelter Familiensinn vorliegt. Die relativ größere Seltenheit des Rundfunkhörens in der D-Gruppe, im Vergleich zur C-Gruppe, hängt vielleicht mit schlechteren Wohnverhältnissen zusammen, die bewirken, daß sich die Leute häufiger draußen aufhalten. Im übrigen kann sich dieser Einfluß auch anders auswirken — zum Beispiel auf dem Weg über Unstimmigkeiten in der Familie oder die Entwicklung von Jugendbanden."

Ich finde es heute ganz interessant festzustellen, daß ich mir der Kontinuität in meiner Arbeit damals bewußt war.

„Aus einem systematischen Vergleich ließen sich vielleicht sehr wichtige Schlußfolgerungen ziehen. Ich spreche aus konkreter Erfahrung auf einem anderen Gebiet. Als ich mein Buch über den Zusammenhang von *Jugend und Beruf* schrieb, habe ich mich monatelang mit nichts anderem beschäftigt als der Sammlung von

Angaben über die Berufswahl in Deutschland und Österreich; für sich genommen war den Daten nichts Vernünftiges zu entnehmen, aber sie gaben wundervolle Hinweise her, wenn man sie verglich und die Bedingungen der Erhebung berücksichtigte."

Diese erste „Zusammenschau" war schon zehn Jahre vorher verfaßt worden, aber in meinem Memorandum fand ich einige der Ergebnisse immer noch „wunderbar". Und alle diese Entwicklungen führten zu einer Politik, für die ich um Hilfestellung bei meinen Mitdirektoren warb:

„Ich bin fest davon überzeugt, daß sich in der privatwirtschaftlichen Forschung gegenwärtig noch ein großer Reichtum an Information verbirgt, die in sozialer Hinsicht wichtige Aufschlüsse gibt. Dies ist der Grund, warum mir daran liegt, daß wir die entsprechenden Einrichtungen immer wieder nach solchen Forschungsergebnissen durchsuchen, die dann selbstverständlich von uns sorgfältig geprüft werden müßten."

Die besondere Berücksichtigung dieses Materials hatte später noch merkliche Auswirkungen auf meine eigenen Veröffentlichungen. Während meiner Forschungstätigkeit in Österreich war es notwendig gewesen, verschiedene Verfahren auf relativ kleine Stichproben anzusetzen. Jetzt stand ich vor der Aufgabe, Sinn in die Daten aus großen Stichproben zu bringen, obwohl ich über den einzelnen Informanten nur vergleichsweise wenig Information besaß. Daraus ergab sich mein Interesse an der multivariablen Analyse[51].

Auch mein Interesse an den Methoden qualitativer Forschung weitete sich aus. Ich hatte immer wieder das Gefühl, daß auch auf diesem Gebiet methodologische Explikationen erforderlich und möglich waren. In meiner Einführung zu Kumarowskys Studie über die Arbeitslosen hatte ich geschrieben:

„In der vorliegenden Studie wird versucht, ... einen Beitrag zur sorgfältigeren Analyse der nicht-quantitativen Verfahren zu erbringen, die sehr oft der Trägheit des 'gesunden Menschenverstandes' überlassen bleiben. Oft wird angenommen, daß man sich nur über quantitative Methoden mitteilen kann, während alle anderen Verfahren (wie das Verstehen) den Eingebungen des Forschers und den Erfordernissen des jeweiligen Forschungsproblems anheimgestellt bleiben müssen. Die nicht-quantitativen Methoden können nicht in dem Maße explizit formuliert werden wie eine Rechenoperation. Aber wir bleiben weiterhin aufgefordert, diese Verfahren, die heute noch mit unbestimmten Begriffen umhüllt sind, zu beschreiben und auf einen Nenner zu bringen."

Es geschah jedoch nicht viel, bis auf Betreiben von Cantril ein neues Verfahren in das Forschungsprojekt eingeführt wurde: er schlug vor, eine kleine Zahl von Interviews mit offenen Fragen bei solchen Hörern durchzuführen, die für typische Rundfunkprogramme geradezu schwärmten. Seine Anregung wurde von Herta Herzog aufgegriffen, die während der ersten Jahre zu unseren Mitarbeitern zählte. Das erste und am häufigsten zitierte Ergebnis dieses Ansatzes waren ihre Bemerkungen über das damals spektakuläre Professor Quizz Programm[52]. Später führte sie in Zusammenarbeit mit Th. W. Adorno eine ähnliche Studie über Hörer von Rundfunksendungen durch, die täglich zu einer bestimmten Zeit ausgestrahlt wurden. Die Ergebnisse dieser Untersuchung erschienen in der Zeitschrift der Horkheimer-Gruppe, die damals in den Vereinigten Staaten herausgegeben wurde[53].

Der vorwiegend qualitative Tenor der beiden ersten Studien übertrug sich auf zwei weitere Projekte, in denen die qualitative Analyse mit relativ einfachen statistischen Verfahren verbunden wurde. Bei dem einen Projekt handelte es sich um *The Invasion from Mars*[54] und bei dem anderen um eine Untersuchung, die sich mit den Aufrufen von Kate Smith zur Zeichnung von Kriegsanleihen befaßte und von Robert Merton geleitet wurde; auf dieser Grundlage entstand Mertons Buch *Mass Persuasion* (1947). Diese beiden Projekte sind Beispiele für Unternehmen, die später als „Feuerwehr-Projekte" bezeichnet wurden. In beiden Fällen hatte ich Stanton am Morgen nach dem betreffenden Ereignis angerufen, und er hatte Gelder aus dem Forschungsbudget der CBS bewilligt, um uns einen schnellen Start der ersten Arbeiten zu ermöglichen. Heutzutage werden solche Improvisationen durch die Bürokratisierung, der die Bewilligung von Forschungsmitteln unterworfen ist, sehr erschwert. Ich finde das bedauerlich und würde wünschen, daß Forschungsgelder für den Notfall greifbar wären, die ohne Verzug zur Verfügung gestellt werden könnten, wenn die Situation dies verlangt.

3. Ungefähr zu dieser Zeit formulierte Harold Lasswell seine weithin bekannte Anleitung für Forschung über Massenkommunikation: es gehe hier darum zu untersuchen, wer was wem mit welchen Folgen mitteile. Inhaltsanalysen und Hörerforschung beschäftigten sich mit dem zweiten und dem dritten Element in dieser Formel. Die Untersuchung der Folgen, das vierte Element, zog mich immer wieder an; dies führte zu den Panel-Studien, die im achten Abschnitt erörtert werden sollen. Es fällt auf, daß im Princeton-Projekt die Analyse des „Wer" vernachlässigt wird: wir führten keine systematischen Untersuchungen nach Art der heutigen Organisationsforschung durch. Dieser Mangel war mir durchaus bewußt. Die schon erwähnte Untersuchung über die Produktion von Unterhaltungsmusik war ein früher Versuch in dieser

Richtung; außerdem ließ ich einmal eine Bestandsaufnahme anfertigen, in der Arbeiten wie die von Leo Rosen über Korrespondenten der Massenmedien in New York erfaßt werden sollten. Diese Zusammenstellung wurde von Alexander George ausgeführt, der später durch seine hervorragende Mitarbeit in der Rand Corporation bekannt wurde.

Die Erhebung von George war Teil einer umfassenden Arbeit über Kommunikationsforschung. Ein anderer Abschnitt, der später von seinem Verfasser Bernard Berelson als Buch veröffentlicht wurde[55], sollte sich mit Inhaltsanalysen beschäftigen. Auch die Dissertation von Joseph Klapper über die Auswirkungen der Massenmedien, die später ebenfalls zu einem bekannten Buch verarbeitet wurde[56], war ursprünglich Teil dieses Unternehmens. Ein weiterer Abschnitt über Institutionen führte zu einer Reihe von speziellen Studien, insbesondere zu einer Dissertation über Gewerkschaften in der Medienindustrie.

Um 1939 oder 1940 hatte sich unsere Publikationspolitik ziemlich weit herumgesprochen, und eine Reihe von Leuten boten mir Studien an, die sie in eigener Initiative durchgeführt hatten. Ein solches Angebot kam von Carl Friedrich, Professor für Staatswissenschaft an der Harvard Universität. Er hatte eine beschreibende Analyse der Beziehungen zwischen dem Kongreß, der Bundeskommission für Medien und der Rundfunkindustrie verfaßt. Seine Studie wurde später in der Zeitschrift „Political Science Quarterly" veröffentlicht und stellt in meinen Augen ein hervorragendes Beispiel für die Analyse von Institutionen dar; sie zeigt Einsicht in ein wichtiges Problem und bietet wichtige faktische Informationen. Ich weigerte mich damals, diese Studie als eine unserer Veröffentlichungen erscheinen zu lassen und begründete meine Ablehnung damit, daß das Beweismaterial zu anekdotisch dargeboten werde und den quantitativen Forderungen unserer Forschung nicht entspreche. Ich möchte diese Gelegenheit benutzen, um Professor Friedrich wissen zu lassen, daß ich diese Entscheidung bedauere. Rückblickend möchte ich vermuten, daß in mir damals die komplexere Motivation wirksam war, die typisch bei demjenigen auftritt, der für eine neue und um ihr Überleben kämpfende Institution verantwortlich ist. Darüber anschließend mehr.

4. Die Kommunikationsforschung war damals eben erst im Entstehen, und ich hielt Vorträge über ihre Entwicklung vor ziemlich anspruchsvollen Hörern wie der National Association of Broadcasters und der Association of American Newspaper Editors. Bei solchen Gelegenheiten stellte sich mir ein sehr schwieriges Problem: die Regelung der eigenen Beziehungen zur Industrie. In

einem dieser Vorträge, der später in der Zeitschrift *The Journalism Quarterly* veröffentlicht wurde, beschrieb ich das Problem wie folgt:[57]

„Diejenigen Sozialwissenschaftler, die sich für Kommunikationsforschung interessieren, sind bei der Beschaffung ihres Materials von der Industrie abhängig. Nun ist zwar richtig, daß in der unmittelbaren Vergangenheit, in der sich die Kommunikationsforschung als eine Art von gemeinsamem Objekt zwischen Industrie und Universität entwickelt hat, die Herausgeber und Intendanten sich sehr großzügig und entgegenkommend verhalten haben. Aber wir Wissenschaftler haben trotzdem immer ein bißchen das Gefühl wie bei einem Drahtseilakt: wann wird unser Partner in der Industrie unsere Schlußfolgerungen als nicht mehr annehmbar empfinden und wann werden wir durch die Industrie von den für uns unentbehrlichen Geldmitteln und Informationen abgeschnitten?"

Schließlich ließ ich mir eine Kompromißformel einfallen. In einem Vortrag über „Die Bedeutung der Kritik im Management der Massenmedien" stellte ich zu Beginn fest, daß die Massenmedien gegenüber der Kritik der Intellektuellen überempfindlich seien, während die letzteren in der pauschalen Verurteilung zu streng vorgingen; es müsse sich ein Weg finden, um der Kritik größeren Nutzen zu verleihen und sie leichter handhabbar zu machen, und dies sowohl für diejenigen, die die Kritik vortragen, als auch diejenigen, gegen die sie gerichtet ist. Ein wirksamer Weg zu diesem Ziel könne darin liegen, daß die Entwicklung kritischer Talente zu einem anerkannten Teil der Ausbildung und der täglichen Tätigkeit eines jeden gemacht werde, der mit diesen Massenmedien arbeitet.

„Die Probleme der Kritik sollten nicht nur bei Konferenzen wie dieser gründlich erörtert werden, sondern sie sollten auch zum Gegenstand von systematischer Unterweisung und von Ausbildungsprogrammen gemacht werden. Studenten und Sozialforscher sollten zu einem Verständnis von Kritik finden, in dem diese Kritik als Forschungsgegenstand erscheint. Sie sollten dazu gebracht werden, kritische Prüfungen der Massenmedien vorzunehmen und Material vorzulegen, das für Kritik zugänglich ist. Wenn das ganze Problemfeld in dieser Weise institutionalisiert würde, würde man die in diesem Zusammenhang auftretenden emotionalen Reaktionen abbauen können."

Ich trug im wesentlichen vier Empfehlungen vor und hatte dabei vor allen Dingen Hochschulen für Publizistik im Sinn. Bei dem ersten Vorschlag ging ich davon aus, daß Journalisten, mit gesellschaftlicher Billigung, sich immer wieder für eine bestimmte Sache stark machen. Man solle, so schlug ich vor, genauer prüfen, welche dieser Kampagnen erfolgreich waren, und welche Gründe für Erfolg oder Mißerfolg entscheidend waren. Außerdem solle man sich mit den Kampagnen befassen, die vom Rundfunk ausgehen. Meine zweite Anregung lief darauf hinaus, daß die Manager der Massenmedien besser zu verstehen suchen sollten, warum in einem liberalen Kredo immer auch Kritik an ihrer Tätigkeit enthalten sein müsse.

„Die Liberalen fühlen sich betrogen. Ihre Hoffnung war gewesen, daß der von ihnen geforderte Zuwachs an Freizeit und Wohlstand auf Entwicklungen und Aktivitäten verwendet würde, die für sie selbst von Interesse sind; statt dessen wird dieser Zuwachs erfolgreich von den Massenmedien in Anspruch genommen. Die Situation der Liberalen entspricht der eines Oberschülers, der nach wochenlangem Sparen genug Geld beisammen hat, um ein Armband für sein Mädchen zu kaufen — und dann erfährt, daß dieses Mädchen mit einem anderen Jungen ausgegangen ist, um ihr neues nettes Kettchen bewundern zu lassen. Man kann gut verstehen, warum die Liberalen zornig werden, und man kann fast Mitleid mit ihnen empfinden."

Drittens empfahl ich, daß die Massenmedien genauer darauf achten sollten, welch entscheidende Hilfe sie sich gegenseitig leisten können. Ich wies darauf hin, daß die meisten Zeitungen Buchkritiken bringen, aber daß sie selten kritische Besprechungen von Rundfunkprogrammen anbieten. In diesem Zusammenhang unterstrich ich auch die enge Verbindung zwischen Hörerforschung und Literaturkritik. Schließlich empfahl ich, viertens, daß in regelmäßigen Abständen über den Inhalt des Angebotes der Massenmedien berichtet werden solle, damit alle Kritik auf einer konkreten Grundlage aufbauen würde.

„Die Vereinigten Staaten sind zu Recht stolz auf ihre vielen statistischen Erhebungen. Aber unsere soziale Buchführung zeigt entscheidende Schwächen, wenn man nach Angaben über kulturelle Dinge sucht. Die Sozialforschung kann uns vielleicht noch nicht monatlich darüber informieren, wieviel Leute glücklich oder unglücklich sind. Aber nichts wäre leichter, als mit Hilfe vernünftiger Stichprobenverfahren einen Informationsdienst zu schaffen, der in regelmäßigen Abständen über den Inhalt von Zeitungen, Zeitschriften und Rundfunkprogrammen berichtet. Es kommt nur darauf an, die richtige Motivation zu entwickeln und eine angemessene Einrichtung zu schaffen."

Meine Absicht ging dahin, die gesamte Arbeit der Forschungsstelle in Princeton auf öffentliche Streitfragen zu richten, schrieb unserem Institut dabei aber die Rolle eines Vermittlers zu. Eine solche Aufgabe übernahmen wir beispielsweise im Rahmen eines Projektes von Clifford Durr, des progressiven Vorsitzenden der Bundeskommission für Kommunikation. Er hatte Charles Siepmann den Auftrag gegeben zu überlegen, wie sich die Kommission für eine bessere Qualität von Rundfunksendungen einsetzen könne. Dieser Auftrag führte zu zwei schriftlichen Arbeiten: dem „Blauen Buch" der Kommission, in dem strengere Maßstäbe für die Zulassung von Rundfunksendern vorgeschlagen wurden und zu Siepmanns Buch *„Radio: Second Chance"*. Die Industrie reagierte auf beide mit leidenschaftlichem Widerspruch. Ich wandte mich daraufhin an John Marshall von der Rockefeller-Stiftung und bat dringend um eine außerordentliche Zuweisung, die mir erlauben würde, ein zweitägiges Treffen über diese strittige Frage zu veranstalten, an dem sich Vertreter der Industrie, der Kommission und hervorragende Wissenschaftler auf diesem Forschungsgebiet beteiligen sollten[58]. Daraus wurde nicht viel, was meines Erachtens damit zu erklären ist, daß der Ausbruch des zweiten Weltkrieges und die sich abzeichnende Verwicklung der Vereinigten Staaten das Interesse an dieser Streitfrage erlahmen ließ.

Kurz vor Ausbruch des Krieges veranlaßte die Kommission mehrere Anhörungen zu der Frage, ob den Zeitungen die Erlaubnis zur Gründung eigener Rundfunkstationen gegeben werden solle. Man gab uns Geld für den Aufbau einer Lochkarten-Datei, die für jeden Sender Informationen über die Eigentumsverhältnisse und über die Abwicklung der Nachrichtensendungen erfaßte. Diese Geldmittel kamen von einem Komitee, in dem alle Rundfunkstationen, die sich im Besitz von Zeitungen befanden, vertreten waren. Diese Unterstützung war damals für uns eine wichtige Finanzquelle, aber ich machte zur Bedingung für unsere Arbeit, daß die Regierungskommission für Kommunikation vollen Zugang zu unseren Daten haben müsse. Rückblickend möchte ich glauben, daß das Komitee diese neutrale Position akzeptierte, weil bekannt war, daß die Zeitungen mit eigenen Rundfunksendern sich sehr hüteten, diese als monopolistisches Mittel gegen konkurrierende Zeitungen einzusetzen, die keine eigenen Rundfunkstationen besaßen; diese Politik wurde reichlich belohnt durch einen Anstieg der Gewinne aus Werbung, die nicht unter die Kontrolle der Kommission fielen.

5. Nach einjähriger Laufzeit, im Herbst 1938, befanden wir uns mit dem Rundfunkprojekt in einer merkwürdigen Lage. Auf der einen Seite hatte meine Politik, alles auf eine Karte zu setzen, zur Sammlung von umfangreichem Material und einer enthusiasti-

schen Arbeitsstimmung innerhalb unseres kleinen, aber vielversprechenden jungen Mitarbeiterstabes geführt. Auf der anderen Seite ließ das Bild, das man sich draußen von der Forschungsstelle machte, zu wünschen übrig. Man konnte kein zentrales Thema erkennen und allmählich hörten wir von Gerüchten, daß wichtige Leute sich zu fragen begännen, ob wir wohl wüßten, was wir wollten.

Offensichtlich mußte etwas geschehen. Ich konnte in der Tat keine Studie größeren Formats vorweisen; irgendwie mußte es mir gelingen, Anerkennung für meine Politik der Forschungsimprovisation, die sich an greifbarem Material und individuellen Kontakten ausrichtete, zu finden. Da hatte ich die Idee, mir von einer Zeitschrift als Gast die Herausgabe einer einzelnen Nummer über Rundfunkforschung übertragen zu lassen; mein Plan war, mit Hilfe einer allgemeinen Einleitung die einzelnen Studien so zusammenzustellen, daß sich ein systematischer Zusammenhang andeuten würde. Ich erinnere mich noch lebhaft daran, daß sowohl Cantril wie Stanton meinten, dies laufe der amerikanischen Tradition zuwider, nach der sich kein Herausgeber von einem vorübergehend als Herausgeber fungierenden Gast ablösen lassen werde. (Man sollte einmal prüfen, ob dies damals in der Tat der Fall war; Gastherausgeber sind heute jedenfalls keine Seltenheit.) Ich ließ mich davon nicht entmutigen — unter anderem, weil es in Europa weithin üblich war, daß wissenschaftliche Zeitschriften mit Gastherausgebern arbeiteten[59]. Ich erkundigte mich also und erfuhr, daß der Herausgeber des *Journal of Applied Psychology* sich vielleicht auf eine solche Regelung einlassen würde. Diese Vermutung bestätigte sich und die angeblich geltende Norm wurde durchbrochen. Im Februar 1939 erschien, von mir als Gast herausgegeben, das erste Heft über Rundfunkforschung[60].

Das Heft spiegelte die Lage, in der sich das Projekt nach einem Jahr befand, zutreffend wieder. In einer Einleitung versuchte ich, das neue Gebiet der Rundfunkforschung abzustecken. Von der Forschungspolitik her stellten sich mir drei Aufgaben. Erstens mußte ich überzeugend dartun, daß dieser Neuling ebenso gut war wie die älteren Mitglieder der Familie angewandter Psychologien; letztere definierte ich als „die Gesamtsumme von Verfahren, die von Psychologen eingesetzt werden, wenn sie mit Einrichtungen zusammenarbeiten sollen, die spezifische soziale Initiativen ergreifen können." Man konnte ohne Mühe zeigen, daß in diesem Sinne die Rundfunkforschung eine annehmbare Parallele zur Industrie- oder Bildungspsychologie darstellte. Zweitens wollte ich zeigen, daß eine neue Entwicklung im Gange war. Dabei handelte es sich um eine Bewegung, die von beschreibenden Studien zur Interpretation im engeren Sinne fortschritt. Ich wählte hier die folgende Formulierung:

„Niemand sollte überrascht sein, wenn sich eines Tages eine eigene Disziplin der ‚Erforschung sozialen Handelns' entwickeln sollte, die klarer als bisher die methodologische Verwandtschaft dieser Studien erkennen lassen würde, die heute nicht miteinander verbunden sind, weil sie unter unterschiedlichen Titeln betrieben werden, wie beispielsweise Kriminologie, Marktforschung oder Unfallverhütung."

Ursprünglich hatte ich in diesem Zusammenhang mehr von „Aktionsforschung" gesprochen, später zog ich meist den Ausdruck „Empirische Analyse des Handelns" vor, weil der erste Begriff inzwischen eine speziellere Bedeutung annahm[61]. Und schließlich versuchte ich, wie immer, die neue Tätigkeit in einen breiteren Kontext zu stellen:

„Das Angebot von Rundfunksendungen wird sicher immer von dem vorherrschenden Sozialsystem geprägt sein und wird seinerseits mit Sicherheit bestimmte Auswirkungen auf die sozialen Institutionen haben ... Die Analyse des Rundfunks könnte sogar einen Zugang zum besseren Verständnis für einige grundlegende Diskussionsstoffe in unserer Gesellschaft abgeben ... Solche Probleme sollten von Soziologen, Ökonomen, Anthropologen untersucht werden, und sie tragen doch zur gleichen Zeit psychologische Aspekte."

Meine damalige Voraussage, daß das neue Forschungsgebiet in gewissem Ausmaß mit anderen Sozialwissenschaften, einschließlich der Soziologie, geteilt werden müsse, hat sich gründlich bestätigt. Der Inhalt des Heftes läßt meine Bemühungen erkennen, die Improvisation des ersten Jahres in einen Zusammenhang zu stellen. Das Heft war in fünf Abschnitte gegliedert: 1) Indexprobleme; 2) Forschung über Rundfunkprogramme; 3) Fragebogen-Techniken; 4) Forschung über verschiedene Tätigkeitsfelder; 5) Berichte über andere Erhebungen, einschließlich einer Bibliographie über „Universitäre Forschungsprojekte zum Thema Rundfunk."

Der Abschnitt 2 enthielt eine Reihe von Untersuchungen, die von anderen durchgeführt worden waren. Eine dieser Studien stammte von Charles Osgood, der damals in Dartmouth tätig war. Sie befaßte sich mit der Trennung von Attraktivität und Markenzeichen bei der Überprüfung von Werbe-Spots. Ein anderer Beitrag, der von Cantril verfaßt war, beschäftigte sich mit der Bedeutung von Bekanntheit für die Auswahl und Beliebtheit von Rundfunkprogrammen. Dabei handelte es sich um ein gut entworfenes

Experiment, an dem sich mehrere Rundfunkstationen beteiligten; wir hatten es hier offensichtlich mit Forschungsarbeiten zu tun, die sich auf den schon vor 1937 entworfenen Plan für ein solches Projekt zurückverfolgen ließen. Der vierte Abschnitt bot Beispiele für unsere Praxis, Material aus scheinbar unzusammenhängenden Bereichen zu verwenden. Aus den Einzelstudien, die Kumarovsky in Newark durchgeführt hatte, entnahmen wir einige Fälle, die die Bedeutung des Rundfunks für Arbeitslose aufzeigten, und da die Familie Suchmans ein Taxi-Unternehmen besaß, konnten wir auch einen Versuch vorstellen, der die Auswirkungen der neuerlich in Taxis installierten Radios auf die Unfallquote bestimmen sollte. Gerhard Wiebe schrieb einen Beitrag über die Beurteilung von Unterhaltungsliedern durch das Publikum, und der ehrwürdige Elias Smith hatte zwei Beiträge über die Bildung von Indizes beigesteuert. Die letzteren Artikel, die später eine bedeutende Rolle für meine eigene Arbeit spielten, befaßten sich mit der „Austauschbarkeit von Indizes" und der Wiederholung von Interviews. Als Verteidigungsmaßnahme war dieses Heft ein Erfolg. Das zweite Jahr im Projektablauf ließ dann neue Probleme entstehen und führte schließlich zum letzten Abschnitt meiner Geschichte. Zunächst muß jedoch noch ein spezieller Aspekt unserer Tätigkeiten erklärt werden.

VIII. Die Forschungsstelle für Rundfunkforschung — Kulturelle Kontakte

In den ersten Jahren meiner Arbeit an dem Projekt, das wir von Princeton aus durchführten, war ich immer noch damit beschäftigt, Verbindungen zwischen amerikanischen und europäischen Forschungsansätzen herzustellen. Einige dieser frühen Versuche, Forschungstradition aufeinanderzuzuführen, verdienen vielleicht, der Nachwelt überliefert zu werden.

1. Kurz nach Beginn des Princeton-Projektes arrangierte ich ein gemeinsames Abendessen mit mehreren Psychoanalytikern, um herauszufinden, worauf wir in unserem Projekt ihres Erachtens besondere Aufmerksamkeit verwenden sollten. Das Treffen fand am 16. September 1937 statt und, wenn man sich an den etwas lückenhaften Bericht hält, zählten zu den Teilnehmern: Karen Horney, Harry Stack Scullivan, John Dollard und Erich Fromm. Den Einladungen hatte ich eine zweiseitige, einzeilig geschriebene Liste von Fragen beigefügt, die ich gerne zur Diskussion stellen wollte. Zu diesen Fragen gehörten: Kann die Freudsche Theorie den Unterhaltungswert des Rundfunks belegen und insbesondere den Erfolg einiger Sendungen erklären? Kann in unserer Un-

tersuchung über das Rundfunkhören das Verfahren der „freien Assoziation" verwendet werden? Müssen wir bei der Bildung einer Typologie von Rundfunkhörern bis in frühe Kindheitserfahrungen zurückgehen? Würde eine psychoanalytische Entwicklungstheorie die Bedeutung des Rundfunks auf verschiedenen Altersstufen erläutern können? Am Ende meiner Liste stand der folgende Absatz:

„Ich bin mir sicher, daß in vielen der von Ihnen behandelten Fälle die Probleme Ihrer Patienten in einem gewissen Grade mit Rundfunk zu tun hatten. Es würde uns eine große Hilfe sein, wenn sie sich bemühen würden, aus Ihrer Erinnerung solche Fälle zu zitieren und anläßlich unseres Treffens darüber zu sprechen. Wir haben das Gefühl, daß Sie Situationen und Ereignisse beobachten konnten, die wir mit unseren gebräuchlichen experimentellen Methoden nicht erfassen können."

Ich traf mich vor dem gemeinsamen Abendessen mit Erich Fromm, um ihm die notwendigen Informationen für seine einführenden Bemerkungen bei unserem Treffen zu geben. Ich besitze immer noch eine sechs Seiten lange Zusammenfassung seiner Ausführungen.

Ich hatte mich bis dahin nie näher mit der Psychoanalyse eingelassen. Diese Episode war Teil des allgemeineren Anliegens, humanistische und quantitative Ansätze miteinander zu verbinden. Seit jener Zeit hat man häufiger von Fällen gehört, in denen Sozialforschung mit psychoanalytischen Fallstudien verschränkt wurde. Im Jahre 1937 aber stellte unser Unternehmen wahrscheinlich eine Neuerung dar. Man müßte das Protokoll dieser Sitzung in größeren Einzelheiten durchgehen, um zu prüfen, ob das Treffen wirklich zu interessanten Ideen führte.

2. Ein ähnliches Anliegen betraf die historische Orientierung. Als ich 1939 meinen ersten Zwischenbericht an die Rockefeller-Stiftung schickte, wies ich darauf hin, daß es ziemlich riskant sei, die Auswirkungen des Rundfunks auf die amerikanische Gesellschaft einschätzen zu wollen, da dieses neue Massenmedium erst vor fünfzehn Jahren allgemein eingeführt worden sei. Um mich deutlicher auszudrücken, zog ich den Fall eines Professors heran, der zu Anfang des 16. Jahrhunderts den Versuch hätte machen müssen, die Auswirkungen des Buchdrucks auf die Gesellschaft des Mittelalters zu untersuchen. In einer sorgfältigen empirischen Untersuchung könnte er zu dem Schluß gekommen sein, daß diese Folgen nicht besonders nennenswert seien:

„Zum einen würde das Drucken so kostspielig sein, daß es teurer würde als die Kopierarbeit der Mönche in einem Kloster. Weiterhin konnte kaum jemand lesen. Weshalb also sollte man einzelne Schriften in vielen Exemplaren verbreiten wollen? Des weiteren ist zu bedenken, daß im Jahre 1500 nur religiöse Dinge wirklich zählten. Die Erörterung solcher Fragen aber konnte nur von der Kanzel erfolgen, oder sie konnten nur vom einzelnen selbst erwogen werden. Jedenfalls handelte es sich nicht um ein Thema, das in einer gedruckten Schrift vermittelt werden konnte. Und so ergibt sich aus allen diesen Gründen, daß ganz offensichtlich der Buchdruck keinerlei Auswirkungen auf die Gesellschaft haben wird und damit das letzte Wort über die Verhältnisse im Jahre 1500 gesprochen sein kann."

Ich habe früher jahrelang Vorlesungen über Massenkommunikationsmittel in der modernen Gesellschaft gehalten. Der Text einer dieser Vorlesungen liegt heute noch vor, weil ich schließlich einen Vortrag für die Borah-Stiftung daraus machte, den ich 1954 in Moscow, Idaho, hielt. Dieser Vortrag enthält einen ziemlich umfänglichen Abschnitt über „historischen Rückblick". Auf einen Gedanken kam ich ständig zurück[62].

„Zur Zeit der Amerikanischen Revolution hatten wir es mit einer einfachen Zweierbeziehung zu tun. Auf der einen Seite standen die Bürger, auf der anderen die Regierung. Jeder, der politische Theorien oder ein Interesse an politischer Tätigkeit hatte, war entweder faktisch oder potentiell als Verleger tätig, so daß der Verleger gemeinsame Interessen mit anderen Staatsbürgern teilte. Der Bürger und der Verleger kämpften gemeinsam für die Freiheit, Kritik an der Regierung auszuüben. Im letzten Jahrhundert hat sich die Situation jedoch ungeheuerlich kompliziert. Das einfache Zweierverhältnis wird von einer komplexen Struktur mit drei Angelpunkten überlagert. Die Staatsbürger besetzen noch immer den einen, die Regierung einen weiteren Punkt in diesem Dreiecksverhältnis. Inzwischen ist jedoch die Kommunikationsindustrie als dritte Partei hinzugetreten. Diese Entwicklung führt zu komplizierten und gelegentlich überraschenden Koalitionen. Gelegentlich *schließt der Bürger mit der Kommunikationsindustrie eine Allianz gegen die Regierung; manchmal hält er mit der Regierung gegen die Industrie; gelegentlich sieht er sich auch einer Koalition* von *Regierung und Industrie gegenüber*. Viele Fragen über die Massenmedien lassen sich beantworten, wenn man sich die Entwicklung von einem Zweier- zu einem Dreierverhältnis vergegenwärtigt; wenn man aber den historischen Trend aus den Augen verliert, gerät alles in Verwirrung."

An dieser Stelle muß man wieder an die Idee der latenten Strategie erinnern. Dieser Typ von historischer Analyse schien mir von Nutzen für die Probleme der Forschungspolitik, auf die oben Bezug genommen wurde (Abschnitt VII). Indem ich nachdrücklich darauf hinwies, daß bestimmte Streitfragen immer wieder auftauchen und doch gleichzeitig unterschiedliche Folgen aufweisen, konnte ich das Institut zwischen den Standpunkten des intellektuellen und politischen Puristen und einer Industrie hindurchsteuern, von der ich Entgegenkommen erwartete, ohne mich ihr verkaufen zu wollen.

Im gleichen Atemzug kann ich sagen, daß mein historisches Interesse völlig aufrichtig gemeint und ein charakteristisches Kennzeichen meiner Forschung war. Während die Debatte über Massenkultur auf ihrem Höhepunkt war, setzte ich mich für Leo Loewenthals Arbeit über die Geschichte der Kritik an den Massenmedien ein[64]. Als ich ein paar Jahre später Präsident der American Association of Public Oppinion Research war, hielt ich meine Präsidentschaftsrede über „Historiker und Umfrageforscher", ein Thema, das noch immer diskutiert wird[65]. Und von Zeit zu Zeit habe ich Essays über solche Fragen veröffentlicht wie die Geschichte der Quantifizierung, der Begriffsbildung und der empirischen Erforschung des sozialen Handelns[66].

3. Eine weitere Begegnung mit den Geisteswissenschaften vollzog sich in der Musik; die Umstände dieser Begegnung verdienen nähere Betrachtung. Ich hatte mich schon immer für Musik interessiert, und als ich Forschungsleiter des Princeton Projekts wurde, rief ich sofort eine eigene Abteilung für Musik ins Leben. Die beiden ersten Untersuchungen wurden dann richtungweisend für das allgemeine Programm. Als erstes begannen wir mit einer institutionellen Analyse der Produktion von Unterhaltungsmusik, die bis dahin kaum ernstlich beachtet worden war. Zur gleichen Zeit starteten wir eine Erhebung, um den Auswirkungen eines bestimmten Senders in New York nachzuspüren, der als eine der ersten Rundfunkstationen ein großes Angebot klassischer Musik ausstrahlte. Das alles geschah, ehe Schallplatten populär wurden, und Interesse an ernster Musik war immer noch ziemlich selten; wir wollten wissen, ob dieser Sender zur Verbreitung solcher Interessen beitrug[67].

Aber ich hatte noch weiterreichende Pläne für diese Abteilung. Ich wußte von den Arbeiten, die Theodor W. Adorno zur Musiksoziologie verfaßt hatte. Er ist inzwischen eine der Hauptfiguren in der deutschen Soziologie, und vertritt eine Seite in der lang andauernden Auseinandersetzung zwischen den beiden Positionen, die oft als kritische und positivistische Soziologie voneinander unterschieden werden[68]. Es war mir klar, daß die Arbeiten von Adorno kontrovers waren, aber seine Schriften über die „widersprüchliche" Rolle der Musik in unserer Gesellschaft hatten mich angesprochen[69]. Es reizte mich, Adorno dahin zu bringen, daß er seine Ideen mit empirischer Forschung verband. Außerdem empfand ich Dankbarkeit gegenüber der von Max Horkheimer geleiteten Gruppe aus Frankfurt, zu der auch Adorno gehörte; sie hatten die Arbeit des Institutes in Newark mit unterstützt und mir war bekannt, daß sie Adorno in die USA holen wollten. Ich lud ihn darum ein, sich an der Leitung der Abteilung für Musik in unserem Projekt zu beteiligen. Um ihm einen Experten in empirischen Arbeiten an die Seite zu geben, holte ich Gerhard Wiebe in das Projekt, der bei Stanton studiert hatte, guten Jazz spielte und in Psychologie promoviert hatte. Meine Hoffnung war, daß diese beiden, Wiebe und Adorno, eine Konvergenz von europäischer Theorie und amerikanischer Empirie herbeiführen würden.

Der tatsächliche Verlauf der Dinge wich von diesen Erwartungen erheblich ab. Die Kooperation zwischen den beiden Männern gestaltete sich zunehmends schwieriger, und Adorno wurde zum Symbol eines allgemeineren Problems. In einer Reihe von Mitteilungen, die ich im Frühjahr des Jahres 1938 an meine Mitdirektoren richtete, erklärte ich die Brillanz und Bedeutung von Adornos Ideen. Ich glaubte, zu diesem Mittel greifen zu müssen, da seine Interviews mit Leuten in der Rundfunkindustrie zu Beschwerden geführt hatten, in denen ihm einseitige Fragen und Verzerrung der Antworten vorgeworfen wurden. Diese Schwierigkeiten, so erklärte ich, seien das Ergebnis von Mißverständnissen, die in Begegnungen dieser Art immer wieder auftauchen. Um die Dinge wieder ins Lot zu bringen, bat ich Adorno, seine Vorstellungen in einem Memorandum zusammenzufassen, das ich unter verschiedenen Sachverständigen umlaufen lassen wollte, um ihm eine breitere Unterstützung für seine Arbeit zu sichern. Im Juli 1938 lieferte er seine Stellungnahme von 160 einzeilig beschriebenen Seiten ab, die den Titel „Musik im Rundfunk" trug. Ich hatte jedoch den Eindruck, daß eine Verteilung dieses Textes die Situation nur noch schwieriger gemacht hätte, denn sein Manuskript hatte im Englischen die gleiche quälerische Anziehungskraft und Leserferne wie im Deutschen. Wie von einem Neo-Marxisten zu erwarten, spielte der Begriff des „Fetisch" darin eine zentrale Rolle. Nach seinem Vorschlag sollte man auf diesen Begriff zurückgreifen,

„wenn irgendein menschliches Tätigsein oder ein Produkt dieser Tätigkeit den Menschen so entfremdet wird, daß sie sich, sozusagen, in ihm nicht wiedererkennen können. Sie verehren es dann als etwas, dessen Wert aufs Äußerste von der menschlichen Tätigkeit getrennt ist, die es umgreift, und von der Funktion abgeschnitten ist, die es praktisch für andere menschliche Tätigkeiten spielt. In jedem Fall (beispielsweise bei einem Star, der zum Fetisch geworden ist) befinden wir uns hier ganz in der Nähe des Begriffs der Suggestion, der besagt, daß die Leute etwas verehren, ohne den Grund dafür genau zu wissen ... und ohne ihm unmittelbar nahe zu stehen. Der Geltungsbereich des Fetisch ist jedoch größer als derjenige der Suggestion und Propaganda. Heutzutage sind die Leute bereit, der Ware bestimmte Wirkungen zuzuschreiben, weil sie den Tauschwert als den eigentlich entscheidenden Wert anerkennen, selbst in solchen Fällen, in denen ihnen dieser Wert nicht aufgrund spezieller Überredungskünste vorgegeben wird."

Die kritische Theorie hält nichts vom Umgang mit Begriffsbestimmungen; aber Adorno war voll und ganz in der Lage, sich mit Hilfe gut gewählter Beispiele verständlich zu machen; dies zeigt sich in einem anderen Abschnitt:

„Aber der Fetischcharakter der Musik geht weit über die Grenzen der sogenannten ‚Stars' hinaus, die, oberflächlich betrachtet, anscheinend am ehesten als Beleg für die hier genannten Kennzeichen herangezogen werden können. Der Fetisch überlagert praktisch jede musikalische Kategorie im Rundfunk. Musiksendungen werden in Begriffen des Privateigentums verstanden. Als Beispiel könnte ich den Kult um berühmte Musikinstrumente anführen, seien es nun Stradivari-Violinen (obwohl der durchschnittliche Hörer ganz sicher nicht in der Lage ist, den Unterschied zwischen solchen und gewöhnlichen Geigen zu bestimmen) oder das Klavier, das von berühmten Leuten wie Chopin oder Richard Wagner gespielt worden ist, oder auch, *last not least* gewisse Teile der Komposition, die mit Hilfe technischer Mittel des Rundfunks überbetont werden und die gleichzeitig die Musik als Ware zu repräsentieren scheinen."

Vom Projekt aus gesehen lag das Hauptproblem darin, ob sich die Erscheinung des Fetischismus durch direkte Befassung mit einer Stichprobe von Hörern dingfest machen lassen würde. (Hier handelt es sich um das gleiche Problem, wie wenn Durkheims Vorstellung von Anomie durch die Verteilung einer individuellen Eigenschaft sichtbar gemacht werden soll, die wir heute häufig Anomia nennen.) Adorno und ich einigten uns, daß er eine Typologie aufstellen sollte, die stärker in die Einzelheiten gehen würde. In diesem Fall wäre möglich, daß man mit Hilfe eines Fragebogens zu einer zahlenmäßigen Verteilung verschiedener Typen von Musikhörern kommen könnte. Aber es kam nicht zur Entwicklung von Indikatoren für eine solche Typologie, weil die Anleitungen Adornos kaum in empirische Begriffe übersetzt werden konnten. So wurde beispielsweise eine der Typen wie folgt beschrieben:

„Die Musik führt manchmal zur Freisetzung von verborgenen sexuellen Wünschen. Das scheint mir besonders bei denjenigen Frauen der Fall zu sein, für die Musik eine Art Spiegelung ihres männlichen Partners darstellt, der sie nachgeben, ohne sich je mit der Musik zu identifizieren. Diese Einstellung äußert sich in Weinen. Das Weinen des Amateurs, der sich Musik anhört (der Musiker selbst wird praktisch nie weinen) ist eines der wichtigsten Objekte für die Analyse der emotionalen Aspekte der Musik."

Ich schicke Adorno eine detaillierte Kritik seiner Schrift, und wir erzielten schließlich Einvernehmen darüber, daß er ein erheblich kürzeres Memorandum verfassen würde, das dann bei einem Treffen mit verschiedenen Experten erörtert werden könnte. Diese Sitzung fand irgendwann im Winter 1938/39 statt, aber sie blieb ohne Ergebnis. John Marshall war dabei und hatte anscheinend das Gefühl, daß meine Bemühungen, die Adornosche Spielart von kritischer Forschung in die Beschäftigung mit Massenkommunikation einzuführen, erfolglos waren. Bei der Verlängerung der Rockefeller-Beihilfe im Herbst 1939 erhielten wir kein Geld mehr für die Fortsetzung der Musikforschung.

Ich habe es nie bedauert, Adorno eingeladen zu haben. Bald nach seinem Ausscheiden widmete die Horkheimer-Gruppe dem Problem der modernen Massenkommunikation ein ganzes Heft ihrer Zeitschrift; ich selbst steuerte zu dieser Nummer einen Essay bei, in dem ich versuchte, mit einem gewissen Grad innerer Anteilnahme einem amerikanischen Publikum den „Kritischen Ansatz" zu erklären und Wege aufzuzeigen, auf denen diese prinzipielle Position zu neuen Forschungsideen führen kann[70]. Ich versuchte sogar, „die einzelnen Schritte [zu spezifizieren], über die man zu einer kritischen Kommunikationsforschung kommen könnte". Um die grundlegende Idee herauszuarbeiten, griff ich zu Vergleichen: Die Verbraucherbewegung kämpft gegen irreführende Werbung, und einige Wirtschaftswissenschaftler beklagen die Verschwendung, die in der Werbung betrieben wird; der Kritische Ansatz dagegen vertritt die Position, daß jede Art von Werbung die Leute davon abhält, ihre eigenen Maßstäbe der Beurteilung zu entwickeln. Mein Beitrag schloß mit den folgenden Sätzen:

„Die Forschungsstelle für Rundfunkforschung hat an diesem Thema mitgearbeitet, weil ihre Mitarbeiter der Meinung waren, daß nur eine sehr umfassende Konzeption der Forschungsaufgaben zu wertvollen Ergebnissen führen kann ... Der Verfasser, dessen Interessen und Berufsaufgaben im Bereich von Forschung und Verwaltung liegen, wollte hier seiner Überzeugung Ausdruck geben, daß der Kritische Ansatz bei gegebener Berücksichtigung in der allgemeinen Kommunikationsforschung erhebliche Beiträge leisten könnte, und zwar bei der Identifizierung drängender Probleme und bei der Bereitstellung neuer Begriffe, die uns bei der Interpretation bekannter und auf der Suche nach neuen Daten behilflich sind."

Nach dem Scheitern solcher Hoffnungen für unser Projekt stand ich vor beunruhigenden Fragen. Adorno war nach dem Kriege als aktives Mitglied der Gruppe tätig, die in Berkeley *The Authoritarian Personality* bearbeitete. Ihr grundlegendes Konzept vom faschistischen Charakter war von Adorno entworfen worden und sicher nicht weniger spekulativ als die Dinge, die er uns vorgelegt hatte; trotzdem waren seine Kollegen in Kalifornien imstande gewesen, seine Idee in die berühmte F-Skala zu übersetzen. Ich plage mich heute mit dem Verdacht, daß meine Verpflichtungen in den verschiedenen Abteilungen des Princeton Projekts mich davon abgehalten haben mögen, die notwendige Zeit und Aufmerksamkeit für den Zweck zur Verfügung zu stellen, für den ich Adorno ursprünglich eingestellt hatte. So wie die Dinge lagen, konnten wir schließlich nur einen Beitrag aus seiner Feder veröffentlichen, der sich mit der Sinfonie im Rundfunk beschäftigte; er selbst brachte später eine gekürzte Fassung des Memorandums heraus, auf das ich mich oben bezogen habe[71].

Ein gewisser Trost ist mir, daß nicht alle Kontakte, die ich mit deutschen Sachverständigen im Bereich der Ästhetik aufnahm, fehlschlugen. Rudolf Arnheim hatte Essays über den Film als Kunstform geschrieben, die viel Sinn für die Sache verrieten. Ich gab ihm den Auftrag, die Drehbücher von ungefähr fünfzig Fortsetzungsgeschichten zu analysieren, die tagsüber im Rundfunk gesendet wurden, und er lieferte eine hervorragende Arbeit ab. Eine seiner Beobachtungen wird seit jenen Tagen oft zitiert: die gefühlsseligen Geschichten, die über mehrere Folgen hinweg davon berichten, wie eine Familie in Schwierigkeiten gerät, die dann gelöst werden können, aber von neuen Schwierigkeiten abgelöst werden, finden ihr Publikum vorwiegend bei Hausfrauen, die tagsüber Radio hören. Arnheim stellte nun fest, daß die Schwierigkeiten regelmäßig durch Männer hervorgerufen wurden, während die Frauen für die Lösung der Probleme sorgten, und er führte im einzelnen aus, welche Folgerungen sich aus dieser Beobachtung ergeben. Mir ist in Erinnerung, daß ich aus der Zusammenarbeit mit ihm einiges gelernt habe und daß das Projekt davon profitierte[72].

Als die Forschungsstelle an die Columbia Universität verlegt wurde und man damit rechnen durfte, daß ich dort auf Dauer angestellt würde, entwickelte sich die Universität zu meiner eigentlichen Bezugsgruppe, und ich beschäftigte mich allmählich immer weniger mit den Kontakten zwischen verschiedenen Kulturen. Ich halte es für ziemlich wahrscheinlich, daß sich die amerikanische Komponente in meiner Randposition zunehmend stärker durchsetzte. Aber mein Interesse an dem Verhältnis zwischen den beiden sozialwissenschaftlichen Traditionen ließ nie ganz nach. Im Jahr 1958 war ich in Stresa auf dem Kongreß der Internationalen Gesellschaft für Soziologie in den Sitzungen über Methodologie als Rapporteur tätig. In meinem Bericht dort beschäftigte ich mich vor allem damit, wie sich Mißverständnisse zwischen europäischen und amerikanischen Soziologen vermeiden ließen.

IX. Von Princeton nach Columbia

Das zweite akademische Jahr der Forschungsstelle in Princeton verlief in mehrerer Hinsicht ähnlich wie das erste; allerdings ließ sich ein gewisser Grad von Konsolidierung beobachten. Die Ergebnisse dieses Zeitabschnitts wurden, soweit sie in Berichtform vorlagen, in einer zweiten Nummer des *Journal of Applied Psychology* veröffentlicht, die unter dem Titel „Fortschritte in der Rundfunkforschung" erschien[73]. In der Einführung, die ich in meiner Eigenschaft als Gastherausgeber verfaßte, stellte ich fest: „In der Rundfunkforschung lassen sich mindestens drei grundsätzliche Entwicklungen beobachten: zum einen beschäftigt man sich zunehmends mit den Auswirkungen des Rundfunks; zum zweiten wird Material, das aus kommerziellen Gründen zusammengetragen wurde, immer häufiger für wissenschaftliche Analysen zur Verfügung gestellt; und schließlich entwickeln sich verwandte Gebiete wie Untersuchungen über das Lesen so schnell, daß sich ein eigenes Fach ‚Allgemeine Kommunikationsforschung' anzukündigen scheint."

Zu dem Hinweis auf die Untersuchungen über Zeitschriften, Zeitungen, Bücher muß noch einiges gesagt werden. Im Vergleich zu der Zahl der Leute, die Rundfunk hören, scheint die Auflage von Zeitschriften relativ klein; aber jedes Heft einer Zeitschrift wird von mehreren Leuten gelesen; Zahlen über Leser lassen sich vergleichen mit zahlenmäßigen Angaben über Hörer. Diese Überlegung öffnet, von unserem Standpunkt her gesehen, den Zugang zu einem neuen Gebiet für Sekundäranalysen: zu Studien über die Struktur des „Publikums" von Zeitschriften und zu Schlußfolgerungen aus dem Vergleich mit der Verteilung von Rundfunkhörern[74].

Ich konzentrierte mich zunehmend auf zwei Aktivitäten. Bei der ersten handelte es sich um eine Arbeit, die später unter dem

Namen Lazarsfeld-Stanton-Programmforschung bekannt wurde. Ich hatte mich immer schon für Unterhaltungsmusik interessiert und noch in meiner Wiener Zeit ein Verfahren entwickelt, mit dessen Hilfe man die musikalische Struktur eines Liedes zu den gefühlsmäßigen Reaktionen der Hörer in Beziehung setzen konnte. Im Rahmen des Princeton Projektes konnte ich nun die zugrundeliegende Idee auf alle möglichen Radioprogramme und schließlich sogar auf Filme ausdehnen. Stanton trug ganz erheblich zur Verbesserung der technischen Aspekte dieses Verfahrens bei. Wir veröffentlichten eine Reihe von technischen Studien über diese Methode[75], aber das Verfahren war zu kostspielig, als daß wir es selbst hätten anwenden können. Wir hatten Zweifel, ob wir es patentieren lassen könnten, aber zwei Firmen, das CBS und McCann-Erikson, zahlten uns eine Abfindung für die Genehmigung, unser Verfahren in ihren eigenen Forschungsabteilungen einsetzen zu dürfen. Seitdem ist die von uns entwickelte Methode in der Privatwirtschaft in sehr verschiedenen Weisen eingesetzt worden. Meine Hoffnung ist, daß die Grundidee eines Tages wieder zum Gegenstand wissenschaftlicher Beschäftigung wird.

Während die kritische Bedeutung der Programmanalysen nach einiger Zeit nachließ, rückten Panel-Studien immer mehr in das Zentrum unserer Tätigkeit. Als ich mir die Archive über die ersten Jahre des Princeton Projektes ansah, stellte ich mit Überraschung fest, wie bald wir nach Projektbeginn mit Wiederholungen von Interviews zu experimentieren begonnen hatten, um die Auswirkungen des Rundfunks zu bestimmen. Ich kann zwar heute keine vollständigen Berichte zu diesem Thema mehr vorweisen[76], aber es existieren noch Mitteilungen aus dem Jahr 1936, die an die Mitarbeiter und Mitdirektoren gerichtet sind und verraten, daß wir einen Großteil unserer Forschungsmittel auf kleine Pilotstudien verwendeten, mit deren Hilfe die Auswirkungen verschiedener Kampagnen in einzelnen Gemeinden des Bundesstaates New Jersey ermittelt werden sollten.

Aus der Sicht der Forschungsverwaltung lag in den späteren Phasen des Princeton Projekts die wichtigste Neuerung darin, daß eine Reihe von Rockefeller-Stipendien vergeben wurden; diese Stipendien wurden von John Marshall an Studenten vergeben, die ihre erste akademische Prüfung schon hinter sich hatten und sich jetzt auf dem Gebiet der Kommunikationsforschung spezialisieren wollten. Wir integrierten die Arbeit dieser Stipendiaten in unser allgemeines Programm, und mir wurde die Aufsicht über ihre Tätigkeit übertragen. Unsere Grundsatzentscheidung lief darauf hinaus, sie die konkrete Funktion bestimmter Massenmedien untersuchen zu lassen, wie beispielsweise das Programm über Politik und Öffentlichkeit, das von der Universität Chikago angeboten wurde, oder das Programm eines von der Staatsuniversität von Iowa betriebenen Senders, der sich an eine vorwiegend ländliche Bevölkerung richtete. Eine Reihe dieser spezialisierten Arbeiten wurde durch die Bundeskommission für den Schulfunk veröffentlicht. Vielleicht wäre es der Mühe wert, im Rahmen einer Untersuchung über die frühe Geschichte des Schulfunks und des Schulfernsehens die Gründung und Auflösung dieser Kommission zu untersuchen.

Im Frühjahr 1939 stellte sich uns die drängende Frage, ob die Beihilfen der Rockefeller-Stiftung verlängert werden könnten. John Marshall, der unsere Arbeit im einzelnen verfolgt hatte, war für eine solche Verlängerung. Er ernannte ein Komitee von Gutachtern, dem Charles Siepmann, Harold Lasswell, Robert Lynd und Lyman Bryson angehörten. Das Urteil des Komitees war positiv[77], aber es schien, als ob seine Mitglieder, die über Einzelheiten nur indirekt informiert waren, eine gewisse Schwerpunktbildung vermißten und von daher einen ungünstigen Eindruck erhielten. Während einer Reise nach Iowa erhielt ich ein Telegramm von John Marshall, in dem er mir mitteilte, daß der Rockefeller-Stiftung noch gründlichere Beweise unserer Leistungen unterbreitet werden müßten, ehe die Stiftung unserem Antrag stattgeben könne.

Damit standen wir vor dem Problem, das greifbare Material zu sichten und ein Thema zu wählen, das als Bezugspunkt für die Strukturierung eines Großteils unserer Unterlagen dienen könnte. Aus mehrerlei Gründen hatten wir den Eindruck, daß sich ein Vergleich zwischen Rundfunk und gedruckter Kommunikation am ehesten als Bezugsrahmen eignen würde. Auf diese Weise entstand *Radio and the Printed Page* (1940), ein Buch, das bei der Konsolidierung der Kommunikationsforschung als eigenem Fachgebiet eine beachtliche Rolle gespielt zu haben scheint. Die Zusammenstellung des Manuskriptes innerhalb kurzer Zeit war eine Sisyphusarbeit; wir arbeiteten buchstäblich Tag und Nacht, in Schichtarbeit, um beizeiten fertig zu werden. Ich mobilisierte jede erdenkliche Hilfe, und erinnere mich heute mit besonderer Dankbarkeit an die Unterstützung von Lloyd Free, der sich freiwillig bereiterklärte, uns bei der Überwindung dieser Krise zu helfen. Aus einer Gallup-Umfrage hatten wir Informationen über die Bevorzugung bestimmter Nachrichtensendungen beschafft, waren jedoch noch nicht dazu gekommen, diese Informationen systematisch auszuwerten; ich veranlaßte darum Samuel Stouffer, nach New York zu kommen und die Leitung dieser Aufgabe zu übernehmen. Auf eigene Faust führte er darüber hinaus noch eine klug angelegte Analyse durch, in der auf der Basis von Angaben über Zeitungsauflagen mögliche Auswirkungen von Rundfunksendungen abgeschätzt wurden; seine beiden Beiträge zu dem Sammelband sind inzwischen mit vollem Recht Bestandteil seiner gesammelten Werke geworden[78].

Wir legten unseren Bericht am Vormittag des 1. Juli 1939 vor, an dem unsere Frist für die Berichterstattung ablief. John Marshall erklärte sich zufrieden und betrachtete den Bericht als angemessene Grundlage für seine offizielle Empfehlung an die Stiftung, unser Projekt auch weiterhin zu finanzieren[79].

Inzwischen hatten sich im Rahmen des Projektes Schwierigkeiten zwischen Cantril und mir ergeben. Während der Verhandlungen mit der Rockefeller-Stiftung, in denen eine Verlängerung der Beihilfe erreicht werden sollte, wurde deutlich, daß eine organisatorische Entscheidung fällig war: entweder würde das Projekt weiterhin mit Princeton als Stützpunkt und Cantril als zentraler Figur, aber einem neuen Forschungsleiter durchgeführt oder aber ich würde in meinem Amt bleiben und das Projekt auf eine andere institutionelle Grundlage gestellt werden müssen. Wie zu erwarten, reagierte die Rockefeller-Stiftung damit, daß sie sich an Stanton, den dritten Direktor wandte und ihn zum Schiedsrichter machte. Das Ergebnis der Verhandlungen läßt mich vermuten, daß Stanton sich zu meinen Gunsten entschied. Lynd drängte dann den Rektor der Universität Princeton, Professor Dodds, das Projekt freizugeben. Im Herbst des Jahres 1939 wurde die Forschungsstelle für Rundfunkforschung an die Columbia Universität übergeben, und zur gleichen Zeit erhielt ich dort einen Lehrauftrag[80]. Die Rockefeller-Stiftung gewährte uns eine befristete Beihilfe, die es uns ermöglichen sollte, den Antrag für eine dreijährige Verlängerung, ab März 1940, auszuarbeiten.

Der Kern des daraus entstandenen Antrags liegt, rückwirkend gesehen, in folgendem Abschnitt:

„Wir schlagen vor, unter Verwendung der Panel-Technik, die in den ersten beiden Jahren des Projektes entwickelt wurde, diejenigen Personen zu identifizieren, die in Reaktion auf Fortsetzungssendungen ihr Verhalten ändern. Dann sollen die genaueren Umstände erforscht werden, unter denen diese Personen Radio hören und unter denen anschließend individuelle Änderungen eintreten. Unser Forschungsplan sieht vor, daß zwei Panels von ungefähr je 200 Personen ausgewählt werden, die in einigen Grundeigenschaften vergleichbar sind, sonst aber voneinander abweichen. Diese Informanten sollen während der Laufzeit eines in Fortsetzungen gesendeten Programms, das sie sich anhören, in regelmäßigen Abständen sechs- oder achtmal befragt werden."

Ursprünglich hatte ich vorgeschlagen, unseren Test im Rahmen „eines Programms des Ministeriums für Landwirtschaft [abzuwickeln], da die von ihm eingeführten Neuerungen entscheidende Veränderungen im Verhalten der Amerikaner bewirkt haben und es sich gut trifft, daß dieses Ministerium zur Förderung seiner Politik in größtmöglichem Umfang auf den Rundfunk zurückgreift". Ich kann mich heute nicht mehr daran erinnern, warum dieser Entwurf dahingehend geändert wurde, daß die Wahlen im November 1940 in den Mittelpunkt unserer ersten Panel-Untersuchung gestellt wurden. Aber eine solche Änderung wurde in der Tat vorgenommen, und ihr entstammte *The Peoples Choice*[81]. In der dritten Ausgabe des Buches (1968) findet sich eine ausführliche Einleitung, in der der Einfluß dieser ersten umfassenden Wahlstudie auf spätere politische Analysen sowohl in den Vereinigten Staaten als auch im Ausland nachgezeichnet wird[82].

Der Wechsel zur Columbia Universität führte zu keinen großen Veränderungen in meiner Forschungs- und Verwaltungstätigkeit. Wir waren in einem Gebäude an der Ecke der 59. Straße und der Amsterdam Avenue untergebracht, in dem sich früher einmal die Medizinische Fakultät befunden hatte und das demnächst abgerissen werden sollte; die Gegend war damals als „die heißeste Ecke der Hölle" bekannt und gehört heute zum Lincoln Center. Unsere Mittel bestanden hauptsächlich aus der Beihilfe der Rockefeller-Stiftung, die für drei Jahre verlängert worden war. Sie wurde ergänzt durch eine große Zahl von Verträgen für Auftragsforschung. Die Gelder erreichten uns häufig in Schecks, die auf mich persönlich ausgestellt waren und von mir dann als Gehalt an die Mitarbeiter umverteilt wurden. Ich war damals immer noch nicht richtig über die steuerlichen Vorschriften informiert und zurückblickend kann ich mich heute nur freuen, daß mich diese Art des Umgangs mit unserem Geld nicht in Schwierigkeiten gebracht hat. Das Institut besaß einen Aufsichtsrat, der aus vier Professoren der Columbia Universität und Frank Stanton bestand. Irgendwann im Laufe der Zeit erhielt die Organisation ihren gegenwärtigen Namen, Institut für Angewandte Sozialforschung[83].

Ungefähr um diese Zeit bereiteten sich die Vereinigten Staaten auf militärische Auseinandersetzungen vor und traten schließlich in den Krieg ein. Aus diesem Schritt ergaben sich für unsere kleine Welt zwei Konsequenzen. Stouffer wurde Forschungsdirektor der Amerikanischen Armee und übertrug dem Institut und seinen Mitarbeitern eine Reihe von Arbeiten. Die Honorare, die uns aus diesen Aufträgen zuflossen, standen dem Institut zur Verfügung und waren uns eine wichtige finanzielle Hilfe. (Eine ähnliche Abmachung bestand mit dem Amt für Kriegsinformation). Robert

Merton hielt sich für eine gewisse Zeit bei Stouffer in Washington auf, kehrte dann aber nach New York zurück und erledigte seine Arbeit über das Institut. Er war Mitdirektor im Institut geblieben und spielte in dessen späterer Entwicklung eine entscheidende Rolle[84]. Während des Krieges konzentrierten wir uns auf die Untersuchung von Filmen und Rundfunkprogrammen, mit deren Hilfe die Stimmung in verschiedenen Gruppen der Zivilbevölkerung und des Militärs gestützt werden sollte. Unsere damaligen Bemühungen werden vor allem in dem dritten Band von *The American Soldier* dargestellt; dort findet sich, unter anderem auch, ein Bericht über den Kriegsbeitrag der Programmforschung, die auf Anraten des Herausgebers dieser Bände, Carl Hovland, nur sehr durchsichtig mit dem Namen Polygraph getarnt wurde[85].

Im Jahr 1944 wurde deutlich, daß wir eine straffere Organisation brauchten. Die Columbia Universität hatte eine Kommission für Sozialwissenschaftliche Forschung eingerichtet und zwei Jahre lang erhielten wir von dieser eine Unterstützung von $ 5000; es kann sein, daß die Kommission auch eine gewisse finanzielle Überwachung ausübte. Meine Erinnerung an die verwaltungsmäßigen Einzelheiten dieser Übergangszeit ist genauso unbestimmt wie die damaligen Vereinbarungen. Schließlich erteilte die Kommission, die bis dahin nur geringfügige Beihilfen für Forschungsprojekte von Hochschullehrern erteilt hatte, dem Wirtschaftswissenschaftler Frederick Mills als ihrem Vorsitzenden den Auftrag, die Forschungsanstrengungen der verschiedenen Fachbereiche in der Fakultät über Politikwissenschaft zu untersuchen. Man verschickte einen Fragebogen, aber anscheinend kamen nur aus dem Fachbereich für Soziologie Meldungen über irgendwelche in organisierter Form ablaufende Forschungsvorhaben. Mills empfahl also der Kommission im August 1944:

„eine Unterkomission zu bilden, die das Institut für Angewandte Sozialforschung und ähnliche Einrichtungen beaufsichtigen soll, damit ihre Tätigkeit unter den Auspizien der Kommission stattfinden kann. Diese Unterkommission sollte sich während des laufenden akademischen Jahres vor allem mit einer Bewertung der Tätigkeit des Institutes für Angewandte Sozialforschung befassen und ihre Aufmerksamkeit auf Mittel und Wege konzentrieren, durch die die Arbeit des Institutes wirksamer mit anderen Forschungstätigkeiten an der Columbia Universität verbunden werden kann."

Der Unterausschuß, der dann ins Leben gerufen wurde, war sich voll darüber im klaren, daß eine neue Entwicklung begonnen hatte; aber seine positiven Empfehlungen liefen mehr auf eine Anerkennung des Faktischen als auf die Übernahme irgendwelcher Führungsfunktionen hinaus. Im Oktober 1944 legte er eine Reihe von Vorschlägen vor, von denen die beiden folgenden die Existenz des Instituts besonders unmittelbar berührten:

„Der Schwerpunkt der institutionellen Arbeit wird auf der Forschung und Forschungsausbildung liegen. Die Übernahme von Auftragsarbeiten für kommerzielle oder andere Organisationen halten wir für vereinbar unter dieser Bedingung, daß die Durchführung von Forschung weiterhin im Vordergrund stehen kann. –

Forschungsinstitute, die unter der Kontrolle des Unterausschusses für die Verwaltung von Einrichtungen für Sozialforschung arbeiten, sollten eine ordnungsgemäße Buchführung einrichten und durch die Universitätskasse überwachen lassen; dabei sollen die allgemeinen Vorschriften gelten, die von dem Komitee für das Patentwesen und dem Komitee für Industrieforschung vorgeschlagen wurden."

Die große Neuerung lag in der Entscheidung, daß Auftragsforschung zuzulassen sei. Gemessen am heutigen Zustand, bei dem die Hälfte des jährlichen Haushalts der Columbia Universität aus Verträgen mit Dritten finanziert wird, mag dieser Vorgang nicht allzu revolutionär erscheinen, doch markiert er meines Erachtens eine gewisse Wendemarke in der Geschichte der amerikanischen Universitäten. Aber selbst wenn man dies zugesteht, muß man dem Unterausschuß doch vorhalten, daß er nach unserer Meinung die Hauptsache übersehen hatte. Es ging uns – in den Worten von Anatole France – nicht um die Freiheit, unter den Brücken der Seine schlafen zu dürfen; unser Anliegen war vielmehr, daß die Columbia Universität es als ihre positive Pflicht betrachten sollte, die Ausbildung in empirischer Sozialforschung in ihr allgemeines Ausbildungsprogramm zu integrieren[86]. Wir protestierten dagegen, daß der Unterausschuß es unterlassen hatte, auf solche Möglichkeiten einzugehen, und die Kommission ernannte daraufhin einen Sonderausschuß, der über die Rolle des Institutes innerhalb der Universitätsstruktur beraten und beschließen sollte. Der Vorsitz dieses entscheidenden Komitees lag bei Elliot Cheatham, Professor für Gesetzesethik in der Hochschule für Rechtswissenschaften[87]; eines seiner Mitglieder war Arthur MacMahon. Diese Gruppe traf sich häufig in der Zeit zwischen Dezember 1944 und Mai 1945, und empfahl für das Institut schließlich den Status, den es heute innehat: „Eine Forschungseinheit der Fakultät für Politische Wissenschaften der Columbia Universität", die über Räume auf dem Universitätsgelände verfügt und ungefähr zehn Prozent ihres jährlichen Haushalts aus Mitteln der Universität bestreiten kann. Die Korrespondenz und Stellungnahmen, die aus der Arbeit des Cheatham-Komitees hervorgegangen sind, sind erfreulicherweise größtenteils aufbewahrt worden, und ich hege die Hoffnung, diese

Dokumente eines Tages in ihren Einzelheiten studieren zu können. Bei oberflächlicher Durchsicht dieser Unterlagen, fällt mir besonders eine detaillierte Stellungnahme von fünfzehn Seiten auf, die ich Cheatham auf seine Anfrage zugesandt hatte; sie beschreibt die Funktion eines Instituts für Sozialforschung in Begriffen, die auf diese Einrichtung in ihrem heutigen Zustand noch wörtlich anwendbar sind und auch für die ganze Skala ähnlicher Einrichtungen zutreffen, die seither in den Vereinigten Staaten an den verschiedensten Orten entstanden sind. Mein einführender Brief an Cheatham faßt alle die Probleme zusammen, denen wir uns zu der Zeit ausgesetzt sahen:

„Es ist inzwischen fast zum Gemeinplatz geworden, daß sich die Soziologie in diesem Augenblick in einer schwierigen Phase des Übergangs befindet. Der Student dieses Faches ist sich darüber im klaren, daß die empirische Forschung zu einem konstituierenden Bestandteil der Soziologie geworden ist, aber die Universitäten haben für diese Tätigkeit noch keine Vorkehrungen im Haushalts- und Personalbereich getroffen. An praktisch allen Universitäten besteht zwischen den Bedürfnissen des Faches und den Reaktionen der Verwaltungsinstitutionen eine Diskrepanz, die man als ‚institutionelles Zurückhinken' bezeichnen könnte. Die administrativen Probleme, mit denen sich Ihr Komitee in diesem Augenblick befaßt, lassen sich am besten als ein Produkt der Tatsache begreifen, daß sich hier ein Bestandteil der Universität im wesentlichen aus eigener Kraft über Wasser halten muß."

Dann trug ich ihnen Vorstellungen darüber vor, wie man dieses Problem auch hätte lösen können:

„Ich hätte alle meine Energie darauf verwenden können, die Universitätsverwaltung von dem Gedanken zu überzeugen, daß sie das notwendige Minimum von $ 25.000 bereitstellen solle, um ein solches Forschungslaboratorium zu errichten. Wäre mir das geglückt, hätte man dieses Laboratorium von Anfang an als einen integrierenden Bestandteil der Universität eingerichtet, und seine Arbeit wäre in vertrauten akademischen Bahnen verlaufen."

Ich war damals nicht davon überzeugt, und glaube auch heute noch nicht daran, daß ich auch nur die geringste Chance gehabt hätte, ein entsprechendes Ergebnis zu erreichen. Dann brachte ich zu Papier, welche Strategie ich in Wirklichkeit verfolgt hatte und welches Vertrauen ich in sie setzte – als ob ich gewußt hätte, daß ich eines Tages die vorliegenden Erinnerungen aufzeichnen würde: „Aber da ich zu ungeduldig oder zu optimistisch war, oder mir zu deutlich bewußt war, wie neue Institutionen entstehen, entschied ich mich für einen anderen Weg. Das Institut wurde, in seiner gegenwärtigen Form, anfangs aus einer Beihilfe der Rockefeller-Stiftung, ohne haushaltsmäßige Unterstützung der Universität finanziert. Nächstwichtigste Quelle unseres Einkommens waren Arbeiten für kommerzielle Einrichtungen und für die Regierung. Praktisch alle diese Untersuchungen waren auch unter wissenschaftlichen Gesichtspunkten von Wert, aber eine unbeschränkt wissenschaftliche Tätigkeit konnten wir nur während unserer freien Zeit und mit überschüssigen Geldern bestreiten. Trotzdem hat sich das Institut heute als sozialwissenschaftliches Laboratorium durchgesetzt und steht dem Fachbereich voll zur Verfügung."

Dann spielte ich meine letzte Karte aus. Kann eine moderne Universität wirklich auf ein Institut wie das unsere verzichten? Wenn das nicht der Fall war, durfte ich eine Strategie anwenden, die der Erpressung sehr nahe kam?

Ich versuchte es, mit den folgenden Argumenten:
„Vielleicht muß man zugeben, daß die unorthodoxe Tätigkeit des Institutes Probleme schafft, die seine Vorteile überwiegen. Ich halte es für völlig legitim zu überlegen, ob man das Institut nicht besser auflösen und warten sollte, bis die Zeit für seine Wiedergründung, auf der Basis voller Unterstützung durch die Universität, gekommen ist. Wenn man andererseits der Meinung ist, daß neue Institutionen oft zunächst einmal gegründet werden und dann erst ihren rechtmäßigen Status bekommen, dann könnte die Arbeit Ihres Komitees als ein Teil dieser Entwicklung betrachtet werden."

Dieser Brief wurde im Januar 1945 abgeschickt. Zweiundzwanzig Jahre später finde ich mich in der Rolle als Vorsitzender eines Gremiums von 16 weithin bekannten Vertretern einzelner Hochschulen und Fachbereiche der Columbia Universität wieder — ein Gremium, das von dem Cheatham-Komitee ins Leben gerufen wurde, um nach der offiziellen Anerkennung des Institutes dessen verdächtigen Direktor unter genauer Beobachtung zu halten. Es wäre schön, wenn damit ein endgültiger Sieg für eine Idee errungen wäre, die vor fast einem halben Jahrhundert in Wien geboren wurde. Aber das ist nicht der Fall. Heute gibt es Dutzende solcher Institute überall in den Vereinigten Staaten, von denen viele von Absolventen des Institutes an der Columbia Universität geleitet werden; aber diese Institute sind noch nicht voll in die Universitätsstruktur integriert. Der Kampf geht weiter. In diesem Jahr konnte ich die Verwaltung der Columbia Universität zur Gründung eines neuen Komitees veranlassen, das nach Möglichkeiten zur Verbesserung für die Position unseres Institutes suchen soll. Um die Mitglieder dieses Komitees auf den neuesten Stand der Entwicklung zu bringen, habe ich Abschriften des Briefes an sie in Umlauf gebracht, aus dem ich eben zitierte.

Anmerkungen

[1] Gordon Allport, *The Use of Personal Documents in Psychological Science*, New York, 1942; Louis Gottschalk, Clyde Kluckhohn und Robert Angell, *The Use of Personal Documents in History, Anthropology and Sociology*, New York, 1945.

[2] „Problems in Methodology", in Robert K. Merton, Leonard Broom und Leonard S. Cottrell (Hg.), *Sociology Today*, New York, 1959, S. 78.

[3] Die Deutsche Gesellschaft für Soziologie unterhielt eine Sektion in Wien, aber soweit ich mich erinnern kann, hatte ich keinen Kontakt mit ihr. Später fand ich heraus, daß einige Mitglieder der Sektion mit ihren Beiträgen in den Berichten des jährlich stattfindenden Deutschen Soziologentages erwähnt wurden.

[4] Einer der wenigen Berichte, die in englischer Sprache über das interessante Phänomen der deutschen Jugendbewegung verfaßt wurden, stammt von Walter Laqueur, *Young Germany: A History of the German Youth Movement*, New York, 1962.

[5] Bei meiner ersten Veröffentlichung, die ich im Alter von 23 Jahren publizierte (*Gemeinschaftserziehung durch Erziehungsgemeinschaften*, Wien, 1925), handelte es sich um einen Bericht über ein Jugendlager, das ich zusammen mit meinem verstorbenen Freund Ludwig Wagner organisiert hatte, um jungen Menschen bei der Entwicklung einer sozialistischen Gesinnung zu helfen.

[6] Paul F. Lazarsfeld, „Hinter den Kulissen der Schule" in Sofie Lazarsfeld (Hg.), *Technik der Erziehung*, Leipzig, 1929. Wer die Einführung zu Paul F. Lazarsfeld und Morris S. Rosenberg (Hg.), *The Language of Social Research*, New York, 1955, gelesen hat, kann dort verfolgen, inwieweit solche intellektuellen Neigungen sich über einen Zeitraum von 40 Jahren erhalten haben.

[7] Meine Position als Assistent an dem Psychologischen Institut war ziemlich vage und unsicher. Als Sicherung gegen den möglichen Entzug dieser Stellung hielt ich an meiner Position im höheren Schulwesen dadurch fest, daß ich mich auf längere Zeit beurlauben ließ.

Unter unseren Klienten war auch das Frankfurter Institut für Sozialforschung. Sein Direktor, Max Horkheimer, hatte eine Reihe von Untersuchungen entworfen, über die später in *Autorität und Familie* berichtet wurde. Bei einer dieser Studien, die von Erich Fromm durchgeführt wurde, war vorgesehen, daß die Fragebogen von jungen Arbeitern ausgefüllt wurden, und wir wurden damit beauftragt, die in Österreich vorgesehene Feldarbeit zu organisieren. Während ich mich noch in Europa aufhielt, kam es zu keiner persönlichen Bekanntschaft mit Mitgliedern der Horkheimer-Gruppe; aber ich vertrug mich gut mit ihnen, nachdem sie und ich in die Vereinigten Staaten übergewechselt waren. Tatsache ist sogar, daß ich 1934 mit Fromm zusammen in den Vereinigten Staaten an der Analyse des Fragebogens arbeitete, den wir in Österreich hatten ausfüllen lassen.

[8] *Jugend und Beruf*, Jena, 1931; *Statistisches Praktikum für Psychologen und Lehrer*, Jena, 1929. Ich habe später in den Vereinigten Staaten auf

dem Gebiet der mathematischen Soziologie gearbeitet und publiziert. Aber diese Arbeit war nie ein integrierter Teil der sogenannten Wiener-Columbia Forschungstradition. Ich werde darum in dem vorliegenden Essay nicht näher darauf eingehen.

[9] Marie Jahoda, Paul F. Lazarsfeld und Hans Zeisel, *Die Arbeitslosen von Marienthal*, Leipzig, 1932; 2. Auflage, Frankfurt, 1961. Als Teil meiner Tätigkeiten für das neue Forschungszentrum in Wien wollte ich irgendeine sozialwissenschaftliche Erhebung durchführen, um seine marktbezogenen Aktivitäten auszugleichen. Aus Gründen, an die ich mich heute nicht mehr erinnern kann, interessierte ich mich vor allem für Freizeitforschung, und ich erörterte diese Idee mit Otto Bauer, einem Führer der Sozialistischen Partei. Er hielt es für albern, in einer Zeit schwerer Arbeitslosigkeit Freizeitprobleme zu untersuchen, und er war es, der das neue Thema vorschlug, auf das ich in dem vorliegenden Bericht nun häufig zurückkommen werde.

[10] Die Art und Weise, in der ich an mein Stipendium geriet, ist vielleicht für sich genommen von Interesse. Der Vertreter der Rockefeller-Stiftung hatte mir ein Antragsformular gegeben. Beeinflußt von dem pessimistischen Klima, das damals in Wien herrschte, hielt ich es für ausgemacht, daß ich kein Stipendium bekommen würde und füllte das Formular nicht aus. Im November 1932 erhielt ich dann ein Telegramm vom Pariser Büro der Rockefeller-Stiftung, in dem mir mitgeteilt wurde, daß man meine Bewerbung verlegt habe, und daß man einen neuen Antrag haben müsse. Auf die Empfehlung des Wiener Repräsentanten hin hatte man offensichtlich beschlossen, mir ein Stipendium zuzusprechen, und man war nie auf die Idee gekommen, daß ich keinen Antrag gestellt haben könne. Ich schickte also ein „Duplikat" meines Antrags und erhielt das Stipendium.

[11] Eine gekürzte Fassung des Buches in Englisch wird demnächst bei dem Verlag Random House erscheinen; in einer neuen Einführung wird dort der politische Einfluß des Buches näher bestimmt. Man kann sich heute schlecht vorstellen, welche Vernachlässigung damals das Konzept der sozialen Schichtung erfuhr.

[12] *Public Opinion Quarterly*, II (1947), S. 103—114.

[13] Die eigentliche Konzeption war übernommen von Siegfried Bernfeld, einem Psychoanalytiker, der den schöpferischen Wert des Heranwachsens in den bürgerlichen Schichten durch den Begriff „verlängerte Pubertät" charakterisiert hatte. Amerikanische Soziologen haben in neuerer Zeit entsprechende Vorstellungen unter dem Begriff *deferred gratification* übernommen. Die Beziehungen zwischen Bernfeld, Bühler und mir werden in einer Einzelstudie von Leopold Rosenmayr beschrieben, gegenwärtig Professor für Soziologie an der Universität Wien, die unter dem Titel *Geschichte der Jugendforschung in Österreich, 1914–1931*, Wien, 1962, erschienen ist.

[14] Herbert Gans, „Urban Poverty and Social Planning" in Paul F. Lazersfeld *et al.* (Hg.) *The Uses of Sociology*, New York, 1967.

[15] Ähnliche Angaben wurden zur gleichen Zeit von Robert Merton in seiner Dissertation, *Science, Technology and Society in Seventeenth-Century England*, Brügge, 1938, zusammengestellt. Ich nehme an, daß

wir beide von Max Weber inspiriert wurden, obwohl ich glaube, daß ich damals die Tabelle über den Zusammenhang von Religion und Berufswahl, die Max Weber in einer Fußnote seiner Studie über die Protestantische Ethik anführt, noch nicht kannte.

[16] Unmittelbar nach meiner Ankunft in den Vereinigten Staaten veröffentlichte ich einen Artikel über die „Art of Asking Why" (*National Marketing Review*, I [1935], S. 32—43), in dem die sich daraus ergebenden Interviewverfahren zusammengestellt sind. Ich bin mir gar nicht sicher, ob von diesem Beitrag irgendwelche nennenswerten Einflüsse auf die amerikanische Forschung ausgegangen sind, obwohl er in anderen Veröffentlichungen wieder abgedruckt und häufig zitiert wurde. Vergleiche jedoch die ausführliche Besprechung über „Reason Analysis", die mein damaliger Schüler Charles Kadushin in der neuen *International Encyclopedia of the Social Sciences*, New York, 1968, veröffentlicht hat.

[17] Die Bedeutung des Konzeptes vom sozialen Handeln habe ich in einem Vortrag näher nachgezeichnet, den ich auf einer von der Amerikanischen Gesellschaft für Soziologie organisierten Gedächtnisveranstaltung für Max Weber gehalten habe: Paul F. Lazarsfeld und A. R. Oberschall, „Max Weber and Empirical Research", *American Sociological Review*, XXX (1965), S. 185—192.

[18] In Frankreich gilt die „Strukturelle Linguistik" heute als die große Errungenschaft der modernen Sozialwissenschaften. Ihr Schöpfer ist Ferdinand de Saussure und in zweiter Generation wird sie vertreten von dem Prager Kreis, der von Troubetzkoy und Jakobson geführt wurde. Jakobson bestätigt meine Erinnerung, daß er und seine Freunde häufig nach Wien kamen, um Karl Bühlers klugen Rat zu hören.

[19] Veröffentlicht im *Harvard Business Review* im Oktober des gleichen Jahres. Auf die Wiener Universitätsstruktur ist zurückzuführen, daß ich mich damals als „Psychologen" bezeichnete. Die Tatsache, daß ich sechs Jahre später Mitglied des Departments für Soziologie an der Columbia Universität wurde, brachte für meine Arbeit selbst keine Veränderungen mit sich. Ich bin jetzt Professor für Sozialwissenschaften, und damit ist eine terminologische Verlegenheit gelöst. Nebenbei bemerkt, wurde der eben zitierte Artikel von zwei Zeitschriften für Psychologie abgelehnt, die das Thema nicht hinreichend psychologisch fanden.

[20] Dieser Beitrag, mit dem Titel „Principles of Sociography", wurde 1934 der Zeitschrift der New School for Social Research vorgelegt. Ihre Fakultätsmitglieder waren, soweit sie dem eigentlichen Universitätsbereich zugehörten, zu Exponenten der europäischen Sozialwissenschaften geworden, und ich hatte mir gedacht, daß die Herausgeber an einem Artikel interessiert sein würden, der in aller Ausführlichkeit die empirische Arbeit in den beiden Ländern zueinander in Bezug setzen wollte. Allerdings wurde wohl „Sociography" damals nicht als eigentlicher Teil der europäischen Tradition betrachtet. Der ursprüngliche Beitrag wurde abgelehnt und nie veröffentlicht. Wenn ich mir den Artikel jetzt, beim Abfassen des vorliegenden Beitrags, noch einmal durchlese, finde ich ihn und insbesondere die darin enthaltenen Beiträge charakteristisch für den Stand der Dinge in den frühen dreißiger Jahren. Nebenbei bemerkt steht hinter dem Begriff „integrating

construct" das deutsche Wort „Leitformel"; das deutsche Original wurde zunächst als „matrix formula" übersetzt. Der Begriff Matrix wurde jedoch inzwischen mit einer bestimmten Verwendung in der Algebra identifiziert. Ich ziehe darum die heutige Übersetzung im Englischen vor. Später erschien übrigens eine noch stärker ins Detail gehende Erörterung von Leitformeln; Allen H. Barton und Paul F. Lazarsfeld, „Some Functions of Qualitative Analysis in Social Research", *Sociologica*, Band 1 (1956), Seite 321—351.

[21] Arthur Vidich, Joseph Bensmann und Maurice Stein (Hg.), *Reflections on Community Studies*, New York, 1964.

[21a] Marie Jahoda, Paul F. Lazarsfeld und Hans Zeisel, *op. cit.* (1961), S. 1.

[21b] Ibid; S. 131.

[22] Im Alter von ungefähr 15 Jahren las ich die Memoiren von Lili Braun. Sie beschreibt eine Wahlnacht im Deutschland der Jahrhundertwende, als jedermann auf die Wahlergebnisse wartete und dann den Sozialdemokratischen Wahlsieg feierte. Ich fand diesen Bericht außerordentlich aufregend, und als ich im Sommer 1916 von Rudolf Hilferding, dem großen Sozialisten, betreut wurde, bat ich ihn, mir zu erklären, was es mit den Modalitäten der Wahl auf sich habe. Er fand meine Einstellung ziemlich kindisch und meinte, ich sollte mich zunächst einmal mit dem Sozialistischen Parteiprogramm befassen. Wir schlossen einen Kompromiß der Art, daß ich ein Buch von Kautsky lesen würde, wenn ich zur gleichen Zeit ein Buch über Wahlen bekommen könne. Ich weiß heute nicht mehr, mit welchem Ernst ich mich damals in Kautsky vertieft habe, aber ich erinnere mich heute noch, nach mehr als fünfzig Jahren, an den Namen des Verfassers, der die kleine Fibel über Wahlen geschrieben hatte: Poensgen.

[23] Im Jahre 1967 hielt die World Association of Public Opinion Research ihren Kongreß in Wien ab und ein Tag dieser Veranstaltung wurde dem vierzigsten Jahrestag des Wiener Instituts gewidmet. Hans Zeisel gab einen Bericht über seine Entstehung, der in der *Revue Française de Sociologie*, II (1968), veröffentlicht ist.

[23a] Das Dorf als soziales Gebilde. Herausgegeben und eingeleitet von L. v. Wiese, München 1928.

[23b] Die Arbeitslosen von Marienthal. Kölner Vierteljahresschrift für Soziologie XII (1933/34).

[23c] *Ibid*, S. 97.

[24] Aus dem Plan wurde nie etwas, weil der sehr fähige Kingdon sich auf Politik eingelassen hatte und das Institut vernachlässigte. Weder hier noch dort voll engagiert, fand er ein ziemlich tragisches Ende. Heute befindet sich in dem Gebäude auf der Rector Street eine Abteilung der Rutgers Universität.

[25] Das sehr niedrige Einkommensniveau läßt sich aus der wirtschaftlichen Situation jener Zeit erklären. Aber selbst damals war wohl ein Entgelt von 200 Dollars im Monat für 8 Wochenstunden eine ziemlich ärmliche Antwort auf die Frage, wie man sich als Akademiker durchschlagen könne.

[26] Paul F. Lazarsfeld und Rovena Wyant, „Magazines in 90 Cities: Who Reads What?" *Public Opinion Quaterly*, I (1937), S. 29—41. Irgendwann habe ich einmal die Durchschnittswerte für alle Zahlen berechnet, um daraus das Profil einer typischen Stadt abzuleiten; die Ergebnisse verwiesen auf Muncie in Indiana, Lynds *Middletown*.

[27] Darin eingeschlossen waren auch meine Arbeiten für den Social Research Council über die Auswirkungen der Weltwirtschaftskrise. Dreizehn Fallstudien waren geplant (und wurden durchgeführt), die sich auf verschiedene Aspekte greifbarer Untersuchungen bezogen. Stouffer erhielt die Position des Forschungsdirektors und wandte sich an Lynd mit der Bitte, ihm einen Bearbeiter für die Fallstudie über Familie zu empfehlen. Auf den Vorschlag von Lynd hin wurde ich von Stouffer nach Chikago eingeladen und dieses erste Treffen zog sich praktisch über den ganzen Tag hin. Innerhalb weniger Stunden hatten wir einen gemeinsamen Plan entworfen, und von diesem Zeitpunkt an stand ich in fast ständiger Zusammenarbeit mit ihm; darauf wird noch mehrfach zurückzukommen sein; vergleiche Samuel Stouffer und Paul F. Lazarsfeld, *Research Memorandum on the Family in the Depression*, New York, 1937.

[28] Zu diesem Zeitpunkt war einigermaßen deutlich geworden, daß für die Funktion eines Forschungsdirektors ein neuer Typ von Qualifikation erforderlich war, auf die hin bisher kaum Leute ausgebildet worden waren. Die Problematik einer Funktionsbeschreibung und Ausbildung für einen Forschungsdirektor hat mich lange Zeit sehr beschäftigt. In meiner Präsidentschaftsrede vor der Amerikanischen Gesellschaft für Soziologie, „The Sociology of Empirical Social Research", *American Sociological Review*, XXVII (1962), S. 757—767, habe ich mich mit dieser Frage in vielen Einzelheiten auseinandergesetzt. Auch heute noch scheint mir dieses Problem wichtig und unbefriedigend gelöst.

[28a] In seinem Aufsatz über „Methodische Probleme der empirischen Sozialforschung" zitiert Lazarsfeld die Erläuterungen Hempels zum Begriff der Explikation: „Von den üblichen Bedeutungen der Begriffe ausgehend, zielt Explikation auf eine Reduktion der Begrenztheiten, Mehrdeutigkeiten und Widersprüchlichkeiten dieser Begriffe im gewöhnlichen Sprachgebrauch. Zu diesem Zweck wird eine Neudeutung empfohlen, welche die Klarheit und Genauigkeit ihrer Bedeutungsgehalte erhöhen und gleichzeitig dafür sorgen soll, daß diese Begriffe in Hypothesen und Theorien mit größerer erklärender und prognostischer Kraft tätig werden können."

Lazarsfeld fügt hinzu: „Durch rechtverstandene Explikation können wir die genaueren Bedeutungsgehalte herausarbeiten, die einem Terminus unterstellt werden können. . . ."

„Wenn wir Ausdrücke wie ‚Persönlichkeit' oder ‚Gesetz' oder ‚Ursache' aus der Umgangssprache in den wissenschaftlichen Sprachgebrauch übertragen, müssen wir immer Entscheidungen treffen, für die wir selbst die Verantwortung übernehmen. Wir geben bestimmte Bedeutungen dieser Ausdrücke auf, um die verbleibenden genauer, d. h. der Verifikation und dem logischen Beweis leichter zugänglich zu machen. In diesem Sinne kann eine Explikation, wie *Hempel* hervorhebt, nicht einfach als wahr oder falsch ausgegeben werden; aber sie kann je nach Verwirklichung ihrer Ziele als mehr oder minder adäquat betrachtet werden."

Vgl. den Aufsatz Lazarsfelds in Heinz Hartmann (Hg.), *Moderne Amerikanische Soziologie*, Stuttgart, 1967, S. 103. Der Übers.

[29] Der Leser kann beispielsweise die von mir und Adorno geschriebenen Berichte über die gleichen Ereignisse vergleichen. Um den Überblick zu erweitern, möchte ich ein paar Zeilen über Kurt Lewin hinzufügen, dem ich an mehreren Orten persönlich begegnet war und viel Hochachtung entgegenbrachte. Lewin war in Deutschland durch eine Reihe von Arbeiten berühmt geworden, die teils von ihm selbst und teils von seinen Schülern verfaßt waren. Sie erschienen im Laufe der Jahre nach und nach unter dem allgemeinen Titel „Psychologie in Aktion". Das Konzept des Handelns, das in Deutschland einen hohen Stellenwert einnahm, war in den Vereinigten Staaten auf Grund der Vorherrschaft des Behaviorismus nicht gerne gesehen. Als Lewin schließlich in die USA übersiedelte, ging er zu dem Thema über, dessentwegen er in den Vereinigten Staaten einen besonderen Ruf erwarb, d. h. „Gruppendynamik". Moreno behauptet, daß er es gewesen sei, der Lewin zur Verwendung dieses Begriffes geraten habe. Im Jahre 1938 erhielt ich den Besuch von Gustav Bergmann, der eben erst aus Wien geflohen war und mich um Hilfe bat. Ich erinnerte mich daran, daß Bergmann ein sehr guter Mathematiker war und sich sehr für Psychologie interessierte. Zu dieser Zeit war Lewin schon in Iowa. Ich rief ihn dort an und empfahl ihm, Bergmann einzustellen, weil dieser ihm dabei behilflich sein könne, seine Vorstellungen über Topologie in Einklang mit den vorherrschenden Verfahren in der mathematischen Topologie zu bringen. Lewin schickte an Bergmann in der Tat eine Einladung, aber das Unternehmen endete in Zerwürfnissen zwischen den beiden. Bergmann ist heute noch in Iowa tätig und doziert über Logik und Wissenschaftsphilosophie; inzwischen hat Bergmann mehrere Beiträge über Psychologische Theorie publiziert.

[30] Auch an anderer Stelle habe ich betont, daß eine solche allgemeine Vorstellung von Strategie in der soziologischen Analyse stärkere Berücksichtigung erfahren solle: „Innovation in Higher Education" in *Expanding Horizons of Knowledge About Man*, New York, 1966.

[31] Mein Vortrag anläßlich des Kongresses wurde in der Zeitschrift *Personality and Character* im Jahre 1933 in englischer Übersetzung unter dem Titel veröffentlicht „An Unemployed Village".

[32] Der Fragebogen diente später als Vorlage für die Decatur-Studie; vergleiche Elihu Katz und Paul F. Lazarsfeld, *Personal Influence*, Glencoe, Ill., 1955.

[33] Was mich anbetrifft, so begann ich ein Programm, das nie ganz durchgeführt wurde. Ausgehend von meinen eigenen Ideen über „Die Kunst, nach dem Warum zu fragen" und meinen Interessen an der deutschen Literatur über den „Willen", las ich mich in die amerikanische Literatur über „Motivation" ein und versuchte mich an einer Studie über dieses Thema. Ich besitze immer noch mehrere Mappen voller Auszüge und Notizen über die betreffenden Veröffentlichungen. Außerdem besuchte ich William McDougall in North Carolina, um mehr über

seine Theorien der Sentimente zu erfahren. Rückblickend glaube ich, daß ich diesen frühen Plan liegen ließ, weil auch ich davon beeinflußt wurde, daß amerikanische Soziologen sich einer neuen Bezugsgruppe zuwandten. Diese Reorientierung wird deutlicher werden, je weiter ich in meiner Schilderung fortschreite.

34 An dieser Stelle läßt sich vielleicht gut eine Anekdote einfügen, die charakteristisch für die Fehldeutungen von Normen und Rollen ist, wie sie offensichtlich nicht nur polnischen Bauern widerfährt. Als ich dem Direktor der PSC meine Mitarbeit anbot, fragte er mich, ob ich einen Rechenschieber benutzen könne. Als ich ihm dies bestätigte, ließ er mich im Zusammenhang mit seiner Hauptuntersuchung Prozente für den sogenannten Marken-Barometer berechnen. In der Untersuchung wurden Berichte darüber erarbeitet, welche Lebensmittelmarken amerikanische Hausfrauen in einer bundesweiten Stichprobe bevorzugten. Verständlicherweise fand ich es auf die Dauer langweilig, nur Prozente zu berechnen. Aber ich glaubte die Situation ganz zu „verstehen": die amerikanische Kultur verlangt von jedem, daß er sich von unten hocharbeitet. Ich fühlte mich auf die Probe gestellt, ehe ich zu wirklich qualifizierter Arbeit zugelassen wurde. Nach einigen Tagen fragte ich den Direktor verschämt, ob ich meinen Eifer hinreichend unter Beweis gestellt habe. Erst zu dem Zeitpunkt merkte er, mit welchen Erwartungen ein europäischer Stipendiat der Rockefeller-Stiftung an seine Arbeit heranging. Für ihn war meine Tätigkeit nur eine Dienstleistung, für die er nicht zu bezahlen brauchte, und er hatte mich vielleicht als Arbeitskraft gemeldet, die von der WPA unterstützt wurde. Ähnlich folgendes Beispiel: anfangs benutzte ich auf vielen meiner Reisen auch über Nacht nur die übliche Wagenklasse. Eines Tages fragte mich dann ein Rechnungsprüfer der Rockefeller-Stiftung, warum ich nicht von meinem Vorrecht Gebrauch mache, einen Schlafwagen zu benutzen. Mir war noch nicht aufgefallen, daß Schlafwagen existierten; ich hatte in Europa gelernt, daß es in einer Demokratie wie den Vereinigten Staaten anders als in Europa keine Unterschiede zwischen verschiedenen Wagenklassen gebe.

35 Während des Zweiten Weltkriegs entwickelte sich eine paradoxe Situation: Likert war damals als Forschungsdirektor für das Ministerium für Landwirtschaft tätig, das Untersuchungen über die Stimmung unter Farmern durchführte. Ich selbst war wissenschaftlicher Berater für das Amt für Kriegsinformation (OWI), das entsprechende Untersuchungen in städtischen Gegenden durchführte. Als Forschungsleiter des OWI war Elmo Wilson tätig, der hochgradig strukturierte Interviews bevorzugte. Zwischen dem OWI und der Likert-Gruppe entwickelten sich nun ziemlich hitzige Debatten. Ich wurde damit beauftragt, den Streit zu prüfen und einen Bericht zu schreiben; er wurde später in abgekürzter Form unter dem Titel veröffentlicht „The Controversy Over Detailed Interviews — An Offer for Negotation", *Public Opinion Quarterly,* VIII (1944).

36 Als Hans Zeisel im Jahr 1938 in die Vereinigten Staaten kam, machte ich ihm den Vorschlag, daß er diesen Text erweitern solle und das Institut traf Vorbereitungen für die Veröffentlichung. Mir war sehr viel daran gelegen, einen guten Titel für das amerikanische Publikum zu

finden. Eines Tages sah ich in einem Blumengeschäft einen Werbetext, der damals sehr in Mode war: „Say It with Flowers". Auf der Stelle entschloß ich mich, daß der Titel des Buches lauten solle *Say It with Figures*, und unter diesem Titel erschien die Veröffentlichung dann auch im Jahr 1947. In der Sozialtheorie nennt man so etwas Funktionale Äquivalenz. Zeisel hatte in der Zwischenzeit den Umfang des Buches erheblich erweitert; es ist in mehrere Sprachen übersetzt und erscheint inzwischen in fünfter Auflage.

[37] Im Herbst 1933 wurde ich von Gordon Allport eingeladen, vor seinem Seminar über das Problem der Motivation zu sprechen. Nach einigen einleitenden Bemerkungen sagte ich: „Ich möchte Ihnen ein erstes Beispiel aus einer Untersuchung über Mundwasser vortragen". Darauf ergab sich großes Gelächter und ich antwortete: „Ich kann nicht ganz einsehen, warum „Gewichtheben" soviel respektabler sein soll als „Mundwasser". Ich glaube, daß Edwin Boring damals zugegen war, und meine Bemerkung könnte dadurch veranlaßt worden sein.

[38] Diese und andere unveröffentlichte Untersuchungen, die in diesem Abschnitt erwähnt werden, sind in hektographierter Form bei den Archives of the History of Psychology, Akron University, Akron, Ohio, erhältlich.

[39] Rückblickend werde ich mir jetzt über die Kosten klar, die mein Lebensstil mit sich brachte. Während der ganzen zwei Jahre sah ich kaum etwas von meiner Umgebung außer Forschungsinstituten, und ich schloß wenig persönliche Bekanntschaften. Damals wurde an der Westküste noch nicht viel Forschung betrieben, und ich bin vielleicht der einzige der neun Stipendiaten, der auf sein Recht verzichtete, eine Reise nach Kalifornien zu unternehmen.

[40] Während ich dies schreibe, wird mir klar, daß diese Angewohnheit sich auch über die letzten zwanzig Jahre erhalten hat, während derer ich mich immer wieder, teils für längere Zeit, in einer Reihe europäischer Länder aufgehalten habe. Meine ernstzunehmenden Kontakte ergaben sich auch bei diesen Gelegenheiten offensichtlich nicht innerhalb der Gruppe meiner Altersgenossen und der von der Position her gleichgestellten Kollegen, sondern mit jüngeren Leuten.

[41] Band XXIII (1939).

[42] Man sollte nicht übersehen, daß jeder auch unerfreuliche Eigenschaften hat, und daß einige davon die Antipathien anderer verstärken können. In dem eben erwähnten Zitat behauptet Stouffer, daß einige Leute Vorurteile gegen mich unterhielten. Ich besitze einen Brief von Craig, in dem er mir erklären möchte, warum er mir nach seiner Abreise aus Pittsburgh nicht stärker behilflich sein konnte: er beschwört mich, nicht in die Vereinigten Staaten zu kommen, weil mir so viele persönliche Schwierigkeiten bevorstünden (der Brief kam erst in Europa an, als ich bereits in die Vereinigten Staaten zurückgekehrt war). Zwischen seinen — sicher aufrichtig gemeinten — Äußerungen von Freundschaft finden sich Sätze wie: „Die Leute fühlen sich bei Ihnen nicht sicher ... Sie wollen immer zu hoch hinaus und sind nie bescheiden genug ... Sie scheinen zu schnell zu viele Freunde gemacht zu haben ... Das sind Gründe, die mich unbehaglich stimmen."

Es ist für mich offensichtlich unmöglich, Ausmaß und konkrete Begründung für diese Reaktion richtig einzuschätzen. Mir ist wohl bewußt, daß ich mich in den ersten Jahren zu Assistenten und Studenten ziemlich grob verhalten habe, sie beispielsweise anschrie, wenn sie eine Aufgabe nicht durchgeführt hatten. Ich möchte von mir glauben, daß ich mein Verhalten allmählich geändert habe — im gleichen Maß, in dem ich gelernt habe, mit einer Gabel in meiner rechten Hand zu essen.

[43] In meiner Präsidentschaftsrede, auf die ich in Fußnote 28 Bezug genommen habe, wird ein solcher Fehlschlag an der Universität Chikago beschrieben und belegt.

[44] Geschichtswissenschaftler werden in Erinnerung an die *Gueux* Verständnis dafür zeigen, wie ein ursprünglich abwertend gemeinter Begriff Anerkennung finden kann. Trotzdem bleibt ein Unterschied zwischen dem „Organisationstyp" *(organization man)* und dem Institutionenbildner *(institution man)*. Der erste wird angeblich herumkommandiert, während der letztere in der Institution ein Feld für die kreative Äußerung seiner selbst findet.

[45] Der Stichprobenplan und der Fragebogen waren sehr naiv entworfen, aber noch Jahre nach unserer Erhebung wurden sie als die ersten ihrer Art in Europa erwähnt. Ich wäre nicht überrascht, wenn entsprechende Arbeiten auch in den Vereinigten Staaten erst später entwickelt worden wären.

[46] Herta Herzog, „Stimme und Persönlichkeit", *Zeitschrift für Psychologie*, CXXX (1933).

[47] Als Robert Merton mir in dem Institut für Angewandte Sozialforschung an der Columbia Universität zur Seite trat, stimmte er dieser Philosophie zu und hielt sich daran. Die Bedingungen, unter denen eine solche Strategie sinnvoll erscheint (entweder auf gehobenen oder mittleren Ebenen der Organisation) müßten näher untersucht und erörtert werden. Ich kann hier nur sehr allgemein auf dieses Problem verweisen.

[48] Die Geschichte von Elias Smith hat eine Fortsetzung, die wegen ihrer historischen Einbettung hier Erwähnung verdient. Während der McCarthy-Epoche wurde ich zu einem Treffen der UNESCO in Paris eingeladen. Man legte mir den üblichen Fragebogen vor, der Voraussetzung für die Zulassung war; er enthielt unter anderem die Frage, ob ich jemals ein Pseudonym benutzt habe. Ohne genauer nachzudenken, interpretierte ich diese Frage in politischen Begriffen und antwortete verneinend. Die Zulassung wurde mir daraufhin vorenthalten; ich mußte noch eine Anzahl spezifischer Fragen zusätzlich beantworten. In einer von ihnen hieß es, daß der kontrollierenden Institution bekannt sei, ich hätte das Pseudonym Elias Smith verwendet; aus welchen Gründen würde dies verschwiegen? Ich legte die Titel der Beiträge aus der Feder von Elias Smith vor, und die kontrollierende Instanz erklärte sich zufriedengestellt. Verwunderlich an der ganzen Geschichte ist, daß eine Bundesinstanz herausgefunden hatte, daß dieses Pseudonym in wissenschaftlichen Beiträgen über Rundfunkforschung verwendet worden war. Im übrigen gehen an der Columbia Universität von Zeit zu Zeit immer

noch Anfragen ein, in denen man sich nach der Person von Elias Smith erkundigt.

[49] Auch als ich die Leitung des Instituts an der Columbia Universität meinem Nachfolger Charles Glock übergab, hatten wir ein bescheidenes Defizit aufzuweisen, das ich wie üblich aus Mitteln decken wollte, die uns für spätere Studien zugesprochen werden würden. Der Wechsel in der Leitung wurde zum Anlaß für eine Rechnungsprüfung, und die Universität zog es vor, das Defizit aus Allgemeinen Mitteln zu decken, so daß von da ab eine striktere Rechnungslegung eingeführt werden konnte.

[50] Eines unserer frühen Ergebnisse war ein Beitrag von H. M. Beville, damals im Forschungsstab von NBC tätig, mit dem Titel „The ABCD's of Radio Audiences", *Public Opinion Quarterly*, IV (1940).

[51] Der Leser findet am ehesten Zugang zu einer Zusammenfassung in dem Lexikonartikel „Survey Analysis" in der neuen *International Encyclopedia of the Social Sciences.*

[52] Sie erschienen als spezielle Studie und ebenfalls in *Radio and the Printed Page*, New York, 1940, S. 64—94.

[53] Herta Herzog, „On Borrowed Experience", *Studies in Philosophy and Social Science*, IX (1941), S. 65—95.

[54] Die ersten Interviews zu dem Programm von Orson Welles wurden von Herta Herzog in einem Memorandum an Stanton zusammengestellt, das später als eigener Beitrag veröffentlicht wurde und schließlich auf Buchlänge ausgedehnt wurde; *The Invasion From Mars* von Hadley Cantril, Hazel Gaudet und Herta Herzog (Princeton, 1940). Obgleich ich damals gehofft hatte, daß Herta Herzog für ihren Einfallsreichtum im Rahmen dieser Studie die größere Anerkennung auf sich ziehen würde, will ich nicht in Abrede stellen, daß die Verwendung einer bestimmten Art von Interviews auf die Initiative von Cantril zurückging.

[55] Bernard Berelson, *Content Analysis in Communication Research*, Glencoe, Ill., 1952.

[56] *The Effects of Mass Communication*, Glencoe, Ill., 1960.

[57] „Some Notes on the Relationships between Radio and the Press", *Journalism Quarterly*, XVIII (1941), S. 10—13.

[58] Das Protokoll dieser Konferenz ist immer noch greifbar und sollte vielleicht eines Tages genauer analysiert werden.

[59] Ich war Charlotte Bühler behilflich gewesen, als sie 1931 als Gast-Herausgeber ein Sonderheft der führenden Zeitschrift in Allgemeiner Psychologie herausbrachte, das sich speziell mit Untersuchungen über Kinder beschäftigte.

[60] Diese Episode, in der mit der Vorstellung von vernünftigem Risiko gearbeitet wurde, impliziert einen gewissen optimistischen Glauben an die Beeinflußbarkeit der sozialen Umwelt. Ein Institutsleiter kann sich nicht leisten, Handlungsspielräume zu übersehen oder zu unterschätzen.

[61] Vergleiche den Abschnitt „The Empirical Study of Action" in *The Language of Social Research.*

[62] In meiner Tätigkeit als Forschungsleiter wie auch als akademischer Lehrer habe ich mich laufend um die Entwicklung und Pointierung

solcher Formulierungen bemüht; ich benutze Zitate von greifbaren Veröffentlichungen selbst, wenn die Daten der Publikation nicht mit den Daten übereinstimmen, zu denen die Formulierungen ursprünglich entwickelt wurden und hier auf sie verwiesen wird.

[63] Paul F. Lazarsfeld, „Mass Media of Communication in Modern Society", *Borah Foundation Lectures 1954*, Moscow, Idaho, 1954.

[64] Leo Loewenthal, „An Historical Preface to the Popular Culture Debate" in Norman Jacobs (Hg.), *Culture for the Millions*, Princeton, N. J., 1959. Bei dem Buch handelt es sich um einen Bericht über ein Symposium, das gemeinsam von der Academy of Arts and Sciences und dem Tamiment Institut veranstaltet wurde. Ich selbst war als Vorsitzender der Tagungen tätig und versuche in der Einführung zu diesem Buch wieder einmal, die konstruktive Rolle der Kritik zu unterstreichen.

[65] „The Obligations of the 1950 Pollsters to the 1984 Historians" *Public Opinion Quarterly*, XIV (1950), S. 618—663. Eine neuere Besprechung findet sich bei Lee Benson, „An Approach to the Scientific Study of Past Public Opinion", *Public Opinion Quarterly*, XXXI (1967), S. 522 bis 568.

[66] „Concepts, Theory and Explanation in the Behavioral Sciences", Gordon J. DiRenzo (Hg.), *Concept Formation and Measurement in the Behavioral Sciences*, New York, 1966.

[67] Edward Suchman, „Invitation to Music" und Duncan MacDougald jr., „The Popular Music Industry" in Paul F. Lazarsfeld und Frank Stanton (Hg.), *Radio Research 1941*, New York, 1941.

[68] Die erste Formulierung in dieser Richtung, die zu meiner Kenntnis kam, stammt von Max Horkheimer. Sie findet sich in Band VI, (1937) der *Zeitschrift für Sozialforschung:* „Traditionelle und Kritische Theorie", S. 245—295, und „Philosophie und Kritische Theorie", S. 625 bis 631. Zeitgenössische Darstellungen der beiden Positionen in den folgenden beiden Beiträgen: Hans Albert, „Der Mythos der totalen Vernunft. Dialektische Ansprüche im Lichte undialektischer Kritik", *Kölner Zeitschrift*, XVI (1964) S. 225—256; Jürgen Habermas, „Gegen einen positivistisch halbierten Rationalismus", *Kölner Zeitschrift*, XVI (1964), S. 635—659.

[69] „Zur Gesellschaftlichen Lage der Musik", *Zeitschrift für Sozialforschung*, I (1932), S. 103 ff., S. 356 ff.

[70] „Administrative and Critical Communications Research", *Studies in Philosophy and Social Science*, IX (1941), S. 2—16.

[71] Theodor W. Adorno, "The Radio Symphony" in Lazarsfeld und Stanton (Hg.), *Radio Research 1941:* „On Popular Music", *Studies in Philosophy and Social Science*, IX (1941), S. 17 ff.

[72] Rudolf Arnheim, „The World of the Daytime Serial" in Paul F. Lazarsfeld und Frank Stanton (Hg.), *Radio Research 1942—43*, New York, 1944.

[73] Diese Ausgabe erschien erst im Dezember 1940, weil der Herausgeber vermeiden wollte, daß die beiden Sonderhefte über Radioforschung unmittelbar nacheinander erscheinen würden; die Beiträge

selbst stammen in der Hauptsache aus der Zeit, als wir am Union Square arbeiteten.

[74] Ich gehörte zu der Gruppe, die Forschungsarbeiten über Zeitschriftenleser durchführte. Das Forschungsprogramm stand unter der kompetenten Leitung von Neal DuBois, damals Forschungsdirektor für *Life*. Fast alle wichtigen Zeitschriften wurden durch die Gruppe abgedeckt. Eine Zusammenfassung der vielen Leserstudien, die damals unternommen wurden, findet sich in meinem Artikel „Communications Research and the Social Psychologist" in Wayne Dennis (Hg.), *Current Trends in Social Psychology*, Pittsburgh, 1948.

[75] Siehe beispielsweise Tore Hollonquist und Edward Suchman, „Listening to the Listener", und Adolf Sturmthal und Alberta Curtis, „Program Analyzer Tests of Two Educational Films", beide in Lazarsfeld und Stanton (Hg.), *Radio Research 1942—43*.

[76] Bei der einzigen Ausnahme handelt es sich um einen Forschungsbericht (1939) von Hazel Gaudet, der später in *The Language of Social Research* aufgenommen wurde.

[77] In meinen Archiven findet sich eine Anzahl von Memoranden, in denen ich meinen Mitdirektoren die Strategie nahelege, die am ehesten angemessen und sowohl allgemein als auch von ihnen selbst zu befolgen sei — ein schönes Beispiel für das typische Verhalten des „besorgten Direktors".

[78] *Social Research to Test Ideas*, New York, 1962.

[79] Die Frage der Publikation war problematisch, weil zu jener Zeit der Markt, der sich nun in zahlreichen Veranstaltungen über Kommunikationsforschung bietet, noch nicht existierte. Robert Lynd entwarf die Erfolgsstrategie: einer seiner Freunde schrieb für den *Readers' Digest* eine Geschichte, die auf dem unveröffentlichten Manuskript aufbaute. Auf dieser Grundlage wurde das Buch von Duell, Sloan und Pearce veröffentlicht. Von der Zeit ab haben wir nie wieder Schwierigkeiten gehabt, unsere Untersuchungen an den Mann zu bringen.

[80] Ein Jahr später wurde ich Mitglied des Fachbereiches für Soziologie mit unbefristetem Vertrag. Damit vollzog sich endgültig mein Übergang aus der Gruppe der Psychologen in die der Soziologen.

[81] Paul F. Lazarsfeld, Bernard Berelson und Hazel Gaudet, *The People's Choice*, New York, 1944; 2. u. 3. Auflage, New York 1948 und 1968.

[82] Für ein Panel von 600 Informanten hatten wir nicht genug Mittel zur Hand und mußten darum zusätzliche Gelder auftreiben. Der wichtigste Beitrag kam, auf die Intervention von Elmo Roper hin, von der Zeitschrift *Life*. Unmittelbar nach den Bundeswahlen im Jahr 1940 veröffentlichte *Life* zwei Artikel, die auf unseren ersten Berechnungen aufbauten und im jeweiligen Heft ganz in den Vordergrund geschoben wurden.

[83] Die Gründung des Instituts geht genau genommen auf die Anfänge der Rundfunkforschung zurück, und der zwanzigste Jahrestag der Gründung wurde im Jahre 1957 gefeiert.

[84] Die Anfänge dieser Zusammenarbeit werden lebhaft und präzis in einem Profil geschildert, das M. M. Hunt in der Zeitschrift *New Yorker* über Merton veröffentlichte (28. Januar 1961). Seine Darstellung meiner Zusammenarbeit mit Merton in dem Fachbereich für Soziologie der Columbia Universität würde die Grenzen des vorliegenden Beitrags überschreiten.

[85] Zu den aus dieser Arbeit hervorgegangenen Veröffentlichungen gehören: Paul F. Lazarsfeld und Robert K. Merton, „Studies in Radio and Film Propaganda", *Transactions of the New York Academy of Science*, VI (1943), S. 58—79; Paul F. Lazarsfeld und Patricia L. Kendall, „The Listener Talks Back" in *Radio and Health Education*, New York 1945, Seite 48—65; Robert K. Merton und Patricia L. Kendall, „The Focussed Interview", *American Journal of Sociology*, 51 (1946), S. 541—557.

[86] Während wir an dem Princeton Projekt arbeiteten, bestand die Gruppe der Mitarbeiter aus Leuten ohne Verbindung zur Universität. Die Probleme waren einfach: sie wollten nichts als ihre Gehälter, und ich wollte mehr Geld für Forschung ausgeben. Als die Büros zur Columbia Universität verlegt wurden, ergaben sich allmähliche Veränderungen. In zunehmendem Umfang wurden die Mitarbeiter aus Absolventen des Fachbereiches für Soziologie rekrutiert, denen viel an ihrem Status in der akademischen Welt gelegen war. Das Komitee war offensichtlich über diesen Aspekt des Verhältnisses zwischen Fachbereich und Institut informiert. In seinem Bericht hieß es, daß „Regelungen fixiert werden müßten, die sich mit der Beschäftigung von Mitarbeitern von Forschungseinrichtungen und mit den Pflichten der Universität gegenüber solchen Beschäftigten befassen". Diese Angelegenheit wurde aus mindestens drei Gründen nicht weiter aufgegriffen. Das Interesse der Verwaltung konzentrierte sich auf das Problem der Auftragsforschung; mir ging es vor allem um die Anerkennung und haushaltsmäßige Finanzierung durch die Universität; die Mitarbeiter drängten nicht allzusehr auf eine Lösung, wahrscheinlich, weil sie einen neuen Typ Sozialforscher darstellten und an allen großen Universitäten auf starke Nachfrage stießen. Heute geht es den Mitarbeitern des Institutes vor allem um Probleme des Status und der unbefristeten Einstellung.

[87] In seiner Tätigkeit als Vorsitzender zeigte Cheatman viel Fleiß, Wirksamkeit und Einsicht. Einen seiner Briefe, datiert vom 1. Februar 1945, gab ich Robert Lynd zu lesen. Ich erhielt den Brief am folgenden Tag mit folgender Bleistiftnotiz zurück: „Ein absolut bewunderswerter Brief von einem zivilisierten und humanen Mann, der sich selbst unter Kontrolle hat."

Namenregister

Sachregister